21世纪 经济管理新形态教材 营销学系列

Big Data Marketing

大数据营销

彭英◎编著

清华大学出版社
北京

内 容 简 介

本书系统介绍了大数据营销管理的理论和方法，通过对数字用户消费信息行为和数字化市场营销各环节的全景式描述，使读者对大数据营销体系有一个清晰的认识。全书共分为 10 章，包括大数据技术概述，市场营销的演变及数字消费者行为，大数据营销的技术基础，大数据分析用户行为，大数据识别用户偏好，大数据改善用户体验，大数据计算广告，大数据竞争分析与营销决策，大数据舆情监测与品牌危机管理，大数据营销伦理等内容，注重理论和实践的有机结合，每章都配置案例、复习思考题、即测即评和扩展阅读，还附赠了应用机器学习算法进行客户细分及客户维系管理的实例。

本书适合作为高等院校计算机通信和管理类本科专业及研究生的教材，也可用作企业管理和相关技术人员的培训和学习用书。

本书封面贴有清华大学出版社防伪标签，无标签者不得销售。
版权所有，侵权必究。举报: 010-62782989, beiqinquan@tup.tsinghua.edu.cn

图书在版编目(CIP)数据

大数据营销/彭英编著. —北京: 清华大学出版社, 2023.8（2025.1 重印）
21 世纪经济管理新形态教材. 营销学系列
ISBN 978-7-302-64284-8

Ⅰ. ①大… Ⅱ. ①彭… Ⅲ. ①网络营销－高等学校－教材 Ⅳ. ①F713.365.2

中国国家版本馆 CIP 数据核字(2023)第 139136 号

责任编辑：付潭娇
封面设计：汉风唐韵
责任校对：王凤芝
责任印制：丛怀宇

出版发行：清华大学出版社
网　　址：https://www.tup.com.cn, https://www.wqxuetang.com
地　　址：北京清华大学学研大厦 A 座　　邮　编：100084
社 总 机：010-83470000　　邮　购：010-62786544
投稿与读者服务：010-62776969, c-service@tup.tsinghua.edu.cn
质 量 反 馈：010-62772015, zhiliang@tup.tsinghua.edu.cn
课 件 下 载：https://www.tup.com.cn, 010-83470332

印 装 者：涿州市般润文化传播有限公司
经　　销：全国新华书店
开　　本：185mm×260mm　　印　张：13　　字　数：302 千字
版　　次：2023 年 8 月第 1 版　　印　次：2025 年 1 月第 2 次印刷
定　　价：49.00 元

产品编号：098890-01

前言

中国特色社会主义进入新时代，实现中华民族伟大复兴的中国梦开启新征程。党中央决定实施国家大数据战略，吹响了加快发展数字经济、建设数字中国的号角。习近平总书记在十九届中共中央政治局第二次集体学习时的重要讲话中指出："大数据是信息化发展的新阶段"，并做出了"推动大数据技术产业创新发展、构建以数据为关键要素的数字经济、运用大数据提升国家治理现代化水平、运用大数据促进保障和改善民生、切实保障国家数据安全"的战略部署，为我国构筑大数据时代国家综合竞争新优势指明了方向。

数据是新时代重要的生产要素，是国家基础性战略资源，也是数字经济发展的核心力量。党的十八大以来，我国深入实施网络强国战略、国家大数据战略和积极出台相关法律，推动数字经济蓬勃发展并取得了举世瞩目的发展成就，对经济社会发展的引领支撑作用日益凸显。在国家层面，相继颁布实施《中华人民共和国网络安全法》（以下简称《网络安全法》）、《中华人民共和国电子商务法》（以下简称《电子商务法》）、《中华人民共和国数据安全法》（以下简称《数据安全法》）、《中华人民共和国个人信息保护法》（以下简称《个人信息保护法》）等法律，标志我国网络空间治理框架逐步完善，网络空间法治进程迈入新时代。在地方层面，各省市积极颁布实施相关大数据条例、数据条例、数字经济条例等法律，促进和规范大数据、数字经济高质量发展。

数字经济是我国未来经济发展的主要形式之一。《中华人民共和国国民经济和社会发展第十四个五年规划和2035年远景目标纲要》指出，"充分发挥海量数据和丰富应用场景优势，促进数字技术与实体经济深度融合，赋能传统产业转型升级，催生新产业新业态新模式，壮大经济发展新引擎"是打造我国数字经济新优势，建设数字中国的重要组成部分。随着数字生态系统的构建和发展，大数据、云计算、人工智能等技术的应用正改变着传统的商业模式，给商业企业带来机遇和挑战。作为工商企业管理核心职能之一的市场营销管理，其理论和技术因受到数字业态带来的巨大影响而转型，同时营销人员又受益于大数据技术带来的生产力提高。依托多平台的大数据采集，以及大数据技术的分析与预测能力，能够帮助企业更好地满足消费者需求，制定更加高效的商业策略。

基于以上背景，本书围绕市场营销管理和大数据技术两条交织的主线，紧密结合我国企业特点，系统介绍了大数据营销管理的理论和方法，通过对数字用户消费信息行为和数字化市场营销各环节的全景式描述，使读者对大数据营销体系有一个清晰的认识。全书共分为10章，第1章绪论，第2章市场营销的演变及数字消费者行为，第3章大数据营销的技术基础，第4章大数据分析用户行为，第5章大数据识别用户偏好，第6章大数据改善用户体验，第 7 章大数据计算广告，第 8 章大数据竞争分析与营销决策，第 9 章大数据舆情监测与品牌危机管理，第 10 章大数据营销伦理。每章都配置案例、复习思考题、即测即评和扩展阅读，供读者学习参考。此外，为便于读者更好地理解和掌握书中的内容和编程工具，附录分别给出了缩略语英汉对照表、应用机器学习算法进行客户细分、客户流失预测，以及个性化推荐的实例。

近年来，在国家大数据战略的指引下，教育部于 2017 年在管理科学与工程学科下新增特设专业——大数据管理与应用专业。南京邮电大学管理学院的大数据管理与应用本科专业于 2020 年正式获批，2021 年首次招生，属于"四新"专业（新工科、新农科、新医科、新文科），肩负着为邮电通信业输送具备中国特色社会主义思想的管理类拔尖人才的时代使命。本教材依托南邮信息文科特色，作为大数据技术在工商管理中的营销管理这一细分领域的应用，丰富该专业的课程体系。同时，本书可以作为高等院校计算机通信和管理类本科专业高年级学生及研究生的教材或参考书，也可作为企业经营、市场营销管理和相关技术人员的培训和学习用书。

感谢清华大学出版社的支持和编辑老师的高效。星光不负赶路人，今天已加速展开的数字中国画卷，正是以大量应用型和创新型人才培养作为根基，孕育着未来中国经济增长的巨大潜力。

在本书编撰过程中，编者所参阅的文献除了所列出的一部分参考文献以外，还有大量相关分析报告、报刊文章和网络资料。在此，谨向所有使本书受益的优秀作者致以诚挚的谢意。

该书得到 2022 年南京邮电大学重点教材项目和江苏省政府留学奖学金（批准号：JS-2020-008）的资助，教材编写的部分工作内容得益于编者主持的国家社科基金后期资助项目（批准号：19FGLB017）和江苏省社科基金后期资助项目（批准号：18HQ009）的研究成果。

特别感谢英国格拉斯哥大学亚当·斯密商学院石玉坤教授的邀请，让我有机会在十年之后再次踏上英伦三岛，在这里度过 12 个月五彩斑斓的访学时光。也因此而有机会与曼城的老友重逢，聆听和参与来自世界各地学者的讲学和学术沙龙，并在格拉斯哥大学邂逅了多位睿智通透的学者，参加格拉斯哥大学为纪念亚当·斯密诞辰 300 周年而举行的系列学术活动。徜徉在曲径通幽的吉尔伯特楼（Gilbert scott building）步道，尽享学术世界的魅力和宁静，重新审读和完善本书在去年形成的初稿。感谢英国伦敦图灵科技人工智能公司（TurinTech AI）的联合创始人兼首席运营官李凌波博士，为本书提供了人工智能机器学习进行大数据分析的案例，这是他们多年深耕于人工智能领域进行商业大数据分析的成果。

该书编写工作还获得了南京邮电大学管理学院及市场营销系、海外教育学院，南京邮电大学国际电联经济和政策问题研究中心，英国格拉斯哥大学亚当·斯密商学院，英国曼彻斯特大学商学院创新中心，江苏移动，江苏铁塔，江苏电信，江苏联通等单位领导和专家学者提供的建议和帮助,在此一并表示感谢。广州数说故事信息科技有限公司的陆玮娜女士、常州移动的曹星女士、淮安洪泽区政府的闫家梁先生对于案例内容给出了建设性的意见,我的研究生余小莉、梁宸、孙大嫒、葛蒙妤、肖嘉乐、张燕、王宁、李琦、刘宇、吴敏、王佳琪、李睿、王玟等帮助整理和更新各章节资料,对他们的辛勤劳动表示衷心的谢意!最后,要感谢我的家人,他们对我工作一贯的理解和支持是我前行的动力。

鉴于时间和编者水平有限,书中疏漏之处在所难免,恳请专家同行、读者批评指正!

编　者

2023 年初春

目录

第1章 绪论 ... 1
- 1.1 什么是大数据 ... 1
- 1.2 大数据发展历程 ... 9
- 1.3 大数据技术的应用场景 ... 13
- 1.4 大数据营销的内涵及其特点 ... 20

第2章 市场营销的演变及数字消费者行为 ... 24
- 2.1 市场营销管理理论 ... 24
- 2.2 数字消费者行为 ... 27
- 2.3 数字消费者购买决策 ... 34

第3章 大数据营销的技术基础 ... 43
- 3.1 大数据营销的来源 ... 43
- 3.2 大数据营销的采集与存储 ... 47
- 3.3 大数据营销挖掘 ... 53
- 3.4 大数据营销技术手段 ... 59

第4章 大数据分析用户行为 ... 69
- 4.1 常见的用户信息行为 ... 69
- 4.2 用户搜索 ... 72
- 4.3 用户评论 ... 74
- 4.4 用户加购 ... 77
- 4.5 用户浏览 ... 79

第5章 大数据识别用户偏好 ... 83
- 5.1 数字渠道与用户数据的获取 ... 83
- 5.2 用户画像 ... 86
- 5.3 企业画像 ... 91
- 5.4 用户管理 ... 95

第 6 章 大数据改善用户体验 ······ 100
6.1 用户体验及其度量方法 ······ 100
6.2 内容定制 ······ 104
6.3 客户旅程设计 ······ 106
6.4 大数据在产品设计中的应用 ······ 110

第 7 章 大数据计算广告 ······ 117
7.1 原生广告 ······ 117
7.2 程序化广告 ······ 121
7.3 计算广告技术 ······ 129
7.4 物联网广告 ······ 141

第 8 章 大数据竞争分析与营销决策 ······ 145
8.1 大数据竞争情报搜集 ······ 145
8.2 竞争对手分析 ······ 152
8.3 大数据定价 ······ 156
8.4 大数据营销决策 ······ 161

第 9 章 大数据舆情监测与品牌危机管理 ······ 166
9.1 危机公关 ······ 166
9.2 品牌危机管理 ······ 169
9.3 大数据舆情监测 ······ 173
9.4 大数据黑洞 ······ 177

第 10 章 大数据营销伦理 ······ 181
10.1 大数据营销的伦理问题 ······ 181
10.2 大数据信息删除技术的应用 ······ 184

参考文献 ······ 187
中文文献 ······ 187
外文文献 ······ 190

附录 ······ 197

第 1 章

绪 论

【本章学习目标】

通过学习本章,学生应该能够掌握以下内容。
1. 掌握什么是大数据,对大数据有一个全面、清晰的认知。
2. 了解大数据的产生背景及应用场景。
3. 掌握大数据营销的内涵及其特点。

1.1 什么是大数据

1.1.1 大数据的定义

伴随着信息技术的日新月异,人类社会进入高速发展的时期。科技发达,信息流通,生活越来越便利,人与人之间的交流越来越密切,"大数据"就是信息时代的产物。

"信息"一词在古希腊文中表示"事物的本质",其英文单词"information"源于拉丁文,语意表示"通知",中国古代称之为"消息"。作为科学术语,"信息"最早出现在哈特莱于 1928 年撰写的论文《信息传输》中。该文中他首次提出了将信息量化处理的设想。1948 年,信息论创始人香农在他的著名论文《通信的数学理论》中,给出了计算信息熵的数学表达式,用以描述信息源各可能事件发生的不确定性。由此,信息被视为"不确定性的减少"。

在浩瀚的信息海洋中,人们对世界的认知和改造过程就是获取信息、加工信息和发送信息的过程。信息(information)是用文字、数字、符号、语言、图像等介质来表示事件、事物、现象等的内容、数量或特征,从而向人们(或系统)提供关于现实世界新的事实和知识,作为生产、建设、经营、管理、分析和决策的依据。数据(data)是事实或观察的结果,是对客观事物的逻辑归纳,是用于表示客观事物的未经加工的原始素材,它不仅是指狭义上的数字,还可以是具有一定意义的文字、字母、数字符号的组合、图形、图像、视频、音频等,也是客观事物的属性、数量、位置及其相互关系的抽象表示。例如,"0、1、2…""阴、雨、下降、气温""学生的档案记录、货物的运输情况"等都是数据。数据经过加工后就成为信息。

在计算机科学中,数据是所有能输入计算机并被计算机程序处理的符号的介质的总称，是用于输入电子计算机进行处理，具有一定意义的数字、字母、符号或模拟量。计算机存储和处理的对象十分广泛，表示这些对象的数据也随之变得越来越复杂。人工智能、移动互联网、社交网络和物联网等新兴技术，正在通过新的数据形式和来源，增加数据的复杂性。随着大数据时代的来临，越来越多的政府、企业等组织机构开始意识到数据正在成为组织最重要的资产，数据分析能力正在成为组织的核心竞争力。

大数据（big data），又称巨量资料，指的是传统数据处理应用软件不足以处理的大或复杂的数据集。大数据是在信息技术高速发展、数据量爆炸性增长的背景下形成的，从它被提出的那一天起就受到了广泛的关注，不同的学者和机构从不同的角度对大数据进行了阐释。

高德纳咨询研究机构指出，数据增长的挑战和机遇包括数量、速度、多样性等三个维度，因此，"大数据是高容量、高速增长、多样化的信息资产，需要通过经济高效的新型信息处理方式去促成更强的决策能力、洞察力与流程优化的能力"。

麦肯锡全球研究院给出的"大数据"定义是：一种规模大到在获取、存储、管理、分析方面大大超出了传统数据库软件工具能力范围的数据集合，具有海量的数据规模、快速的数据流转、多样的数据类型和低的价值密度等特征。

我国政府于2015年颁布了《促进大数据发展行动纲要》（国发〔2015〕50号），指出大数据是以容量大、类型多、存取速度快、应用价值高为主要特征的数据集合，正快速发展为对数量巨大、来源分散、格式多样的数据进行采集、存储和关联分析，从中发现新知识、创造新价值、提升新能力的新一代信息技术和服务业态。

可见，大数据的外在表现形式是充斥着大量繁杂信息的数据集合，并且这些繁杂的数据难以被传统的技术手段所存储、解析、应用。而我们所要做的则是通过更先进的技术和手段对其进行核心价值的挖掘，洞察数据之间的关联逻辑，剔除无用的、冗余的信息，找出那些对国家治理、对企业决策、对组织和业务流程、对个人生活方式能够产生巨大影响的高价值信息或知识。因此，大数据的战略意义不在于掌握庞大的数据信息，而在于对数据的专业化分析与应用，从而释放出数据所蕴含的巨大价值。本书认为，大数据只有通过经济高效的新型处理方式才能具有更强的决策力、洞察力和海量、高增长的流程优化能力以及多样化的数据资源。

1.1.2 大数据的特征

2001年，高德纳咨询公司分析员道格·莱尼用3V来描述数据增长的特征，即大量（volume）、多样（variety）和高速（velocity），以此说明日益庞大的电子商务的发展趋势。之后，麦肯锡公司提出大数据的4V特征：规模性（volume）、高速性（velocity）、多样性（variety）、价值性（value），即海量的数据规模、快速的数据流转、多样的数据类型和低成本的高价值创造。2013年，IBM公司又在4V的基础上提出了一个新特征，即真实性（veracity），体现了数据质量。由此，大数据的5V特征如图1-1所示。

（1）规模性。大数据最明显的特征就是规模大，随着信息技术的发展，数据开始爆发性增长。天文学和基因学是最早产生大数据变革的领域，2000年，斯隆数字巡天计划启动

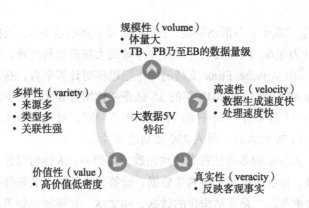

图 1-1 大数据 5V 特征

时,位于新墨西哥州阿帕奇山顶天文台的 2.5 m 口径望远镜,记录到近 200 万个天体的数据,包括 80 多万个星系和 10 多万个类星体的光谱数据,短短几周搜集到的数据比天文学历史上所有数据还要多;2003 年,人类第一次破译人体基因密码时,用了 10 年才完成了 30 亿对碱基对的排序,而在 10 年之后,世界范围内的基因仪 15 分钟就可以完成同样的工作量。马丁·希尔伯特和普里西拉·洛佩兹教授追踪计算了 60 余种模拟和以数字技术为载体的信息数量,于 2011 年在《科学》杂志撰文表明,从 20 世纪 80 年代开始,每隔 40 个月世界上存储的人均科技信息量就会翻倍。据国际数据公司(international data corporation,IDC)发布的白皮书《数据时代 2025》估计,目前全球数据信息总量为 44ZB(44 万亿 GB),并且根据进一步预测,到 2025 年,全球数据信息总量将达到 163ZB(163 亿 GB)。这里的 163ZB 数据是指在一年内全球所有被采集、创建和复制的新数据,其中涵盖了包括各行业的 50 余种内容创建或内容采集设备。数据单位的换算关系如表 1-1 所示。

表 1-1 数据单位换算关系

数据单位	换算关系
Byte	1Byte=8 bit
KB	1KB=1024 Byte
MB	1MB=1024 KB
GB	1GB=1024 MB
TB	1TB=1024 GB
PB	1PB=1024 TB
EB	1EB=1024 PB
ZB	1ZB=1024 EB

(2)高速性。大数据的高速性主要体现在两个方面,一是数据生成速度快。从数据生成速度来看,自工业革命以后,以文字为载体的信息量大约每十年翻一番;1970 年以后,微电子技术的发展使信息量大约每 3 年翻一番;1980 年以来,互联网等技术的应用使全球信息总量每两年就可以翻一番。进入 21 世纪以后,移动互联网、社交媒体、物联网、人工智能等技术的发展和应用,使数据呈现爆炸性增长。二是数据处理速度快。以阿里云为

例,在 2020 年淘宝"双十一"活动期间,11 月 11 日 0 点刚过 26 s,天猫双十一的订单创建峰值就达到 58.3 万笔/s,阿里云又一次扛住全球最大规模流量洪峰。阿里云在双十一期间系统"零死机",由 Apache Flink 支持的阿里巴巴实时计算平台,在高峰时期每秒处理的数据流量总数为 40 亿条,与 2019 年的 25 亿条相比增势显著。阿里云专有的数据库平台 MaxComute,在 11 月 1 日至 11 日的 11 天购物节期间,每日处理高达 1.7EB 数据,规模相当于处理全球约 70 亿人口、每人 230 张高清照片。

(3)多样性。大数据的多样性首先体现在数据类型多,大体可以分为 3 类。一是结构化数据。通常来说,传统数据属于结构化数据,能够整齐地纳入关系数据库,如财务系统数据,医疗系统数据等。二是非结构化的数据,如文本、音频和视频等,其特点是数据间没有因果关系,它们需要经过额外的预处理操作才能真正提供洞察和支持性元数据。三是半结构化数据,如超文本标记语言(hyper text markup language,HTML)文档、电子邮件、网页、搜索索引、社交媒体论坛、主动和被动系统的传感器原始数据等,其特点是数据间的因果关系弱,数据来源多,不仅产生于组织内部运作的各个环节,而且也来自于组织外部。社交网络(微博、微信、抖音)、移动互联网、各种智能工具,服务工具等,都成为数据的来源。例如,淘宝网近 4 亿名的会员每天产生的商品交易数据约 20TB,脸书约 10 亿的用户每天产生的日志数据超过 300TB;交通领域,北京市交通智能化分析平台上来自路网摄像头/传感器、公交、轨道交通、出租车以及省际客运、旅游、化危运输、停车、租车等运输行业的数据,还有问卷调查和地理信息系统数据,4 万辆浮动车每天产生 2000 万条记录,交通卡刷卡记录每天 1900 万条,手机定位数据每天 1800 万条,出租车运营数据每天 100 万条,电子停车收费系统数据每天 50 万条,定期调查覆盖 8 万户家庭等。三是数据之间的关联性强。挖掘数据之间的关联性非常重要,探索这些形态各异、快慢不一的数据流之间的相关性,是大数据做前人之未做、能前人所不能的机会。大数据不仅是处理巨量数据的利器,而且为处理不同来源、不同格式的多元化数据提供了可能。例如,为了使计算机能够理解人的意图,人类就必须要将需解决的问题的思路、方法和手段通过计算机能够理解的形式告诉计算机,使得计算机能够根据人的指令一步一步工作,完成某种特定的任务。以往,人们只能通过编程这种规范化计算机语言发出指令,但随着自然语言处理技术的发展,人们可以用计算机处理自然语言,实现人与计算机之间基于文本和语音的有效通信。自然语言是一种更复杂、更多样的新型数据来源,它包含诸如省略、指代、更正、重复、强调、倒序等大量的语言现象,还包括噪声、含混不清、口头语和音变等语音现象。借助这项技术,手机可以识别用户的语音信息,并调用自带的各项应用如读短信、询问天气、设置闹钟、安排日程,甚至搜寻餐厅、电影院等生活信息,查看相关评论,根据用户的位置判断、过滤搜寻的结果直接订位、订票。

(4)价值性。大数据的核心特征是价值密度低,由于数据样本不全面、数据采集不及时、数据不连续等,有价值的数据所占的比例很小。随着移动互联网和物联网的广泛应用,信息感知无处不在,信息海量但价值密度较低,最常见的例子就是一天的监控视频,在 24 小时的记录中可能只有几秒钟的时间是有价值的。当然,数据量越大,数据价值密度越低是常见情况,但不是必然情况,如中国银联股份有限公司(以下简称银联)、维萨(VISA)

等清算组织有海量的交易数据，不仅数据量大，而且很有价值。如何通过强大的机器算法更迅速、更精准地完成数据的价值提升，是大数据时代亟待解决的难题。与传统的小数据相比，大数据最大的价值在于，可以从大量不相关的各种类型的数据中，挖掘出对未来趋势与模式预测分析有用的信息。通过对机器学习、人工智能或数据挖掘等方法的深度分析，得到新规律和新知识，并运用于交通、电商、医疗等各个领域，最终达到提高生产率、推进科学研究的效果。

（5）真实性。大数据的真实性指的是与传统的抽样调查相比，大数据反映的内容更加全面、真实，体现的是数据的质量。数据的重要性就在于对决策的支持，数据的规模并不能决定其能否为决策提供帮助，数据的真实性和质量才是获得真知和思路最重要的因素，是制定成功决策最坚实的基础。真实是对大数据的重要要求，也是大数据面临的巨大挑战。即使最优秀的数据清洗方法也无法消除某些数据固有的不可预测性。例如，人的情感和态度、未来的天气变化、宏观经济走势等。在处理这些类型的数据时，数据清洗无法修正这种不确定性，然而，尽管存在不确定性，数据仍然包含宝贵的信息。我们首先要认同、接受大数据的不确定性，并采用科学的方法加以修正或是处理。例如，采取数据融合，即通过综合多个可靠性较低的数据来源进而创建更准确、更真实的数据点，或者通过鲁棒优化技术以及模糊逻辑方法等数学工具最大限度地降低数据的不确定性。

1.1.3 大数据的分类

大数据分类在收集、处理和应用过程中非常重要，往往不同的环节需要理解和掌握不同的分类方式，以便更好地组织、管理、分析和应用大数据。下面介绍几种常见的分类方式。

1. 根据数据集的结构和建索引的难易程度，通常分为 3 类

结构化数据：这类数据最容易整理和搜索，主要包括财务数据、机器日志和人口统计明细等。结构化数据很好理解，类似于 Excel 电子表格中预定义的行列布局。这种结构下的数据很容易分门别类，数据库设计人员和管理人员只需要定义简单的算法就能实现搜索和分析数据。不过，即使结构化数据数量非常大，也不一定称得上"大数据"，因为结构化数据本身比较易于管理，不符合大数据的定义标准。一直以来，数据库都是使用结构化查询语言（structured query language，SQL）编程语言管理结构化数据。SQL 是由 IBM 在 20 世纪 70 年代开发的，旨在帮助开发人员构建和管理当时正逐步兴起的关系型（电子表格式）数据库。

非结构化数据：这类数据包括社交媒体内容、音频文件、图片和开放式客户评论等。这些数据符合大数据定义中大而复杂的要求，也因此这些数据通常很难用标准的行列关系型数据库捕获。如何利用这类大数据是企业不断探索的问题，大多数情况下企业若想搜索、管理或分析大量非结构化数据，只能依靠烦琐的手动流程。毫无疑问，分析和理解这类数据能够为企业带来价值，但是执行成本往往太过高昂。而且，由于耗时太长，分析结果往往还未交付就已经过时。因为无法存储在电子表格或关系型数据库中，所以非结构化数据通常存储在数据湖、数据仓库和非关系型数据库（not only SQL，NoSQL）中。

半结构化数据：顾名思义，是结构化数据和非结构化数据的混合体。电子邮件就是一个很好的例子，因为其中的正文属于非结构化数据，而发件人、收件人、主题和日期等则属于结构化数据。使用地理标记、时间戳或语义标记的设备也可以同时提供结构化数据和非结构化数据。例如，一张未做标识的智能手机图片仍然可以告诉你，这是一张自拍照，以及拍摄的时间和地点。采用人工智能技术的现代数据库不仅能够即时识别不同类型的数据，还能够实时生成算法，有效地管理和分析各种相关的数据集。

这种分类方式近几年特别重要，相关的场景包括：其一，结构化数据是传统数据的主体，而半结构化和非结构化数据是大数据的主体。后者的增长速度比前者快很多，大数据的量这么大，主要是因为半结构化和非结构化数据的增长速度太快。其二，在数据平台设计时，结构化数据用传统的关系数据库便可高效处理，而半结构化和非结构化数据必须用海杜普（Hadoop）等大数据平台。其三，在数据分析和挖掘时，不少工具都要求输入结构化数据，因此半结构化、非结构化数据需要经过清洗、整理、筛选，转换为结构化数据。

2. 从字段类型上分为文本类（string、char、text 等）、数值类（int、float、number 等）、时间类（data、timestamp 等）

文本类数据常用于描述性字段，如姓名、地址、交易摘要等。这类数据不是量化值，不能直接用于四则运算。在使用时，可先对该字段进行标准化处理（比如地址标准化）再进行字符匹配，也可直接模糊匹配。

数值类数据用于描述量化属性，或用于编码，如交易金额、额度、商品数量、积分数、客户评分等都属于量化属性，可直接用于四则运算，是日常计算指标的核心字段。邮编、身份证号码、卡号之类的则属于编码，是对多个枚举值进行有规则编码，可进行四则运算，但无实质业务含义，不少编码都作为维度存在。

时间类数据仅用于描述事件发生的时间，时间是一个非常重要的维度，在业务统计或分析中非常重要。

这种分类方式是最基本的，和很多场景有关。其一，在系统设计时，需要确定每个字段的类型，以便设计数据库结构。其二，在数据清洗时，文本类数据往往很难清洗，而且很多文本类数据也没有清洗的必要，如备注或客户评论。数值类和时间类数据是清洗的重点，这类字段在业务上一般都有明确的取值范围，如年龄必须大于 0。对于不合法的取值，通常用默认值填充。其三，在建立维度模型时，数值类中的编码型字段和时间类字段通常作为维度，数值类中的量化属性作为度量。

3. 从描述事物的角度分为：状态类数据、事件类数据、混合类数据

用数据来描述客观世界，一般可以从两个方面出发。

第一方面是描述客观世界的实体，也即一个个对象，如人、桌子、账户等。这些对象，各有各的特征，不同种类的对象拥有不同的特征。比如，人的特征包括姓名、性别和年龄，桌子的特征包括颜色和材质。对于同一种对象的不同个体，其特征值的不同，如张三男 20 岁、李四女 24 岁。有些特征稳定不变，而另一些则会不断发生变化，如性别一般不变，但账户金额、人的位置则随时可能变化。因此，可以使用一组特征数据来描述每个对象，这些数据可以随时间发生变化（数据的变化一方面依赖于对象的变化，另一方面依赖于反映到数据上的时间差变化），每个时点的数据反映这个时点对象所处的状态，因此称之为状态类数据。

第二方面是描述客观世界中对象之间的关系，它们是如何互动的，如何发生反应的。我们把这一次次互动或反应记录下来，这类数据称之为事件类数据。比如，客户到商店买了件衣服，这里出现3个对象，分别是客户、商店、衣服，3个对象之间发生了一次交易关系。

混合类数据理论上也属于事件类数据范畴，两者的差别在于，混合类数据所描述的事件发生过程持续较长，记录数据时该事件还没有结束，还将发生变化。比如，订单，从订单生成到结束整个过程需要持续一段时间，首次记录订单数据是在订单生产的时候，订单状态、订单金额后续还可能多次变化。

这种分类方式在数据仓库建模时特别重要。数据仓库需要保存各种历史数据，不同类型的历史数据保存方式差别很大。状态类数据保存历史的方式一般有两种：存储快照或者缓慢变化维度方式。事件类数据一旦发生就已经是历史了，只需直接存储或者按时间分区存储。混合类数据保存历史比较复杂，可以把变化的字段分离出来，按状态类数据保存，剩下不变的则按事件类数据保存，使用时再把两者合并。另一个相关场景就是客户画像，客户画像通常用状态类数据，对于和客户相关的事件类数据和混合类数据，也会转换成和状态类数据相同的形态。

4. 从数据处理的角度分为原始数据、衍生数据

原始数据是指来自上游系统的，没有做过任何加工的数据。虽然会从原始数据中产生大量衍生数据，但还是会保留一份未作任何修改的原始数据，一旦衍生数据发生问题，可以随时从原始数据重新计算。

衍生数据是指通过对原始数据进行加工处理后产生的数据。衍生数据包括各种数据集市、汇总层、宽表、数据分析和挖掘结果等。从衍生目的上来说，可以简单分为两种情况，一种是为提高数据交付效率，数据集市、汇总层、宽表都属于这种情况。另一种是为解决业务问题，数据分析和挖掘结果就属于这种。

这种分类方式主要用在管理数据上，对原始数据的管理和衍生数据的管理有一些差别。原始数据通常只要保留一份，衍生数据却不同，管理形式比较灵活。只要有利于提高数据分析和挖掘效率，产生更大的数据价值，任何形式都可以尝试。比如，为每个业务条线定制个性化数据集市，提高每个业务条线的数据分析效率，虽然不同集市存在大量冗余的数据，但只要能大幅提高分析效率，用空间换时间也未尝不可。

5. 从数据粒度上分为明细数据、汇总数据

通常从业务系统获取的原始数据，是粒度比较小的，包括大量业务细节。比如，客户表中包含每个客户的性别、年龄、姓名等数据，交易表中包含每笔交易的时间、地点、金额等数据。这种数据我们称之为明细数据。明细数据虽然包括了最为丰富的业务细节，但在分析和挖掘时，往往需要进行大量的计算，效率比较低。

为了提高数据分析效率，需要对数据进行预加工，通常按时间维度、地区维度、产品维度等常用维度进行汇总。分析数据时，优先使用汇总数据，如果汇总数据满足不了需求则使用明细数据，以此提高数据使用效率。

这种分类方式的相关场景有两种。一种是在设计数据仓库时，如何对数据进行汇总，按什么方式进行汇总，才能达到使用效率和汇总成本的平衡。另一种是数据分析人员在分析数据时，在明细数据、各种汇总数据之间选择合适的数据，以提高分析效率。

6. 从更新方式上分为批量数据、实时数据

源系统提供数据时，不同的源系统有不同的提供方式，主要可以分为两种方式。一种是批量方式，这种方式每隔一段时间提供一次，把该时段内所有变化的都提供过来。批量方式时效较低，大部分传统系统都采用 T+1 方式，业务用户最快只能分析到前一天的数据，看前一天的报表。

另一种方式是实时方式，即每当数据发生变化或产生新数据，就会立刻提供过来。这种方式时效快，能有效满足时效要求高的业务，如场景营销。但该方式对技术要求更高，必须保证系统足够稳定，一旦出现数据错误，容易造成较严重的业务影响。

这种分类方式也非常重要，目前有越来越多系统采取该方式提供数据。这对数据处理、数据分析和数据应用产生了巨大的影响。一方面能为业务提供近乎实时的数据和报表支持，实现高时效的业务场景；另一方面也极大地增加了数据架构、数据分析和应用的技术难度。

7. 从数据来源上分为交易数据、社交数据、机器数据

交易数据是世界上发展速度和增长速度最快的数据。例如，一家大型国际零售商每小时处理超过 100 万笔客户交易，还有我们在前面提到的淘宝"双十一"活动所产生的交易数据。大数据平台能够获取时间跨度更大、更海量的结构化交易数据，这样就可以对更广泛的交易数据类型进行分析，不仅仅包括销售时点系统（point of sale，POS）或电子商务购物数据，还包括行为交易数据。例如，Web 服务器记录的互联网点击流数据日志。此外，交易数据越来越多地由半结构化数据组成，包括图片和注释等，使得管理和处理难度不断增加。

社交数据来源于社交媒体评论、发帖、图片以及与日俱增的视频文件，这些广泛存在的非结构数据流为使用文本分析功能进行分析提供了丰富的数据源泉。随着 5G 蜂窝网络的普及，2023 年全球手机视频用户达到 27.2 亿名。虽然社交媒体及其使用趋势瞬息万变、难以预测，但作为数字数据的主要来源，其稳定增长趋势是不会改变的。

机器数据包括功能设备创建或生成的数据，如智能电表、智能温度控制器、工厂机器和连接互联网的家用电器。这些设备可以配置为与互联网络中的其他节点通信，还可以自动向中央服务器传输数据，这样就可以对数据进行分析。物联网设备和机器都配有传感器，能够发送和接收数字数据。物联网传感器能够帮助企业采集和处理来自整个企业的设备、工具和装置的机器数据。从天气和交通传感器到安全监控，全球范围内的数据生成设备正在迅速增多。据互联网数据中心（internet data center，IDC）估计，到 2025 年，全球物联网设备数量将超过 400 亿台，生成的数据量几乎占全球数字数据总量的一半。

1.2 大数据发展历程

1.2.1 大数据产生背景

1. 信息时代的来临

20世纪中叶，人类迈入了信息时代。随着计算机的发明和应用，信息的载体从"语言""文字"，进而发展到"数据"。"数据"是客观事物的符号化表示，二进制的发明实现了数据在物理机器中的表达、计算和传输。数据可输入计算机，被计算机程序理解和处理。这样，利用计算机强大的计算能力，人类对数据得以有效的管理与开发利用。

经过近半个世纪的探索，人类以计算机为工具管理数据从依赖"特有程序"到"文件系统"管理，再到"数据库管理系统"，基本实现了数据的快速组织、存储和读取。以计算机为工具管理数据不仅提升了信息描述的精确性，而且扩大了信息传递的广泛性，信息在越来越广阔的空间发挥着越来越重要的作用。

1999年，"物联网"（internet of things，IoT）的概念被提出。物联网是新一代信息技术的重要组成部分，它是基于互联网、传统电信网等的信息承载体，让所有能够被独立寻址的普通物理对象形成互联互通的网络，是"万物互联"的网络。通过各种信息传感器、射频识别技术、全球定位系统、红外感应器、激光扫描器等各种装置与技术，实时采集任何需要监控、连接、互动的物体或过程，采集其声、光、热、电、力学、化学、生物、位置等各种需要的信息，通过各类可能的网络接入，实现物与物、物与人的泛在连接，实现对物品和过程的智能化感知、识别和管理。智能设备的普及、物联网的广泛应用、存储设备性能的提高，为大数据的产生提供了储存和流通的物质基础。

传统数据基本来源于行业或企业的内部数据，现在则大部分来源于互联网和物联网。传统数据以结构化数据为主，而现在来源于社交网站、电子商务、物联网的数据基本都是非结构化和半结构化的数据。传统数据用关系数据库的管理系统可实现有效的管理与开发，现在数据因其大量、迅速、复杂，大大超出了传统数据库软件工具的能力范围，以至于引发了数据存储与处理的危机。

2. 云计算的兴起

随着互联网规模不断扩大，网络上汇聚的计算资源、存储资源、数据资源和应用资源不断增加，互联网正在从传统意义的通信平台转化为泛在、智能的计算平台。与计算机系统这样的传统计算平台相比，互联网上还没有形成类似计算机操作系统的服务环境，以支持互联网资源的有效管理和综合利用。在传统计算机中已成熟的操作系统技术，已不再能适用于互联网环境，其根本原因在于：互联网资源的自主控制、自治对等、异构多尺度等基本特性，与传统计算机系统的资源特性存在本质上的不同。为了适应互联网资源的基本特性，形成承接互联网资源和互联网应用的一体化服务环境，业界展开了面向互联网计算的虚拟计算环境（internet-based virtual computing environment，iVCE）的研究工作，使用户能够方便、有效地共享和利用开放网络上的资源。

2006年8月，云计算（cloud computing）这个概念首次在搜索引擎会议上提出，成为互联网的第三次革命。狭义上讲，云计算就是一种提供资源的网络，使用者可以随时获取"云"上的资源，按需求量使用，并且可以看成无限扩展的，只要按使用量付费就可以；从广义上说，云计算是与信息技术、软件、互联网相关的一种服务，这种计算资源共享池叫作"云"，云计算把许多计算资源集合起来，通过软件实现自动化管理，只需要很少的人参与，就能让资源被快速提供，如图1-2所示。云计算是分布式计算的一种，通过网络"云"将巨大的数据计算处理程序分解成无数个小程序，然后，通过多部服务器组成的系统对这些小程序进行处理和分析，得到结果并返回给用户。

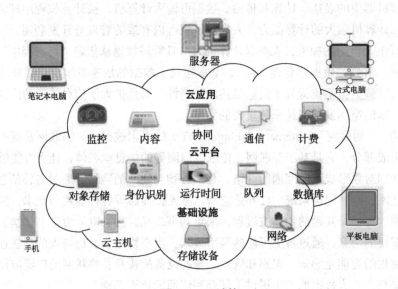

图1-2　云计算

早期的云计算，就是简单的分布式计算，解决任务分发，并进行计算结果的合并。现阶段所说的云服务，则是分布式计算、效用计算、负载均衡、并行计算、网络存储、热备份冗余和虚拟化等计算机技术混合演进并跃升的结果。云计算也正在成为信息技术产业发展的战略重点，全球的信息技术企业都在纷纷向云计算转型。

云计算是大数据的基础，大数据是云计算的应用，二者密不可分。从应用视角上来看，云计算以新型的资源管理模型，为终端用户提供了组织、共享和管理资源的方式和机制，以支持互联网大数据资源的有效共享和综合利用。从开发视角上来看，云计算是互联网新型应用的软件开发平台，提供了与大数据资源管理模型一致的程序设计模式与运行支撑模式，能方便、快捷地帮助开发人员构造面向互联网的应用系统。从系统视角上来看，云计算包括了支持资源管理模型的程序设计语言，网络延迟探测、支持网络资源按需聚合和协同的虚拟节点、资源聚合管理、资源协同管理、虚拟网络内存、虚拟网络外存和虚拟执行网络等基础服务，以及云计算应用管理与运行支撑环境。

3. 数据资源化的趋势

数据作为数字经济全新的、关键的生产要素，贯穿于数字经济发展的全部流程，与其他生产要素不断组合迭代，加速交叉融合，引发生产要素多领域、多维度、系统性、革命性的群体突破。数据资源是能够参与社会生产经营活动、可以为使用者或所有者带来经济效益、以电子方式记录的数据。区别数据与数据资源的依据，主要在于数据是否具有使用价值。

数据资源化使无序、混乱的原始数据成为有序、有使用价值的数据资源。数据资源化阶段就是通过对数据的采集、整理、聚合、分析等，形成可采、可见、标准、互通、可信的高质量数据资源。数据资源化是激发数据价值的基础，其本质是提升数据质量、形成数据使用价值的过程。

习近平总书记指出，要"发挥数据的基础资源作用和创新引擎作用"，党的十九届四中全会首次明确数据可作为生产要素按贡献参与分配，《关于新时代加快完善社会主义市场经济体制的意见》首次将数据与技术、人才、土地、资本等要素一起纳入改革范畴，《关于构建更加完善的要素市场化配置体制机制的意见》、十九届五中全会等历次重要会议、文件都将数据要素作为重要内容，为加快数据要素市场发展提供了根本遵循，为数据要素市场发展确定了目标、指明了方向。历史经验表明，每一次经济形态的重大变革，必然催生也必须依赖新的生产要素。如同农业经济时代以劳动和土地、工业经济时代以资本和技术为新的生产要素一样，数字经济时代，数据成为新的关键生产要素。由网络所承载的数据、由数据所萃取的信息、由信息所升华的知识，正在成为企业经营决策的新驱动、商品服务贸易的新内容、社会全面治理的新手段，带来了新的价值增值。

1.2.2 大数据发展的三个阶段

有关大型数据集的起源，最早可追溯至 20 世纪 60 至 70 年代。当时数据世界正处于萌芽阶段，全球第一批数据中心和首个关系数据库便是在那个时代出现的。1980 年，未来学家阿尔文托夫勒在《第三次浪潮》一书中称"大数据是第三次浪潮中最华彩的乐章"。2005 年左右，人们开始意识到用户在使用脸书（Facebook）等社交媒体以及其他在线服务时生成了海量数据。同一年，专为存储和分析大型数据集而开发的开源框架 Hadoop 问世，NoSQL 也在同一时期开始渐渐普及开来。2008 年 8 月，维克托·迈尔·舍恩伯格和肯尼斯·库克耶在《大数据时代》中指出，大数据是对所有数据进行整体分析处理，而不是采用随机分析法，即抽样调查进行分析。2008 年 9 月，《自然》杂志推出了"大数据"封面专栏。

Hadoop 及后来 Spark 等开源框架的问世对于大数据的发展具有重要意义，正是它们降低了数据存储成本，让大数据更易于使用。在随后几年里，大数据数量进一步呈爆炸式增长。时至今日，全世界的"用户"——不仅有人，还有机器——仍在持续生成海量数据。如今，随着物联网的兴起，越来越多的设备接入了互联网，收集了大量的客户使用模式和产品性能数据。同时，机器学习的出现也进一步加速了数据规模的增长。

大数据技术的发展可以按照其特点，分为大数据 1.0、大数据 2.0、大数据 3.0 三个阶段，各阶段的需求驱动和关键技术如图 1-3 所示。

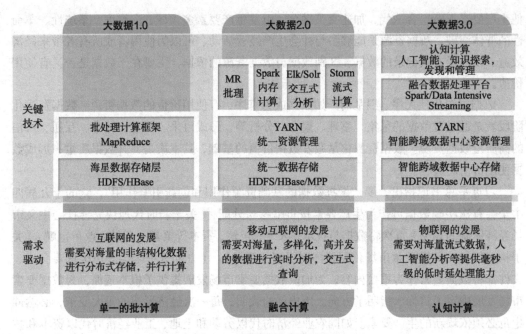

图 1-3 大数据技术发展阶段

大数据 1.0 阶段是在不同分析业务场景下，采用不同技术如基于 Share-Nothing 无共享模式并行计算的大规模并行处理（massively parallel processing，MPP）技术和基于 Hadoop 体系的大数据技术，分别封装成不同产品，完成 TP 级结构化数据和 PB 级非结构化数据的汇聚和分析。此时的大数据平台是以处理海量数据存储、计算及流数据实时计算等场景为主的传统意义上的"大数据平台"基础设施，以 Hadoop、Spark、Hive 等作为大数据基础能力层，在大数据组件上搭建包括数据分析，机器学习程序等抽取、转换、装载方法（extract transformation load method, ETL method）流水线，以及包括数据治理系统、数据仓库系统、数据可视化系统等核心功能。这一时期，硬件投资与软件开发投入量巨大，极大增加了研发的难度、调试部署的周期、运维的复杂度，且架构的缺陷，数据应用开发运行维护的困难，多用户资源隔离的复杂度等原因经常造成"数据孤岛""应用孤岛"的问题。

大数据 2.0 阶段进入云时代，基于云基础设施（infrastructure），统一部署，但业务依然是分群的，给用户搭建的湖仓平台也依然是分离的架构。数据同步、计算流程以离线为主，固化的数据处理加工，引入实时计算引擎对其中的指标进行实时计算。上游将数据生产到 Spark/Storm 作为消费者进行数据消费，实时计算处理后，将数据写入查询效率较高的存储中，如 Hbase 或 MPP 数据库中，通过新建数据链路，来满足数据的实时计算需求。然而数据链路维护两份，开发成本较高，同时，两个链路的计算结果需要做指标对账，存在业务逻辑、计算逻辑不一致的风险。

大数据 3.0 阶段基于云原生（cloud native）技术，核心要素是容器化轻量化部署、存储和计算的分离、极致和可靠的按需弹性扩展,提供智能跨域数据平台解决方案。在经历了前两阶段的认知与技术发展的铺垫后，大数据迅速渗透各行各业。数据驱动决策，信息社会智能化程度大幅提高，同时出现跨行业、跨领域的数据整合，甚至是全社会的数据整合，并且可以从各种各样的数据中找到对社会治理、产业发展更有价值的应用。云原生的代表技术包括不可变基础设施、微服务、声明式应用程序编程接口（application programming interface，API）、容器和服务网格，这些技术能够构建容错性好、易于管理和便于观察的松耦合系统。在云原生技术的背景下，各组织在公有云、私有云和混合云等新型动态环境中，构建和运行可弹性扩展的应用，云上资源利用率和应用交付效率得到显著提升。面对业态各异的业务上云以及碎片化的物联网解决方案部署，利用云原生思维和模式，构建基于云原生的物联网平台以及解决方案，势必将加速企业甚至整个社会的数字化转型。

尽管已经出现了相当长的一段时间，但人们对大数据的利用才刚刚开始。今天，云计算进一步释放了大数据的潜力，通过提供真正的弹性与可扩展性，让开发人员能够轻松启动点对点（Ad-Hoc）集群来测试数据子集。此外，图形数据库在大数据领域也变得越来越重要，它们能够以独特的形式展示大量数据，帮助用户更快速执行更为全面的分析。

1.3 大数据技术的应用场景

大数据技术已经在互联网、商业智能、医疗服务、零售业、金融业、电信等领域得到广泛的应用，其典型场景包括气象预测、射频识别（radio frequency identification，RFID）、遥感遥测、天文观测、交通运输、基因组学、生物学、大社会数据分析、国际网络文件处理、搜索引擎索引、军事侦察、金融大数据、医疗大数据、社群网络、医疗记录、照片图像和影像封存、大规模的电子商务等。伴随着各种穿戴设备、物联网和云计算、云存储等技术的发展，数据内容和格式的多样化，数据颗粒度也越来越细，随之出现了分布式存储、分布式计算、流处理等大数据技术，各行业基于多种甚至跨行业的数据源相互关联以探索更多的应用场景，同时更注重面向个体的决策和应用的时效性。

1.3.1 大数据技术在各行业的应用

1. 互联网行业

互联网行业是大数据应用的发源地，其主流应用包括：搜索引擎，电子商务，社交媒体。

（1）搜索引擎。搜索引擎是天然的大数据服务，它连接了人与信息、人与服务，其目的就是更好地理解用户的搜索需求，将信息与用户匹配起来。与此同时，大数据技术也在推动着搜索引擎不断向前演进，呈现了以下3个突破。一是智能交互。用户需求更趋于复杂化和个性化，使用语音和图像来表达需求的比例更高，为了不断提升用户体验，图像识别和语音识别技术被开发应用于该领域。二是知识图谱。用户更希望找到答案、加深了解以及发现更多的内容。知识图谱是基于海量的互联网数据，实现这种演变的最为重要的技术之一。三是深度问答。深度问答是一种基于海量互联网数据和深度语义理解的智能系统，它通过海量数据的深层分析和语义理解，并通过搜索和语义匹配技术，提炼出答案信息，对信息进行聚合、提炼，给出最全面、准确的结果。

（2）电子商务。电子商务的大数据应用有以下3个方面：精准营销、个性化服务、商品个性化推荐。精准营销是互联网企业使用大数据技术采集有关客户的各类数据，并通过大数据分析建立"用户画像"来抽象地描述一个用户的信息全貌，从而可以对用户进行个性化推荐、精准营销和广告投放等。电子商务具有提供个性化服务的先天优势，可以通过技术支持实时获得用户的在线记录，并及时为他们提供定制化服务。例如，一个用户想要在天猫上购买一个电视，他可以使用定制功能，在电视机生产以前选择尺寸、边框、清晰度、能耗、颜色、接口等属性，再由厂商组织生产并送货到顾客家中。这样的个性化服务受到了广泛欢迎。商品个性化推荐的功能依托于个性化推荐系统，系统通过分析用户的行为，包括反馈意见、购买记录和社交数据等，以分析和挖掘顾客与商品之间的相关性，从而发现用户的个性化需求、兴趣等，然后将用户感兴趣的信息、产品推荐给用户。个性化推荐系统针对用户特点及兴趣爱好进行商品推荐，能有效地提高电子商务系统的服务能力，从而保留客户。此外，应用大数据分析技术还可以帮助企业预测消费趋势，如区域消费特征，顾客消费习惯，消费者行为，消费热点和影响消费的重要因素等，并根据消费者的习惯提前生产物料和进行物流管理，实现精益生产。

（3）社交媒体。大数据产生的背景离不开脸书、微博、微信、抖音等社交媒体的兴起，人们每天通过这些自媒体传播信息或者沟通交流，由此产生的信息被网络记录下来，社会学家可以在这些数据的基础上分析人类的行为模式、交往方式等。涂尔干计划就是依据个人在社交网络上的数据分析其自杀倾向，通过脸书的行动 App 收集资料，并将受测用户的活动数据传送到一个医疗资料库。收集完成的数据会接受人工智能系统分析，接着利用预测模型来即时监视受测者是否出现一般认为具有伤害性的行为，从而采取预防措施。社交媒体对于消费者行为的分析数据，也被应用于电子商务领域。

2. 电信行业

电信行业因其遍布世界的网络节点而拥有体量巨大的数据资源，单个运营商其手机用户每天产生的话单记录、信令数据、上网日志等数据就可达到 PB 级的数据规模。尽管电信行业利用信息技术采集数据来改善网络运营、提供客户服务已有数十年的历史，但是传统处理技术下电信运营商实际上只能用到其中不足 1%的数据资源。大数据技术应用包括以下几个方面。

（1）网络安全与网络维护。公众电信网络具有开放性的特征，因此网络安全是最为重要的问题之一。在电信领域运用大数据技术可以很好地加强网络维护，解决网络安全问题。运用大数据技术，首先可以构建较为完整的电信网络安全分析体系。通过对通信网络的历史数据进行分析，可以从人为因素和环境因素两个方面对网络安全问题进行评估。在人为因素方面，主要用于防护恶意的偷窃破坏等。在环境因素方面，主要包括自然灾害，动物破坏等各方面的因素。大数据技术还可以建立完善的风险评估体系，并在云盘空间中储存数据测试结果，通过虚拟化技术提取数据，用于明确具体的分析指标，再按照数据分析结果来判断网络安全的风险点，并提出相应的解决措施。大数据技术还可以通过构建分析平台来对数据进行科学有效的处理，从而保障通信网络安全运行。在网络运维方面，采集基站等硬件设备的数据，分析设备负荷状况，生成设备的扩容、优化、质量排查、扩建等建议，达到均衡网络流量的目的。

（2）大数据技术可以提高数据分析能力。当今社会，移动互联网的发展使得接入网络的移动终端设备越来越多，同时也会产生海量的通信数据。伴随着信息技术的发展，如何在海量的数据资源里面快速挑选有价值的数据，并且充分发挥这些数据的利用价值，已经成为通信领域最重要的工作之一。而大数据技术可以快速地对数据进行收集整理和挖掘，并建立模型对这些数据进行分析，根据用户的网络浏览情况来准确地把握用户需求，在完善网络运营商自身业务的同时，更好地为客户提供服务。大数据技术可以在这些海量数据中获得有用的信息，从而挖掘出隐含在数据当中的价值，这对于业务的决策具有重要的指导意义。

（3）丰富数据处理手段。任何平台的数据模型都可以采用大数据技术进行分析处理。目前各电信运营商的工作重心都是围绕在数据中发掘客户喜好开展的。由于大数据技术的先进性和准确性，由此获得的结果较为精准、客观。电信运营商想要推出更加适合客户的产品与服务，就必须利用大数据技术来挖掘客户的需求，这样才能在最大程度上提高经济效益。运营商通过分析用户的话单数据，界定用户属性，分析手机终端的特征，从而形成套餐推荐、终端推荐等决策；根据用户使用的手机软件（mobile app，App）、访问的网页进行更为全面的用户行为分析、用户喜好分析；采集微博等社交网络数据，了解用户对运营商的评价和意见，进行舆情分析。

3. 制造业

智能制造时代的到来，也意味着工业大数据时代的到来。制造业向智能化转型的过程中，将促进工业大数据的广泛应用。工业大数据是指在工业领域信息化应用中所产生的数据，是工业互联网的核心，是工业智能化发展的关键。工业大数据无疑将成为未来提升制造业生产力、竞争力、创新力的关键要素，也是目前全球工业转型必须面对的重要课题。大数据在工业企业的应用主要体现在以下几个方面。

（1）基于数据的产品价值挖掘。通过对产品及相关数据进行二次挖掘，创造新价值。日本的科研人员日前设计出一种新型座椅，能够通过分析相关数据识别主人，以此确保汽车的安全。这种座椅装有 360 个不同类型的感应器，可以收集并分析驾驶者的体重、压力值，甚至坐到座椅上的方式等多种信息，并将它们与车载系统中内置的车主信息进行匹配，以此判断驾驶者是否为车主，从而决定是否开动汽车。实验数据显示，这种车座的识别准确率高达 98%。三一公司的挖掘机指数也是如此，通过在线跟踪销售出去的挖掘机的开工、负荷情况，就能了解全国各地基建情况，进而对宏观经济判断、市场销售布局、金融服务提供调整依据。

（2）提升服务型生产。增加服务在生产（产品）的价值比重，主要体现在两个方向的延伸。一是前向延伸，就是在售前阶段，通过用户参与、个性化设计的方式，吸引、引导和锁定用户。比如，红领西服的服装定制，通过精准的量体裁衣，在其他成衣服装规模关店的市场下，能保持每年 150% 的收入和利润增长，每件衣服的成本仅比成衣高 10%。小米手机也属于这一类。二是后向延伸，通过销售的产品建立客户和厂家的联系，产生持续性价值。苹果手机的硬件配置是标准的，但每个苹果手机用户安装的软件是个性化的，苹果公司销售苹果终端产品只是开始，而通过苹果应用程序商店（App Store）建立用户和厂商的连接,满足用户个性化需求,提供差异性服务,每年创造收入百亿美元才是最终目的。

(3)创新商业模式。一是基于大数据,制造型企业对外能提供什么样的创新性商业服务;二是在工业大数据背景下,能接受什么样的新型的商业服务。最优的情况是,通过提供创新性商业模式能获得更多的客户,发掘更多的蓝海市场,赢取更多的利润;同时通过接受创新性的工业服务,降低了生产成本、经营风险。以通用电气公司(GE)为例,它不销售发动机,而是将发动机租赁给航空公司使用,按照运行时间收取费用,这样 GE 通过引入大数据技术监测发动机运行状态,通过科学诊断和维护提升发动机使用寿命,获得的经济回报高于销售发动机。在接受服务方面,目前国内外有一批企业提供云服务架构的工业大数据平台。包括海尔收购 GE 的白色家电业务的一揽子合作中,GE 的 Predix 工业大数据平台向海尔开放,接入海尔的工厂,提供工业大数据服务。

4. 金融业

1)大数据在银行业中的应用

信贷风险评估。在传统方法中,银行对企业客户的违约风险评估多是基于过往的信贷数据和交易数据等静态数据,这种方式的最大弊端就是缺少前瞻性。因为影响企业违约的重要因素并不仅仅是企业历史的信用情况,还包括行业的整体发展状况和实时的经营情况。而大数据手段的介入使信贷风险评估更趋近于事实。内外部数据资源整合是大数据信贷风险评估的前提。一般来说,商业银行在识别客户需求、估算客户价值、判断客户优劣、预测客户违约可能的过程中,既需要借助银行内部已掌握的客户相关信息,也需要借助外部机构掌握的个人征信信息、客户公共评价信息、商务经营信息、收支消费信息、社会关联信息等。在供应链金融方面,利用大数据技术,银行可以根据企业之间的投资、控股、借贷、担保以及股东和法人之间的关系,形成企业之间的关系图谱,利于关联企业分析及风险控制。知识图谱再通过建立数据之间的关联链接,将碎片化的数据有机地组织起来,让数据更加容易被人和机器理解和处理,并为搜索、挖掘、分析等提供便利。在风控上,银行以核心企业为切入点,将供应链上的多个关键企业作为一个整体。利用交往圈分析模型,持续观察企业间的通信交往数据变化情况,通过与基线数据的对比来洞察异常的交往动态,评估供应链的健康度及为企业贷后风控提供参考依据。

2)大数据在证券行业中的应用

股市行情预测。大数据可以有效拓宽证券企业量化投资的数据维度,帮助企业更精准地了解市场行情。随着大数据的广泛应用、数据规模爆发式增长以及数据分析及处理能力显著提升,量化投资将获取更广阔的数据资源,构建更多元的量化因子,建立更完善的投研模型。证券企业应用大数据对海量个人投资者样本进行持续性跟踪监测,对账本投资收益率、持仓率、资金流动情况等一系列指标进行统计、加权汇总,了解个人投资者交易行为的变化、投资信心的状态与发展趋势、对市场的预期以及当前的风险偏好等,对市场行情进行预测。智能投顾是近年证券公司应用大数据技术匹配客户多样化需求的新尝试之一,目前已经成为财富管理新蓝海。智能投顾业务提供线上的投资顾问服务,能够基于客户的风险偏好、交易行为等个性化数据,采用量化模型,为客户提供低门槛、低费率的个性化财富管理方案。智能投顾在客户资料的收集分析、投资方案的制定、执行以及后续的维护等步骤上均采用智能系统自动化完成，且具有低门槛、低费率等特点，因此能够为更多的零售客户提供定制化服务。

3）大数据在保险行业中的应用

借助大数据手段，保险企业可以识别诈骗规律，显著提升骗保识别的准确性与及时性。通过建立保险欺诈识别模型，大规模地识别近年来发生的所有赔付事件，从数万条赔付信息中挑出疑似诈骗索赔，再根据疑似诈骗索赔展开调查。此外，保险企业可以结合内部、第三方和社交媒体数据进行早期异常值检测，包括客户的健康状况、财产状况、理赔记录等，及时采取干预措施，减少先期赔付。保险公司还可以通过大数据分析解决现有的风险管理问题。例如，通过智能监控装置搜集驾驶者的行车数据，如行车频率、行车速度、急刹车和急加速频率等；通过社交媒体搜集驾驶者的行为、情绪数据，如在社交媒体的言行、性格情况等；通过医疗系统搜集驾驶者的健康数据。以这些数据为出发点，如果一个人不经常开车，并且开车习惯稳妥谨慎，那么可以针对他的保费报价比平均水平低 30%～40%，这将极大地提高保险产品的竞争力。

5. 政府

作为重要的基础性战略资源，大数据改变了现代政府治理的思维与方式，成为推进政府治理现代化不可或缺的重要力量。实践证明，大数据治理已经成为政府治理的一种客观形态，在很大程度上推动了政府治理的有效运转。

（1）决策模式转变，公共政策的科学性增强。大数据注重事物之间的联系及耦合性，要求政府决策体现系统性、统筹性、全局性。这在一定程度上必然对政府决策模式产生影响。比如，在疫情防控过程中，需要政府借用精准的大数据对海量的人员流动信息精准识别，这是传统状态下政府决策模式所不具备的。一个成熟的政府在制定公共政策过程中必然注重大数据的开发及精准利用，力求用它来推动公共政策的科学合理性。比如，北京、上海、广州等大城市开发建设的交通信息综合应用平台，集道路传感系统、出租车卫星定位系统、实时视频采集系统等多系统信息于一体，不仅可以用来分析实时交通状况，增强交通管控措施的准确性和时效性，而且可以为后续交通设施建设提供大数据支撑，进而提高交通基础设施建设的科学决策水平。

（2）公共服务的精准化。伴随现代社会的来临，人们对生产生活服务的需求日渐呈现出差异化和个体化特征。这就意味着政府在提供公共服务的过程中要朝精准化的方向努力，大数据的精准利用恰恰为服务型政府提供了有力工具。比如，在扶贫开发工作中，地方政府通过居民经济状况核查比对，不仅能够检测出不符合申领救济资助条件的"假贫困户"，而且能够比对出本应享受低保救助的困难户，进而实现救助服务的精准化。

（3）跨部门的协同合作。大数据的精准使用呼唤部门之间的协同配合，进而形成高度集成、密切融合的数据系统。而传统条块分割的职能部门往往使得各部门数据资源分散，难以形成集约性开发和运用，"数据孤岛"现象时常发生。要解决这一问题，首要之处是革除部门本位主义思想，以系统性思维和开放包容的理念对待大数据的采集和运用。在此基础上，借用现代信息技术形成统一的数据标准和格式规范，加快建设一网集成、信息共享的公共数据平台，积极推动信息跨部门、跨区域互通共享、校验核对、深度整合，实现部门专网与大数据平台的共享交换,从深层次解决"多网并存""二次录入"等问题。

1.3.2 大数据技术应用中存在的问题

互联网时代,数据已成为社会重要的基础资源,众多组织采用大数据等现代技术来收集和处理数据。大数据的应用,有助于企业改善业务运营并预测行业趋势。然而,若这项技术被恶意利用,没有适当的数据安全策略,就有可能对用户隐私造成重大威胁。因此,必须意识到大数据技术应用存在的安全问题及其负面影响。

(1)分布式系统。大数据解决方案将数据和操作分布在许多系统上,以便更快地进行处理和分析。这种分布式系统可以平衡负载,并避免产生单点故障。然而,这样的系统很容易受到安全威胁,黑客只需攻击一个点就可以渗透到整个网络。因此,网络犯罪分子可以很容易地获取敏感数据并破坏联网系统。

(2)数据访问。大数据系统需要设置访问控制来限制对敏感数据的访问,否则,任何用户都可以访问机密数据,有些用户可能将其用于恶意行为。此外,网络犯罪分子可以侵入与大数据系统相连的系统,以窃取敏感数据。因此,使用大数据的企业需要检查并验证每个用户的身份。如果使用不正确的身份验证方法,则可能会将访问权限授予未经授权的用户或黑客。这种非法访问会危及敏感数据,而这些数据可能会在网上泄露或出售给第三方。

(3)不正确的数据。网络犯罪分子可以通过操纵存储的数据来影响大数据系统的准确性。为此,网络罪犯分子可以创建虚假数据,并将这些数据提供给大数据系统。例如,医疗机构可以使用大数据系统来研究患者的病历,而黑客可以修改此数据以生成不正确的诊断结果。这种有缺陷的结果不容易被发现,企业可能会继续使用不准确的数据。此类网络攻击会严重影响数据完整性和大数据系统的性能。

(4)侵犯隐私权。大数据系统通常包含个人的隐私数据,网络犯罪分子经常攻击大数据系统,以盗取或破坏敏感数据。此类数据泄露已数次发生在脸书这样的全球性社交网络,致使数百万人的敏感数据被盗。类似的机密数据也可能通过在线交易被泄漏。例如,最近有 8.85 亿人次的银行交易、社会保险号和其他机密数据在网上被泄露,这些安全问题均会威胁和侵犯人们的隐私。

(5)云安全问题。大数据系统收集的数据通常存储在云中,这可能是一个潜在的安全威胁。一些知名企业的云数据被发现存在网络罪犯分子入侵的痕迹。如果存储的数据没有加密,或者没有适当的数据安全措施性,就会出现这些问题,使黑客可以轻松访问敏感数据。为了解决这些安全问题,需要加密所有敏感数据,并使用入侵防御系统来检测网络入侵者。除此之外,还可以采用多因素身份验证来对用户进行身份验证。这种认证机制有助于保护敏感数据免受黑客攻击。另外,定期进行安全审计,可以发现现有安全方法中的漏洞。

1.3.3 大数据技术应用的未来趋势

在大数据应用需求的驱动下,计算技术体系正面临重构,从"以计算为中心"向"以数据为中心"转型,一些基础理论和核心技术问题亟待破解。

数据与应用进一步分离,实现数据要素化。数据一开始是依附于具体应用的,数据库技术的出现使得数据与应用实现了第一次分离。数据存储在数据库中,不再依赖具体的应用而存在。数据要素化的需求将推动数据与应用进一步分离。数据不再依赖于具体的业务场景,而是以独立的形态存在于数据库中,并通过数据服务为不同的业务场景提供服务。

从单域到跨域数据管理,促进数据要素的共享与协同。以数据为中心的计算的核心目标是数据价值的最大化,实现数据要素的高效共享与协同。传统数据局限在单一企业、业务、数据中心等内部,未来大数据管理将从传统的单域模式发展到跨域模式,跨越空间域、管辖域和信任域。除了云迁移的技术优势之外,最明显的可能是共享不再以物理方式存储在企业内部网络中,企业向第三方提供有价值的数据,这些数据用于战略、财务并且合规性,可以简化供应商和消费者的分销流程。从单域单模态分析到多域多模态融合,实现广谱关联计算,对不同来源、不同模态(如文本、图像、音视频等)的数据进行联合分析,从而实现不同来源与不同模态数据之间的信息互补。因此,探究能够跨模态关联、跨时空关联的广谱关联技术是大数据分析处理的一个重要趋势。

数联网成为数字化时代的新型信息基础设施。数联网将形成一套完整的数联网基础软件理论、系统软件架构、关键技术体系,包括针对数联网软件以数据为中心的特点,从复杂网络和复杂系统等复杂性理论出发,研究数联网软件的结构组成、行为模式和外在性质;针对数联网软件的数据传存算一体化需求,采用数据互操作技术和软件定义思想,研究数联网软件运行机理、体系结构与关键机制;针对数联网软件跨层级、跨地域、跨系统运行带来的可靠性、可用性、安全性等质量挑战,以数据驱动为手段,研究数联网环境下保障服务质量与保护质量的原理、机制与方法。

数据湖的应用,流数据和静态数据相统一。随着数字企业的建设和发展,数据湖已经成为企业的一种非常经济的选择。远程工作和混合工作环境的兴起增加了对数据湖的需求,以实现更快、更高效的数据操作。随着企业迁移到云平台并专注于云计算数据湖,他们也将转向将数据仓库与数据湖融合。创建数据仓库是为了针对 SQL 分析进行优化,但是需要一个开放、直接和安全的平台来支持快速增长的新型分析需求和机器学习,最终将使数据湖成为数据的主要存储方式。数据湖的采用将持续到 2022 年及以后,市场规模将从 2020 年的 37.4 亿美元增长到 2026 年的 176.0 亿美元,在 2021—2026 年预测期间的复合年增长率为 29.9%。流数据以及驻留在数据库或数据湖中的数据来源将继续与流媒体和操作系统融合,从而提供更统一的分析。对分布式集群执行分析,并将其他集群上的流数据和操作数据源的结果聚合到一个单一的控制平台中将成为常态。

扩展性优先设计到性能优先设计。数据规模急剧增长,大数据处理需求越来越走向深度价值挖掘,数据处理计算越发密集,数据管理与处理的成本成为大数据管理与处理系统的重要考量因素,传统"扩展性优先"的大数据处理系统设计将会被"以性能优先"的系统设计代替。Spark、Flink 等系统在大数据处理生态系统中的占有率明显体现了这一趋势,图计算(图加速器、图计算框架等)、深度学习框架等领域专用大数据处理系统的崛起也是这一系统设计理念在技术生态上的表现。智能化数据管理、近似计算等新兴管理和处理方法成为性能优先设计的重要技术手段。

大数据的技术标准制定和以开源社区为核心的软硬件生态系统将成为未来发展的重点。随着大数据在各个领域应用的迅速普及，标准化需求将不断增长，与大数据流动融合、质量评估，以及与行业、领域应用密切相关的大数据标准将成为发展重点。开源社区在大数据软硬件生态建设中的地位不断加强，对开源社区的主导权争夺将成为各国技术、产品和市场竞争的重点。

1.4 大数据营销的内涵及其特点

在大数据时代到来之前，企业营销只能采用传统的营销数据获取和分析方式，包括客户关系管理系统中的客户信息、广告效果、会展等一些线下营销活动的效果。营销数据的来源仅限于消费者某些方面的有限信息，不能提供全局充分的提示和线索。互联网时代社交媒体的普及，为企业的营销管理带来了新型的数据，包括消费者使用网站的数据、地理位置的数据、邮件数据、社交媒体数据等。下面介绍大数据营销的内涵及特点。

1.4.1 大数据营销的内涵

大数据营销是大数据时代的企业借助大数据技术将新型的数据与传统数据进行整合，从而更全面地了解消费者的消费行为信息，创造更深层次并且具有互动关联性的顾客关系的新型的市场营销方式。

传统的营销理念是根据顾客的基本属性，如顾客的性别、年龄、职业和收入等来判断顾客的购买力和产品需求，从而进行市场细分，以及制定相应的产品营销策略，这是一种静态的营销方式。而大数据不仅记录了人们的行为轨迹，还记录了人们的情感与生活习惯，能够精准预测顾客的需求，从而实现以客户生命周期为基准的精准化营销。大数据营销是一个动态的营销过程，包括客户信息收集与处理、客户细分与市场定位、辅助营销决策与营销战略设计、精准的营销服务、营销结果反馈。

1. 客户信息收集与处理

客户数据收集与处理是一个数据准备的过程，是数据分析和挖掘的基础，是搞好精准营销的关键和基础。精准营销所需要的信息内容主要包括描述信息、行为信息和关联信息等3大类。描述信息是顾客的基本属性信息，如年龄、性别、职业、收入和联系方式等基本信息；行为信息是顾客的购买行为的特征，通常包括顾客购买产品或服务的类型、消费记录、购买数量、购买频次、退货行为、付款方式、顾客与企业的联络记录，以及顾客的消费偏好等；关联信息是顾客行为的内在心理因素，常用的关联信息包括满意度和忠诚度、对产品与服务的偏好或态度、流失倾向及与企业之间的联络倾向等。

2. 客户细分与市场定位

企业要对不同客户群展开有效的管理并采取差异化的营销手段，就需要区分出不同的客户群。在实际操作中，传统的市场细分变量，如人口因素、地理因素、心理因素等只能提供较为模糊的客户轮廓,已经难以为精准营销的决策提供可靠的依据。大数据时代,利用大数据技术能在收集的海量非结构化信息中快速筛选出对企业有价值的信息,对客户行为模式与客户价值进行准确判断与分析,帮助企业在众多用户群中筛选出重点客户,精准确定企业的目标客户,从而帮助企业将其有限的资源投入到这少部分的忠诚客户中,以较小的投入获取较大的收益。

3. 辅助营销决策与营销战略设计

在得到基于现有数据的不同客户群特征后,市场人员需要结合企业战略、企业能力、市场环境等因素,在不同的客户群体中寻找可能的商业机会,最终为每个客户群制定个性化的营销战略,每个营销战略都有特定的目标,如获取相似的客户、交叉销售或提升销售量,以及采取措施防止客户流失等。

4. 精准的营销服务

动态的数据追踪可以改善用户体验。企业可以追踪了解用户使用产品的状况,做出适时的提醒。例如,食品是否快到保质期;汽车的使用磨损情况,以及是否需要保养维护等。流式数据使产品"活"起来,企业可以随时根据反馈的数据做出方案,精准预测顾客的需求,提高顾客生活质量。针对潜在的客户或消费者,企业可以通过各种现代化信息传播工具直接与消费者进行一对一的沟通,也可以通过电子邮件将分析得到的相关信息发送给消费者,并追踪消费者的反应。

5. 营销方案设计

在大数据时代,一个好的营销方案可以聚焦到某个目标客户群,甚至精准地根据每一位消费者不同的兴趣与偏好为他们提供专属的市场营销组合方案,包括针对性的产品组合方案、产品价格方案、渠道设计方案、一对一的沟通促销方案,如渠道设计、网络广告的受众购买方式和实时竞价技术、基于位置的促销方式等。

6. 营销结果反馈

营销活动结束后,大数据技术可以帮助企业对营销活动执行过程中收集到的各种数据进行综合分析,从海量数据中挖掘出最有效的企业市场绩效度量,并与企业传统的市场绩效度量方法展开比较,以确立基于新型数据的度量的优越性和价值,从而对营销活动的执行、渠道、产品和广告的有效性进行评估,为下一阶段的营销活动打下良好的基础。

1.4.2 大数据营销的特点

与传统的市场营销方式相比较,大数据营销主要有以下几方面的特点。

(1)客观性:市场调查是传统市场营销管理中常用的一手数据获取手段,这种方式往往因受访者的主观因素产生局限性;而基于大数据技术的营销数据获取,是通过互联网采集大量的行为数据,是消费者行为的真实记录。

(2)多样性:大数据的数据来源通常是多样化的,多平台化的数据采集能使企业对网民行为的刻画更加全面而准确。这些数据来源包含互联网、移动互联网、广电网、智能电视、可穿戴设备、物联网等数据。

（3）实时性：在互联网时代，消费者的网络消费行为和购买方式是实时动态变化的。在消费者需求点最高时及时采取营销策略非常重要。例如，泰一传媒公司是一家知名的大数据营销企业，它针对实时性这个特点提出了"时间营销策略"，可通过技术手段充分了解消费者的需求及波动规律，并及时响应他们的动态需求，精准投放广告，使消费者在决定购买的"黄金时间"内及时接收到商品广告。

（4）个性化：互联网时代新媒体的涌现，使广告主的营销理念从传统的"媒体导向"向"受众导向"转变。大数据技术可以帮助广告主洞察目标受众身处何方，关注着什么位置的什么屏幕，实现以受众为导向的个性化广告投放。甚至，大数据技术与人工智能技术的结合，可以做到当不同用户关注同一媒体的相同界面时，广告内容有所不同，从而实现"千人千面"的个性化营销。

（5）经济性：与传统营销的广告投放"几乎有一半的广告费被浪费掉"相比，大数据营销在最大程度上，让广告主的投放做到有的放矢，并可根据实时动态的效果反馈，及时对投放策略进行调整，从而降低市场成本。

（6）关联性：大数据营销的一个重要特点在于分析消费者关注的广告与广告之间的关联性，由于大数据在采集过程中可快速得知目标受众关注的内容，以及可获取消费者的位置等信息行为，这些数据的联合使用可让广告的投放过程产生前所未有的关联性。消费者所看到的是，呈现的上一条广告与下一条广告的深度互动。

华为融合数据湖：加速银行业基于大数据的业务创新

随着全球银行业数字化转型的加快，以及数据驱动战略在全球领先银行的落地实践，融合数据湖已成为越来越多主流银行实现业务创新的首选平台。从中国大量领先银行的融合数据湖实践，到海外众多国家和地区（如马来西亚、新加坡和北欧地区等）主流银行对融合数据湖平台的接纳，华为公司正通过联合业界独立软件供应商伙伴，帮助越来越多的银行迈向以数据驱动业务创新的崭新路径。

长期以来，数据仓库系统一直是企业信息技术架构的重要组成部分，特别是对于银行业这类高度依赖数字技术的传统行业而言，无论是在传统的监管报送，还是在近年来火热的商业智能领域，数据仓库都扮演着越来越重要的角色。传统的数据仓库平台通常其处理能力在数百 GB 到数百 TB 不等，而一个大型现代银行平均每天产生的数据量都高达几 TB 甚至几十 TB，每年的新增数据量则高达 PB 级别；同时，随着银行深入融入客户的场景化生活，每天都会产生大量的非结构化数据，如埋点数据、交易日志、图像和音/视频等，这些都给传统用来处理单一结构化数据类型和有限数据量的数据仓库平台带来了严峻挑战。

通过整合分布式数据仓库平台和大数据处理平台，融合数据湖具备了对结构化数据和非结构化数据的同时处理能力，以及实时数据处理和线下批量处理的能力，并借助分布式线性扩展能力来适应海量数据的处理需求。伴随着金融业务的日趋移动化和线上化，以及客户体验的快速提升，融合数据湖已成为银行构建以客户为中心的场景化金融、实现快速业务创新的重要依托平台。华为融合数据湖解决方案见图 1-4。

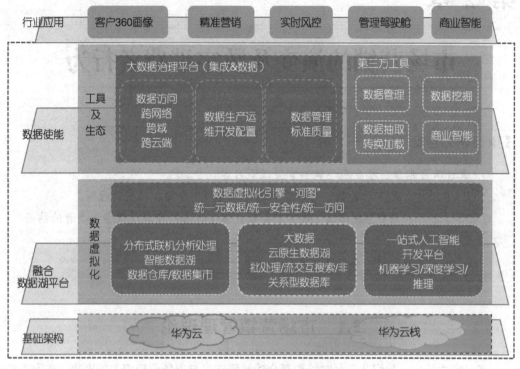

图 1-4　华为融合数据湖解决方案
资料来源：https://www.sohu.com/a/427957532_296821

思考题

1. 什么是大数据？
2. 试阐述大数据的产生背景。
3. 举例说明大数据技术的主要应用场景。
4. 试述大数据营销的内涵及其特点。

第 2 章

市场营销的演变及数字消费者行为

【本章学习目标】

通过学习本章，学生应该能够掌握以下内容。
1. 掌握什么是市场营销，对市场营销理论有一个全面、系统的理解。
2. 了解什么是数字消费者、数字消费者有哪些行为特征以及数字消费者的购买决策过程。
3. 了解大数据技术在购买决策中的应用。

2.1 市场营销管理理论

在日常生活中，我们几乎每时每刻都会接触到许多与市场营销相关的事物，在附近商圈的购物中心、在电脑屏幕上、在手机屏幕上……无论是实体商店，还是网络直播间，许许多多的地方你都可以追寻到市场营销的踪迹。

在由大数据技术引导的数字消费时代下，自动创意、无人销售、动态定价、精准营销和智能制造等技术的出现，使传统的市场营销领域正迎来一次全新的变革与升级。在大数据时代，新的营销方式的出现使企业能够更精准地为客户创造和传递价值，更有效地提升客户满意度，巩固维系客户关系。

2.1.1 市场营销的起源与定义

人类早期的交换行为，可以追溯到我国原始社会末期的商部落。我国早期农牧业的发展使得某些部落出现了农牧产品过剩的现象，商部落的首领就带着多余的粮食和牲畜，去相邻的部落进行交易活动。由于农牧产品的卖方来自商部落，所以，外部落的人们以"商人"来称呼他们，他们带来进行交易的农牧产品也被称作"商品"。虽然，我们无法回到当时的情境进行实地考察，但是，近年来人类学家通过考察一些亚文明从原始社会走向解体的过程，总结出了大量人类进行原始交换行为的特征——原发性互惠的交换。这些早期自发的互惠性交换行为的出现，与人类社会早期生产力水平和社会分工水平有直接关系。在这个时期，由于生产力低下，只有通过交换行为，交换双方的需要才能得到满足，并且这一时期的交换物大都以生活必需品为主。

市场营销，英文为"marketing"，它是一种社会交换和管理过程，在该过程中，个人或组织通过创造和与他人交换产品或服务来实现一定预期价值。它包含了两层含义。从行动的角度去理解，可以理解为企业在销售产品时所做的具体行为与活动。从理论的角度去理解，市场营销是一门研究企业市场营销活动的学科。

2.1.2 市场营销管理理论的演进

随着社会环境的发展与变革，市场营销管理理论也随之发生改变，主要有3种典型的营销管理理论，即以满足市场需求为指导的4Ps营销理论、以提升顾客满意为指导的4Cs营销理论、以巩固顾客忠诚为指导的4R营销理论。下面，将简要介绍这3种营销管理理论，并对它们进行比较。

1. 4Ps营销理论

4Ps营销理论最早是由杰罗姆·麦卡锡在1960年于《基础营销》一书中提出。4P分别指代的是产品（product）、价格（price）、渠道（place）、促销（promotion）。产品，是指企业可以提供给消费者并且满足他们需求的任何物质，包括产品、服务、组织、观念、人员或者是它们的组合；价格，是指消费者购买商品的实际价格，企业可以通过折扣、延长支付期限等形式来降低价格进而吸引消费者。企业的价格策略会影响到企业的成本补偿、利润、产品促销、分销等问题；渠道，从市场营销学的角度来看，是指产品从企业传递到消费者的过程中所经历的各个环节和推动力的总和；促销，是指营销者通过目标市场向消费者传递企业产品、观念、服务的各种信息，说服并吸引消费者去购买产品，从而扩大销量的各种活动形式。科特勒认为，许多企业的产品或服务的碰壁现象，很大原因在于他们把4P简略成了1P——促销。每一个产品或服务的成功，不能只依靠促销手段或价格优势，而是要做好4Ps营销理论的每一个环节。

2. 4Cs营销理论

随着消费者的购买决策趋于个性化，营销媒体分化加速、信息过量装载，传统的4Ps营销理论受到4Cs营销理论的挑战。4C分别指的是顾客（customer）、成本（cost）、便利（convenience）、沟通（communication）。以顾客为中心进行企业的营销策略规划是4Cs营销理论的基本原则。

4Cs营销理论强调将提升顾客满意度放在首位，在此基础上降低消费者的购买成本，然后充分考虑顾客在购买过程中的便利性，最后还要经常与顾客进行营销沟通。4Cs营销理论以实现顾客满意为中心，要求企业充分理解目标客户的需求水平和时机。优秀的企业必须搞清客户现有需求和潜在需求之间的联系，能够通过满足客户现有需求来迎合市场，通过预测客户的潜在需求来引导市场。

3. 4R营销理论

随着时代发展，当社会原则与顾客需求发生冲突时，4Cs营销理论的局限性也随之凸显。例如，当社会上倡导勤俭节约风气时，个别消费者奢侈的消费需求能否被满足，这不仅是企业营销需要思考的问题，更是在社会原则上需要思考的问题。此时，4R营销理论应运而生。4R分别指的是关联（relevance）、反应（reaction）、关系（relationship）、回报

（reward）。该营销理论以关系营销为核心，重点关注企业与消费者的长期关系互动，它既从消费者利益出发也兼顾企业利益，旨在追求各方互惠利益的最大化。

表 2-1 阐述了上述三种理论之间的区别。

表 2-1　三种营销理论的比较

指标	4Ps 营销理论	4Cs 营销理论	4R 营销理论
理念指导	以生产者为指导	以消费者为指导	以竞争者为指导
营销形式	推动式	拉动式	供应链式
实现需求	相同或相似的需求	个性化需求	感知需求
营销目的	实现现有的、相似或相同的客户需求，建立营利性客户关系	实现现有的和潜在的客户个性化需求，提高客户忠诚	顺应市场需求变化，在创造出新需求的基础上，实现最大化的互利关系
沟通方式	一对多 单向沟通	一对一 双向沟通	一对一 双向或多向沟通
营销方式	规模式	差异化	整合式
投资时间与回报	短期低 长期高	短期较低 长期较高	短期高 长期低

信息时代的来临，为了解客户需求和市场现状、定位客户以及设计独特产品提供了新路径。例如，大数据已经成为企业最重要的信息资源，企业通过大数据可以对客户进行价值评估。企业可以根据大数据技术了解客户信息，然后通过云计算架构，分析处理数据信息，最终实现对客户满意度与忠诚度的准确预测。此外，大数据技术的发展，可以让企业精准捕捉到消费者需求的变化，根据需求为消费者推送量身定制的产品。

大数据技术是优化客户关系管理的重要手段。客户关系管理的基础就是客户数据库，其中包含了消费者的社会特征（收入水平、受教育程度、年龄与性别）、客户前期行为（投诉历史、服务评价、对促销的反应程度）以及客户的购买信息（何时购买、购买频率等），这些信息可以用来预测客户对新的营销策略的反应，或者用来决定对客户的维持或放弃。

2.1.3　消费者行为研究方法的演变

消费者行为研究的主要方法在过去几十年中有很大的变化。简单概括，主要有以下 4 种方法。

（1）观察调研法。这是早期的消费者研究的主要方法，与营销调研的方法没有区别，其分析方法不断深入发展。

（2）因果模型法。在科学方法、实证方法的强大趋势以及经济学模型化的影响下，因果模型（causal modeling）方法成为消费者行为研究和营销学研究的主流，其中，结构方程模型（structural equation model，SEM）得到学界的广泛应用。

（3）实验法。进入以消费心理研究为主的阶段后，对心理学方法的借鉴逐渐增多，以至于影响了总体营销研究的各个方面，出现了接受和采用实验（experimental design）方法的趋势。实验方法后来居上，取代了营销学中原来占主流地位的模型方法。

（4）大数据智能分析法。21世纪在大数据（big data）技术广泛应用的背景下，捕捉和分析消费者行为的方法完全不同了。消费者行为研究的大数据方法的实质是"让消费者自己告诉你"，既包括消费者网上信息的搜集整合，也包括对消费者全方位、精准、实时的分析，以及各种让消费者融合和互动的新工具方法。洞察消费者的各种创新的技术和软件还在蓬勃发展之中。

2.2 数字消费者行为

互联网的产生与发展，使人们的信息沟通更加便捷。随着电子商务这一代表数字经济的新型交易模式的产生，网络消费也越来越为人们所熟知，这从根本上改变了消费者的消费角色、消费观念、消费行为以及消费模式。当前，无论是消费总额还是数字消费占总消费的比重都在不断增加。探索网络消费者的心理，分析他们的行为具有重要的意义。

2.2.1 数字消费者定义及类型

截至2022年，全球智能手机用户规模达到66.48亿人，全球社交媒体的使用人数达到47.4亿人，预计2027年将达到58.5亿人。移动和社交媒体正在成为人际交往的主要方式。此外，诸如活动跟踪器、智能手表、联网服装等可穿戴设备，正在迅速兴起，这些设备可以跟踪记录人们的方方面面，如步态、热量、心跳、呼吸，甚至心理压力等。这群新兴的数字用户，他们时时在线、自我意识强烈，正改变着企业的经营方式以及企业与客户打交道的规则。随着超级在线用户的不断增加，他们成为企业成败的关键因素。

国际标准化组织（international organization for standardization，ISO）认为，消费者是以个人消费为目的而购买使用商品和服务的个体社会成员。数字消费者，是指通过互联网在电子商务市场中进行消费和购物等活动的消费者。

从本质上讲，数字消费者给每一种具体情形都带来了独特的数字化特征和行为。这个"自戴面具"的全新数字化世界，要求我们用全新的方式来思考消费者。传统的观念是，通过人口统计学的方法，根据人们在公共和私人生活当中的表现，来预测消费者的行为，从而使商家可以运用经典的分类方法来进行有针对性的互动。而现在，这些模式已经不够了。几乎所有的人都拥有移动设备、社交网络和可穿戴设备。细分这些数字用户的依据是，他们对上述设备的熟悉程度，以及他们在各种情况下愿意分享数据的程度，我们将这两个维度称为数字化能力和数字化信任度。

数字化能力指的是用户使用所有最新技术、功能和服务，来提升生活整体效果和质量的能力。这既包括手机应用软件、社交软件等基础工具，也包括语音通话、视频聊天、基于定位的服务、移动支付、可穿戴设备等高端应用。数字信任度指的是用户为了获得某种可见的利益而愿意分享个人数据，在某些情况下甚至放弃个人隐私的程度。将这两个维度作为数字行为的驱动因素，我们将数字用户细分为6个类型，如图2-1所示。

（1）模拟消费者：不愿意或不会使用数字技术。他们也可能原来是数字用户，但出于隐私或生活平衡方面的考虑，"拔掉"了网线。这些人可能在使用移动及社交互动之前，

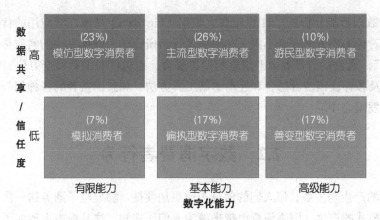

图 2-1　数字消费者细分矩阵

先尝试一些简单易用的数字工具，如浏览网页等。

（2）模仿型数字消费者：渴望学习移动和社交工具的基本知识。他们会向身边的同事、朋友学习这些数字化知识，一旦看到身边的朋友在使用新潮的东西，就会马上学习。

（3）主流型数字消费者：乐于选择使用大多数的数字解决方案，而且有很大的可能性在不久的将来获得利益。主流消费者是这个市场的中坚力量，愿意接受利人利己的数字行为和结果。只要向他们展示每一次数字互动的价值，他们很快就成为忠实的用户。

（4）偏执型数字消费者：这类消费者非常注意保护他们的数据，需要说服他们分享数据能够带来价值。如果他们认为个人数据被泄露或滥用，就会引起公众的监督和抨击。

（5）善变型数字消费者：这类消费者会根据各种情况和个人利益，来改变他们的数字行为和数据共享。如果他们觉得利益有限，他们就会保护自己的共享数据，或给予很低的信任度。善变型消费者会认真学习各种品牌产品的隐私条例，只分享他们需要分享的个人数据。

（6）游民型数字消费者：这类消费者走到哪里，就把其数字足迹留到哪里。他们愿意分享数据给更多人带来利益，用这些数据来为其他类似用户提供更好的用户体验及创造收益。

这些分类会随时间变化而变化。总的趋势是，随着监管和市场的规范化，越来越多的用户会变成游民型数字消费者。企业利用大数据和预测分析，根据数字消费者类型和行为采取不同的策略以适应不同类型的客户群，这样才能确保做出正确的消费者互动行为，从而在移动、社交和可穿戴设备的高速增长中获益。

2.2.2　数字消费者购买行为特征

1. 购买前

1）自主性

在社会分工日益细化和专业化的趋势下，即使是在购买生活必需品时，大多数消费者也缺乏足够的专业知识来识别和评价产品。但是，他们获取商品相关信息和知识的心理并没有消失，反而越来越强，这是因为消费者在购买时的风险感随着选择的数量的增加而增加，他们对单向"填鸭式"营销传播感到厌倦和不信任。尤其在购买某些大件耐用消费品时，消费者会积极地通过各种可能的渠道获取与商品相关的信息，并进行分析比较。这些分析可能不够充分或准确，但消费者可以从中获得心理平衡，降低风险和购买后后悔的可能性，增加他们对产品的信任，并努力获得心理满意。数字互联网的发展和普及为消费者提供了更广阔的互动平台。在选择商品时，数字消费者可以随时与制造商或企业进行及时的沟通，从而反馈对商品的意见，及时满足其需求，甚至可以订购个性化的产品，这无疑鼓励了消费者的主动性。

2）交互性

若要为了减少网络市场的不确定性，就要改变经销商在由生产者、经销商和消费者组成的传统商业流通渠道中处于中间环节的现状。传统的信息交互渠道使生产者无法及时了解消费者的需求，消费者也无法及时将自己的需求反映给生产者，导致生产者盲目生产，消费者没有购买意愿。在数字网络环境下，这种状况就得到了彻底的改变。数字消费者可以直接参与生产和分销，并直接与制造商沟通。消费者与制造商、企业的交互意识加强。

3）价值性

首先，消费升级使得"冲动"的消费者转向了"理智"的消费者，质量和价值是他们考虑的主要因素，即在公平价格上的高质量，尤其是品牌。他们想以最低的价格买到最好的质量。因此，价格仍然是影响消费者心理的重要因素，即使面对先进的营销技术，价格的作用也不容忽视。其次，理智的买家希望了解产品的一切，包括其对个人和社会的效益。购买者获取信息的方式在某种程度上改善了购买体验，因此获取信息的过程也产生了价值。信息是经济活动中主要的价值创造者。有了它，消费者将越来越倾向于在对信息有更充分理解的情况下做出购买决策。对于消费者想购买的产品，企业不仅必须展示其功能，还必须让他们了解相关信息和知识，并符合他们关于价值的新理解。

2. 购买过程中

1）个性化

消费者对商品和服务的需求会越来越多。从产品设计到产品包装，从产品使用到产品售后服务，不同的消费者有着不同的要求。这些要求还会越来越专业、细分，越来越个性化。网络时代的消费者追求个性、表现自我，追求实用、表现成熟，注重情感、表现冲动，这些要求是传统的营销手段所难以实现的。传统的营销以企业为主体，轰炸广告和频繁的人员促销是其主要特点；而数字化营销是嵌入式营销，其主体是消费者，企业基于大数据的分析采用原生广告、关联营销等手段就可以获得有针对性的营销效果。

2）差异性

根据马斯洛的需求层次理论，当人们的低层次需求得到满足时，往往会产生更高层次的需求，如自我实现等需求，这些需求在消费过程中发挥着越来越重要的作用。数字消费者不仅关注产品的功能，更关注围绕产品的售前和售后服务以及产品和自身的个性化需求。不同的数字消费者因时代和环境的不同而有不同的需求，不同的数字消费者在相同的需求层次上也有不同的需求。消费者的个性化消费使数字消费需求的差异性日益明显。

3）实时性

网络时代的消费者随时随地随性购物，称为"场景触发式购物"。比如，当看到电视嘉宾穿的时装，或在微信聊天时得知新的美容产品，瞬间就被点燃购物欲望。有些人借购物享受与家人和朋友聚会，也属于此类。场景式购物的一个关键特征是顾客能即时买到心仪的商品。购物的冲动来去如风，零售商必须在消费者改变主意前打动他们，才能增加销量。研究显示，1小时内送达货品不但能增加销量，还能大幅度提高客户满意度。线上到线下O2O模式（online to offine）送餐平均用时不到30分钟，其他商品也可借此即时送达。传统平台电商的"次日达已经足够快"的理念也正在被打破，各大品牌商通过加快商品配送提升冲动消费的转化率。

4）理性化

消费者行为偏理性化。在电子商务环境下，消费者面对的是各种电子商务平台。为了避免嘈杂的环境和各种影响与诱惑，消费者可以根据自己的需求主动寻找适合自己的产品或服务，不再被动地接受商家的推荐。消费者可以主动表达对产品或服务的购买欲望，横向地比较价格，理智地选择品牌，理性地规范自己的消费行为。

3. 购买后

1）在线评论

由于数字消费平台的互动性为消费者提供了一个良好的信息交互平台，消费者的反馈信息可以及时有效地传播。但由于信息的公开性，部分负面信息或失真信息也得到传播。如何区分信息的真实性是消费者做出理性决策的关键，也是企业引导信息反馈的重要因素。在线评论使客户能够讲述他们的购买故事，这为其他潜在客户提供了社会证明。社会证明是公众对服务或产品提供的可信度水平。使用或享受产品的人越多，其他人就越有可能效仿。名人对品牌的积极公开认可可以提供高社会证明，可以直接影响销售。同样，负面评论可能会赶走其他的消费者。

2）基于大数据的复购分析

复购分析可以帮助市场策略分析师和决策人员直观判断客户的购买意愿，以及商品搭配的合理性，因此对于精准营销具备非常高的参考价值。从商品品类的角度看，复购分析通常可以基于单品类和跨品类这两种场景来进行，前者主要观察客户在同一品类下的购买意愿，后者则注重不同品类商品搭配的合理性是否能够挖掘消费潜力。业务决策人员可通过观察复购率和交叉销售比率的实时数据和波动情况，全场景地呈现复购特征，及时评估精准营销的效果，更有效地制定下一阶段的市场策略。

2.2.3 数字消费者行为影响因素

网络消费中，互联网是实现消费的工具和渠道，是最重要的基础设施。如果没有足够的网络基础设施覆盖，网络消费将受到严重的限制。因此，网络基础设施的完善对发展网络消费有着至关重要的作用，5G时代的到来为网络消费的发展奠定了更加坚实的基础。除此之外，影响数字消费者行为的因素如图2-2所示。

图 2-2　影响数字消费者行为的因素

其中，经济因素、社会文化因素、政策因素以及购物平台属性特征属于外在影响因素，个人因素和心理因素属于内在影响因素。

1. 经济因素

无论是传统消费还是网络消费，经济因素是影响消费者行为的一个基本因素。当经济繁荣时，消费者的收入增加，可支配收入增多，消费水平相对会提高；当经济衰退时，随着收入减少，人们会节约开支，消费水平自然也就相应降低。可见，网络消费行为的表现与经济环境直接相关。同时，经济发展状况对网络资源基础条件及市场商品供应都有直接作用，从而影响消费者的购物选择。

2. 社会文化因素

消费者行为还会受到社会因素的影响，不同的社会群体、家庭等的消费者行为具有相似的特点和规律。文化因素对消费者行为具有较深远的影响。消费者的价值观、认知、喜好和行为等都受成长中所接触的文化的影响，亚文化和社会阶层文化也起着重要的影响作用。亚文化是某些群体所共有的独特价值体系，包括民族、宗教、种族和地域等，是企业的重要细分市场。经营者通常根据不同亚文化的特点进行营销设计，以满足不同需求。

3. 政策因素

政策因素包括国家政策、法规等对网络消费行为产生的影响。例如，我国 2014 年修订的《中华人民共和国消费者权益保护法》（以下简称《消费者权益保护法》）体现了平等善待消费者与经营者的原则，在权益保护上更加鲜明地向消费者适度倾斜，并对网络购物、权益诉讼、惩罚性赔偿等有关消费者权益保护方面的热点问题做了明确规定，大大重振了消费者对网络消费的信心。

4. 购物平台属性特征

与线下实体商店购物相比，网络购物因为存在买卖双方之间的空间分离，从而使消费者对商品的感官体验和认知与实体店购物差别较大，因此，网店属性呈现信息的方式与效果成为消费者网购中重要的情境要素，对消费者的购买影响很大。例如，网店使用的简易性、购买过程的便利性、产品陈列的吸引性等属性对消费者选择产生影响。研究显示，浏览网店的缓冲速度快、网站信息完善、店名和商标（logotype，Logo）简洁易记、物多价廉、自主说明人性化等，会增加数字消费者对网店购物的满足感。

5. 个人因素

数字消费者行为还受到数字消费者个人因素的影响，包括消费者的年龄、收入、职业、受教育程度、个性等。例如，在网络消费中，需要数字消费者熟练掌握计算机技术，搜集商品信息，实现商品购买。同时，网络消费中的许多商品具有较高的科学技术信息含量，如应用软件、智慧教育等，这些都对数字消费者除购买能力以外的技术能力、知识文化水平提出了新的更高要求。

6. 心理因素

对数字消费者行为影响较大的心理因素包括动机、直觉、学习、认知和态度。例如，不同的动机造就了数字消费者的不同需求，而商品的在线评论则很可能影响数字消费者对该商品的认知和态度。制约数字消费者行为的心理因素主要如下。

（1）对网络商店缺乏信任感。传统的购物方式表现为"眼看、手摸、耳听"，但是当消费者在线上购物时，由于数字消费者无法实际接触商品和卖家，因此对商品质量、性能、售后服务和商家信誉等情况都不了解，很难辨别信息的真伪从而选出真实信息，在信息方面居于弱势地位。再加上有的网络商店存在夸大商品质量、虚假宣传商品、以假乱真、误导消费者等问题，使数字消费者线上购物时心存疑虑，担心自己的权益受到侵害。

（2）对个人隐私和网上支付缺乏安全感。网络安全和隐私保护是影响数字消费者最主要的问题，尤其是移动互联网、智能手机、移动支付的发展，消费者担心个人隐私暴露，特别是大数据、数据挖掘技术对个人信息的精准捕捉，使消费者缺乏安全感。另外，目前网上支付手段有很多，网银支付、第三方支付非常普遍，支付宝、微信等通过扫二维码付款非常便捷，移动支付的使用率非常高，但在支付过程中消费者的个人资料和信用卡密码可能会被窃取和盗用，这些问题一定程度上限制了在线购物的消费模式。

（3）对价格缺乏透明感。网络销售的商品因普遍比线下实体店销售的商品价格低而吸引消费者购买，尤其是每年的"双十一""618"大促活动等，使消费者对网络消费的低价格形成了一种期待，但多数消费者对商品价格缺乏认识，不了解商品价格形成的机制，再加上有的电商存在虚构原价、虚假降价等问题，降低了消费者的信任度和忠诚度。

（4）对配送和售后服务缺乏保障感。物流配送是消费者选择网络购物时的重要内容。消费者在网上购买了商品后，都希望能快速、方便地获得商品，免运费也已经成为增强卖家竞争优势的必备因素，但物流配送水平还有很大的提升和发展空间。商品在配送过程中存在周期较长、费用较高、货物丢失、货物损毁等问题。另外，消费者也会担心网购后商品维修、退换货等售后服务问题不好解决。

2.2.4　大数据技术赋能数字消费者研究

在某种意义上，"数字消费者行为"（digital consumer behavior）是一个革命性的新概念。数字化带来的变革是全面而深刻的。大数据使得理解消费者行为的方法、途径和效果与以往有了很大的不同。原本难以理解的"消费者黑匣子",变成了大数据可以追踪、分析、预测的"消费者画像"。由于信息充足,消费者也拥有充分的主动权和话语权,他们的思维和行为模式与传统消费环境下的模式截然不同。因此,消费者行为理论面临着修正、更新甚至重构。

颠覆主要来自两个方面:一方面,是消费者自身的变化,数字化时代的消费者正在由"传统人"转变为"数字人";另一方面,对消费者行为的研究、理解、洞察、消费者影响路径、方法和工具都发生了很大变化。

1. 消费者行为模式的改变

(1)信息环境的变化。各种数字媒体和社交媒体大规模取代了传统媒体,信息基础设施从分级网向无级网的转变,消费者与商家之间从信息不对称向信息透明转变。信息获取的途径、信息传播的方式和效果、信息利用的充分性和有效性以及消费者个人影响都是完全不同的。其结果是,消费者的信息行为发生了彻底的改变,消费者拥有了更大的话语权。

(2)数字消费者社区成为消费者行为的主体。社会网络和社交媒体促成了虚拟社区的广泛涌现,互动、共享、众筹和共同创造的力量已成为主导的社会驱动力。消费者行为研究在很大程度上转向了对数字社区的高度关注和研究,而通过数字社区平台积累的客户资产也成为数字营销的重点。在数字时代,消费者行为的焦点已经从"个人行为"转移到"社群行为",个体行为并不必然意味着群体行为。在数字环境下,不仅仅个人行为的影响因素必须强调"社群",更重要的是,群体行为表现出节点之间无级、互联、相互作用的复杂网络特征。

(3)数字化口碑。随着数字媒体的出现,"电子口碑""网络口碑"或"数字化口碑"正成为营销管理的利器。在学术领域,数字化口碑的研究已经成为一个新的理论热点,包括口碑与粉丝、口碑的效果测量研究等。数字口碑放大了传统环境下消费者口碑的影响。显然,借助互联网的几何级传播效率,数字口碑能够在短时间内形成巨大的能量,并对品牌忠诚度产生影响,其商业价值不容低估。

(4)数字化消费者决策模式与传统消费者决策模式形成了鲜明的对比。消费者决策的路径和时间影响权重都有了很大变化,这极大地改变了传统的终端购买行为。例如,消费者的在线和移动购买行为正在挑战传统的商业渠道和实体零售店。

2. 消费者行为洞察技术的变化

由于大数据和智能终端技术的广泛应用,企业可以实现对消费者的智能记录、识别和分析,随时随地与消费者进行互动。因此,对于消费者行为研究的方法以及效果也迥然不同。数字消费者在网络消费过程之中,通常会进行浏览、搜索、购物车等方面的操作,从而产生了与消费者相关的大量的数据,对这些数据进行有效利用需要借助大数据相关技术和工具。

(1)浏览痕迹:了解全程轨迹,使用储存在用户本地终端上的表格(cookie),可以获得冲浪者在电脑网页上浏览的完整"足迹",还可以进一步实现移动跨屏情况下的"足迹跟踪"。

（2）搜索数据：映射关注点和需求。通过分析互联网用户的主动搜索行为产生的搜索数据，可以清楚地显示他们的关注点以及他们想要解决的问题。

（3）社交数据：确定个性和类型。基于社交媒体的数据分析可用于判断消费者的个性、偏好、生活方式、兴趣和受影响群体。

（4）交易数据：显示实际购买行为。通过线上支付数据，实际购买行为一目了然。

为解决产品运营中的用户定位不精准、用户运营中的个性化服务不足的问题，将"用户画像"引入用户行为分析。"用户画像"是基于大数据平台和大数据分析，整合消费者的各种零碎信息，通过标签和建模，生成特定消费者的全景实时准确描述。所以，它也可以称为"数字消费者画像"，是对"用户画像（标签）"（即用户的类型区分的群体特征描述）的数字化升级（见图2-3）。

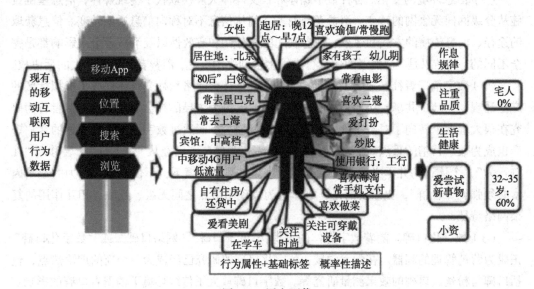

图2-3 用户画像

在此基础上，分析用户特征、消费行为、需求特征，以及对平台、载体、人群的选择，互联网上的信息被高度聚合，受众也被深度细分和聚合，企业可精准锁定自己的目标受众。他们发布的信息将完全按照受众的需求和关注点进行个性化定制，他们还可了解每个受众的网络行为轨迹，归纳不同的细分群体，通过置入式的网络精准营销来传递信息，基于受众的大数据营销也将成为趋势。

2.3 数字消费者购买决策

2.3.1 数字消费者购买决策过程

从需求的产生到完成购买和购后行为的整个过程就是消费者的购买决策过程。这个过程由需求确认、信息搜集、方案评估、购买决策和购后行为等若干阶段构成。其中，需求确认阶段，需要识别需求并将需求与特定的产品或服务联系起来；信息搜集阶段，是指消费者通过多种渠道获得产品或服务信息,以提高决策的理性;方案评估阶段,是指根据产品或服务的属性、价值和利益组合,形成多种购买方案,并确定购买态度;购买决策阶段,在不同方案之间形成购买意愿和偏好;购后行为阶段,是指评估购买产品或服务所获得的价值,并通过行动表达是否满意等。在数字时代,消费者的购买决策行为受到各种数字媒体和渠道的影响。数字购买决策的内涵也因购买模式的不同而有所差异。表 2-2 展示了传统消费者购买决策与数字消费者购买决策在行为过程中各环节的差异。

表 2-2 传统消费者购买决策与数字消费者购买决策的差异

	传统消费者购买决策	数字消费者购买决策
需求确认	易受商家面对面影响	自主,个性化
信息搜集	被动,信息不对称	理性,信息相对透明
方案评估	现场试用或体验后进行评估	依赖线上口碑,风险感知高
购买决策	受商家促销影响	便捷交易,但与收货分离
购后行为	评价少而投诉多	评价及时,可分享

进一步,数字消费者的购买决策过程可以分为 7 个阶段,其与数字营销策略之间的关系如图 2-4 所示。

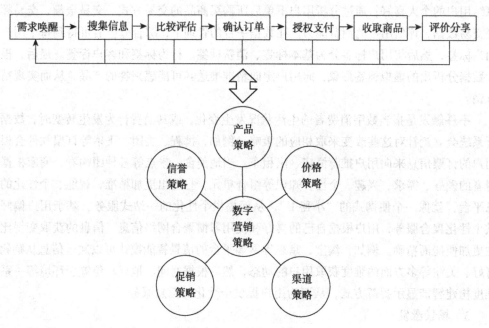

图 2-4 数字购买决策模型

下面分别介绍数字购买决策过程的各个阶段。

1. 需求唤醒

1)数字媒体激发

与传统购买模式相同,数字消费者购买决策过程的起点是需求被诱发或唤醒。各种数字媒体与网络广告可以利用其对消费者感官、情感的强大吸引力、感染力，唤醒消费者的需求。数字多媒体技术产生图文融合、音画同步、3D 动画、实时录像、声情并茂的广告，以及关于产品的文字表述、视频说明、声音配置的导购信息都成为诱发消费者购买的动因。例如，得物 App 在用户分享的图片中可以圈出用户穿着的衣服或饰品等，消费者可以点击链接进行购买。利用体验式营销结合数字消费者的感受，在网页中融入文字、图像、动画、音乐等元素是增强对消费者吸引力的主要手段。例如，淘宝"每日首发"、京东"618 种草街"、拼多多"9 块 9 特卖"等都是利用数字消费者的碎片化时间来唤醒其购物需求。

2）智能推荐

商家可以根据消费者此前的信息浏览、交易及爱好、所处地区等情况，基于大数据进行购物的智能推荐，实现千人千面的产品展示。不同需求与不同画像的消费者，推荐页面会有所不同。智能推荐唤醒需求的常用方式有背景筛选和事件触发。

背景筛选是借助大数据技术，筛选、分析、发现目标客户，实现精准营销。根据营销策划者给出的条件，对数据库中已有的消费者进行筛选。例如，由微软和唯品会合作建立的智能化云平台会根据产品选择、仓库划分、预调配形成精准的用户推荐，利用大数据构建用户画像，进行精准营销。唯品会后台利用用户浏览网页的时间长度、浏览深度、访问次数等信息，对用户行为进行数据分析；通过收集用户的收藏内容和浏览的商品类别数据，总结用户的个人喜好；通过分析用户下单后所购买商品的交易方式、交易金额、交易频次等交易数据，评估用户的消费能力。在数据平台的管理下，综合分析后可得到每个用户的用户标签，然后将用户标签分为基本标签、消费标签、行为标签和客户标签。最后，根据大数据分析出的虚拟标签形象，向用户定向精准推送其可能感兴趣的产品，从而实现精准营销。

事件触发是指当数字消费者的生活状况发生变化，或其消费行为发生转变时，数据分析系统会立刻针对这些改变采取相应的策略。例如，携程、美团、飞猪等订票软件会根据用户的订票信息来向用户推荐酒店、出租车、当地美食、景点等各种团购券，商家根据消费者的爱好、需求、兴趣、个性、知识等组合单元，打造出更加精准、智能、个性化的信息平台，就像一个便携式的"小秘书"，从而提供个性化的一站式服务。基于用户偏好提供个性化聚合服务，用户根据自己的喜好和使用习惯聚合网络信息，信息的获取变得比以往更加便捷而精确。例如，淘宝、京东等网购平台的情景智能模式可以通过信息从购物、喜好、关注等多方面的维度获取用户的动态，然后根据时间、地点、位置、环境等一系列维度构建智能显示提醒方式，从而为用户提供个性化的信息服务。

3）场景激发

数字消费行为的场景激发多与移动购物相关。数字消费者的潜在需求会在特定场景下被激发。例如，迅雷下载的用户打开软件时，就会看到迅雷小站的推送，开通小站会员后就可以享受很多办公资料及下载工具的免费使用。

短视频直播的迅猛发展使得边看边买成为场景激发的主要形式。但是，场景激发的必要条件是场景中的人物与内容必须具有感染力与吸引力，数字消费者需求的激发也要在合适的场景与时间下进行。比如，在美食分享直播中，通过专业的探店达人来激发消费者对该店铺的兴趣。

4）社交激发

数字消费者需求的产生也可能源于在线评论、数字社群成员的意见或朋友的即时推荐，它来自于数字网络社交因素的影响力。社交电商已成为一个重要的发展趋势，并衍生出多种形式，如以纪梵希等奢侈品为代表的微信朋友圈营销、以网红主播为代表的直播带货营销、各种手机的用户社区营销、以小红书为代表的内容营销、以拼多多为代表的病毒传播式营销等。数字媒体社交激发的出现也使得消费者的购买决策路径发生如图 2-5 所示的变化。

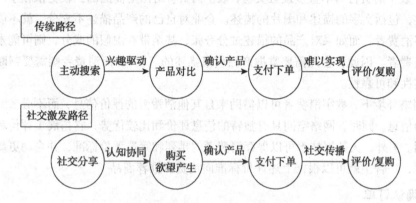

图 2-5　传统决策路径与社交激发购买路径对比图

与传统路径相比，社交激发的数字消费者购买过程具有决策时间短、发现式购买、需求非计划性的特点。

2. 搜集信息

数字消费者网络信息搜寻行为是数字消费者为完成某一购买需求所进行的网络信息检索、浏览和选择的行为。网络信息搜寻行为现已成为消费者信息获取的主要行为方式。

在传统的市场环境中，高搜索成本往往限制了消费者的搜索行为。在互联网时代，消费者的信息环境和信息获取方式发生了根本性变化。互联网和移动终端为消费者获取或搜索相关信息提供了新的平台和工具。网络信息已成为最方便、最快捷、最有效、成本最低的信息源。一旦消费者意识到他们有某种消费需求，他们会立即上网查看是否有合适的产品和商品信息。与传统购物方式相比，数字消费者的信息搜索行为对其消费决策的影响更大。网络上提供了各种信息，大大提高了信息获取的普遍性、可信度、信息获取速度和效率，从根本上解决了传统交易过程中买卖双方的信息不对称问题，从而消费者能够在及时和充分地访问商品信息的基础上做出正确的购物决定。网上商店的信用评级和消费者的网上评价也会鼓励商家建立良好的信用机制，从而形成注重诚信的商业环境。

随着技术的进步，网上信息搜索变得越来越智能化。如拍照识物软件、拍照显示产品信息的功能等。目前，商家高度重视搜索引擎营销。除了网络广告、搜索引擎和门户网站，网络营销者还可以通过操作视频、3D 动画、增强现实（augmented reality，AR）、虚拟现实（virtual reality，VR）、即时通信（如阿里旺旺、微信等）或社会化网络服务（social network service，SNS）社群、网上虚拟展厅等一系列措施，帮助消费者了解产品信息，促进购买行为的产生。

3. 比较评估

为了使消费需求与自己的购买动机、购买能力、兴趣相匹配，比较评估是购买过程中必不可少的环节。数字消费者对各种渠道汇集而来的商品资料进行分析比较与研究评估后，从中选择最为满意的一种。一般来说，消费者的比较评估过程主要考虑产品的价格、可靠性、功能、样式、性能和售后服务等。

由于数字消费行为不直接接触实物，数字消费者对网上商品的比较更依赖于厂商对商品的描述，包括文字的描述和图片的描述。企业对自己的产品描述不充分，就不能吸引众多的数字消费者。而如果对产品的描述过分夸张，甚至带有虚假的成分，则可能永久地失去数字消费者。因此，企业需要掌握产品信息描述的"度"，而消费者则需要判断这种信息的真实性和可靠性。

在网络环境下，数字消费者可以借助来自其他消费者的评价信息，而不必依赖营销人员传递的信息。同时，网络空间具有独特的信息评价和比较优势，它拓展了评价和比较对象的范围。另外，大数据技术可以保存消费者的排列和筛选评价标准，并自动更新比较评估的结果，广告主就可以根据上述评价标准向消费者推荐商品。

4. 确认订单

数字消费者在完成了对商品的比较评估之后，还要进入确认订单阶段，该阶段是做出购买决定的阶段。与传统购物模式相比，数字消费者相对理性，首先这是因为数字消费者在互联网上寻找商品的过程本身就是一个思考过程，有充足的时间和极大的便利来分析商品的价格、质量、外观和性能，然后冷静地做出自己的选择；其次，数字消费者使用数字化设备浏览商品信息，不会受到实物及其他消费者购买行为的影响，冲动性购买行为较少；最后，网上购物的决策行为较之传统的购买决策要快得多。

为了克服数字化购买行为中无法触及实体的缺点，同时获得"省钱"的好处，一些数字消费者往往采取"线下体验+网上购物"的购物方式，尤其是对服装鞋帽这样的体验商品。为此，一些商家也设立了专门的体验店，以体现线上购物和线下体验的无缝融合。

5. 授权支付

数字购买行为的另一个便利特征是，它改变了传统的面对面、以现金支付的购买交易模式，可以采用多种在线结算方式。现在大多采用更为安全的第三方电子支付，如支付宝、微信支付、财付通、网上银行及手机二维码支付等。

从数字消费者群体来看，使用第三方电子支付手段的消费者数量远高于使用货到付款的消费者数量。这种方式可以减少双方的资金安全问题，让双方都感到安全、可靠。

6. 收取商品

与传统购物不同，数字化购物一般不支持消费者在付款后立即获得产品，这需要一段时间的物流或邮寄时间，才能将产品送达买方。数字消费者还可以通过网络对商品的物流状况进行跟踪查询。网上卖家应该尽量缩短这个时间，确保产品完好无损，消除消费者的不安全感。某著名服装品牌十分重视客户的拆箱体验，没有选择标准胶带密封箱包装，而是定制了一个有类似行李箱把手的印刷箱,来强化自己的品牌。"行李箱"内的物品被精心布置,以促使开箱时商品能够被充分展示,并且客户能深切体会到其用心。为了进一步为客户建立一种定制般的品牌体验,所有订单内都包括一张设计师个性化的手写卡片来说明产品选择的缘由,这让消费者心中体会到特别的感受。

7. 评价分享

1) 购后评价

数字消费者试用和体验网购产品后,会根据自己的感受进行评价。网站、服务(包括售前、售中与售后)、物流和商品的体验都是影响数字消费者购物整体满意度的重要因素。在传统市场中,由于缺乏传播媒介,消费者口碑宣传往往是被动的,传播范围相当有限。而互联网提高了信息传播的速度和广度,数字消费者有无限的机会分享自己的想法、观点、经历和照片,这不仅方便了数字消费者在购买后谈论自己的感受,还极大地扩大了口碑影响力。不仅影响亲朋好友,还可以通过商品评价区、社区论坛、虚拟社群、通信软件、个人博客等各种渠道发表评论并对素不相识的其他消费者产生影响,从而对商家产生了强大的舆论监督,并成为其他数字消费者购买决策的主要参考依据。

2) 购后分享

数字消费者还可以积极地与他人分享购物经验,消费信息共享是网络时代消费行为的一个重要特征。例如,小红书是一个基于 UGC 内容的生活方式分享平台,数字消费者的购后分享行为也使其成为著名的"种草平台"。随着微视、抖音、快手、火山视频、优酷、哔哩哔哩(bilibili)等短视频 App 的异军突起,短视频以及视频博客(Vlog)也成为数字消费者进行购后感受分享的重要方式。

随着网络技术的发展和移动互联网用户的普及,越来越多的数字消费者愿意在点评类网站(如美团、知乎、大众点评网等)对产品和服务进行评价,以表达自己的感受和体验。商家可以利用 Python 等爬虫的数据采集方式,获取店铺所有产品的月度截面数据,采用回归方法从产品销量的维度分析数字消费者在线评论对产品销量的影响,探究评论区域中获取的评价数量、评价长度、差评数量和可视化评论对产品销量的直接作用及交互效应。

2.3.2 数字消费者购买决策典型模式

在网络时代,消费者的行为模式从大众传媒时代的 AIDMA 到搜索和信息共享时代的 AISAS,从被动接受信息到主动搜索和反馈信息。但这种转变是有限的,更像是两个时代之间的转变。当数字互联网开始全面介入数字消费者的生活时,虚拟与现实、在线与离线之间的界限变得不那么明显,人们的生活方式发生了巨大变化。

在传统环境下,消费者的购买行为模式通常都遵循着 AIDMA 法则,即消费者从触及企业的相关营销信息到发生实际购买行为,一般会经历以下五个阶段:相关营销信息引起消费者的注意(attention)、消费者对其产生兴趣(interest)、激发购买需求和欲望(desire)、形成记忆(memory)和产生实际购买行动(action)。比较而言,在互联网出现并作为全新的媒体工具融入人们的日常生活以后,社交媒体的新特征正在重塑消费者的购买习惯,消费者开始遵循 AISAS 模式。与 AIDMA 模式相比,AISAS 模式中出现了两个全新的阶段,分别为搜索（search）和分享（share）。此时，消费者会开启这样一个互联网情境下的消费购买过程：由于被某些产品或服务的宣传信息吸引，消费者开始关注（attention）并对其产生兴趣（interest），接着会使用搜索引擎主动、精准地搜寻（search）相关的产品或服务信息，并在获得充分信息和进行综合比较之后，做出是否购买的决策（action）。当购买行为完成之后，消费者会借助社交平台将整个购买过程中的体验、心得等，分享给更多的消费者（share）。

在 AISAS 模型中，数字消费者是营销信息传播过程的积极参与者。在信息搜索环节数字消费者主动将产品信息拉向自己，在分享环节又主动传播口碑信息，影响其他数字消费者的决策。在这个过程中，信息搜索和信息共享成为数字消费行为的重要节点，数字消费者可以因为需求的产生而搜索信息，也可以因为信息搜索而具有消费需求。通过信息共享，数字消费者将消费体验传递给其他数字消费者，同时从其他数字消费者的口碑信息中获取有用的参考信息。可见，在 AISAS 模型中，营销信息的传播已不再是由企业主导的模式。

互联网时代，丰富多元的媒体终端导致消费者的注意力越来越分散，移动应用对日常生活需要的全覆盖也极大地提高了消费者的主动性和选择空间，AISAS 行为模型已经不足以有效地解释并应对这些改变。此时，针对移动互联网消费市场的 ISMAS 模式得到了企业的关注。与 AISAS 不同，ISMAS 增加了口碑（mouth）阶段，即消费者在做出购买决策前会参考相关商品或服务的口碑。这一模式清晰地指出了数字营销两个非常重要的发展趋势：以媒体为中心的营销模式转变为以消费者为中心的营销模式；以吸引消费者注意为首要任务，成为消费者兴趣的起点。

社交媒体已成为当代消费者购买决策的核心要素之一，而消费者的购买行为则进一步演变为 SAISAS 模式，即消费者接触到的有关产品或服务的信息是来自社交媒体上朋友或其他网友的分享（share），之后消费者对其产生关注（attention），继而引发兴趣（interest），然后在社交媒体或搜索引擎中搜寻品牌相关的信息（search），在进行对比之后做出是否采取购买行动的决策（action）。最后，以整个购物过程中的体验以及看法等作为素材，在社交媒体上进行内容创造、传播或分享(share)。通过这一模型，企业有机会深入洞察并精确掌握当前消费行为的趋势，并为后续客户关系管理以及客户价值的创造奠定基础。

2.3.3 大数据技术对数字消费者购买决策过程的影响

大数据技术的应用使得消费者的购买行为和决策过程更加透明。目前，大型企业都建立了自己的大数据信息库，从而准确定位消费者的需求和行为过程。企业可以首先结合内部和外部数据，然后预测消费者的行为。例如，企业将自身数据中消费者的年龄、性别、爱好、职业、评价等信息与外部数据库中消费者的种类、数量、浏览记录等信息相结合，通过对市场未来发展趋势的预测，诱发消费者购买行为的变化。根据对消费者未来消费行为的预测，企业可以针对目标客户制定相应的营销策略。大数据时代，数字消费者发生的变化可以归纳为以下几点。

1. 数字消费者购买冲动性增加

通过机器学习处理消费者数据后，企业可以准确地总结消费者的购买偏好、时间和地点信息，以便在适当的场景中对消费者进行营销。例如，经典营销案例"尿布与啤酒"。商超对消费者购买商品的组合数据进行处理后发现，男性消费者在购买啤酒时，如果看到纸尿裤，就会想到家里孩子的需求，即使不是急需，也会购买纸尿裤。目前，很多零售企业都意识到了用户的数据资产就是企业的核心资产。孩子王通过用户数据洞察来准确预测消费者的需求，在消费者每次进入门店后都会先通过人脸识别技术来识别消费者进而有针对性地推荐产品。

2. 数字消费者购买决策过程更加理性

商对客电子商务模式（business-to-consumer，B2C）电子商务平台的发展使得消费者更加关注对产品或服务的评价。消费者将使用收集的信息来比较和选择不同品牌的产品。在信息筛选和比较的过程中，消费者的思维过程将更加理性。同时，数据信息的专业化将帮助消费者做出最理性的购买行为。

3. 数据疲惫与马太效应

在大数据时代，大量的数据信息有助于客户决策的合理化。然而，大量的信息不仅给了数字消费者很大的选择余地，也增加了选择的难度。数字消费者在选择产品或服务时，会受到各种品牌信息的干扰。消费者有时会受到无关信息数据的干扰，增加了消费者的数据疲劳。市场营销中的马太效应是指企业通过对以往消费者的高质量评价来吸引新的消费者的滚雪球效应。在人工智能时代，自然语言处理技术可以提取消费者语言评论中提到的产品、代言人、地点、时间的优缺点，根据这些信息，企业可以定位目标消费群体，对目标消费者进行精准营销。

大数据技术在市场营销领域应用的出发点是洞察和理解数字消费者行为与数字消费者需求。大数据技术的应用所体现出来的并不仅仅是对海量信息进行数据分析和整理的过程，还是帮助企业更好地创造出卓越客户价值并与客户建立可持续的营利性关系的过程。真正优秀的营销管理人员会通过对客户数据的智能分析来聚焦客户的购买动机，预测并激发消费者的购买行为，把握数字消费者未来的消费需求。

小米手机在印度市场的社群营销

从发布第一款手机，到超越几家老牌手机品牌，跃居全球第二，并在欧洲市场登顶第一，小米仅用了 10 年时间。从 0 到 1，从 1 到 N，再到进入世界 500 强并实现连续 3 年排序逐年上升，小米只用了 9 年时间。小米是如何做到的？致力于提供感动人心、价格厚道的好产品，"让全球每个人都能享受科技带来的美好生活"，小米的国际化进程始于 2014 年，仅用 7 年时间，在海外业务方面的经验、人才、渠道，以及专门针对海外市场的产品研发和营销机制等，都实现了从量变到质变的跃升。在国际市场上，小米利用 O2O 模式开发商业生态系统，通过线上和线下相结合渠道创造动态营销模式，如创建虚拟社区，吸引粉丝参与产品开发；利用社会传播平台，如推特、米柚（MIUI）和小米网上商城等开展短视频广告；线下与客户互动，如"米粉节"、线下发布会等，增强用户体验。强大的创新科技和出色的社区互动体验，小米吸引一大批粉丝，成功建立社群基础。

社群是在消费者人际关系基础上形成的特定群体，它有组织性特点，可以实现社群内用户自组织活动，并协助企业开展社群活动，其用户基于粉丝经济分享协同创作能力，社群经济是粉丝经济的进阶。社群营销是一种商业形态，它建立在相似兴趣之上，以产品或服务形式满足群体内消费者需求，并通过各种社交平台普及与推广。社群营销的关键是推举意见领袖，即能获得信任并传播价值的某领域专家或权威，既提供满足社群内部成员需求的实物产品，也提供服务，如招募会员获得某些特权服务、入群获得专家顾问服务等。

印度凭借其自身人口红利、快速增长的经济总量和智能手机普及的优势，成为众多手机品牌角逐的市场。社群方面，小米手机"高性价比"优势显著。英语是印度官方语言，这有利于小米社群营销的实施。场景方面，面对印度市场，小米精简产品结构，明确"高性价比"本地场景产品定位，让硬件产品、MIUI 操作系统定制化。内容方面，小米依赖粉丝经济进行内容传播，初具社群雏形。连接方面，小米在 YouTube 开创内容创作培训班，让印度消费者通过 UGC 分享产品经验，实现小米社群内用户与用户的连接。"米粉"一直是小米最宝贵的用户群体，"米粉"文化也是小米公司文化不可或缺的一部分。借助社交媒体等工具，小米印度建立了社交媒体账号和米粉社区，这些平台由本地招募的员工运营，与"米粉"近距离交流，让"米粉"感受到小米公司对他们的尊重。除了线上社交平台外，小米也在印度开展了"米粉"线下活动，增强"米粉"的认同感和归属感。因为这些"米粉"俱乐部的组织、运营完全由本地人负责，并对接小米的本地团队，这大大降低了公司和海外"米粉"之间的沟通成本，加上开放的社交媒体平台，让海外"米粉"的诉求能够通过较为规范和高效的渠道传递回来。这种社群营销方式，既减少传统意义上的市场费用，又能够吸引用户群体注意力，提高用户的购买体验，将传统的大众化、全面化的推广宣传转变为定点的有明确需求的目标群体，实现精准营销。

资料来源：hts://m.thepaper.cn/baijiahao.15972617

思考题

1. 简述市场营销的起源与定义。
2. 试说明几种主要的消费者行为研究方法。
3. 数字消费者在网络消费过程之中，通常会产生哪些消费者行为数据？试举例说明。
4. 试述传统消费者购买决策与数字消费者购买决策的差异。

案例 2-2：叫停大数据杀熟 向网络谣言说不

第 2 章扩展阅读

即测即练

自学自测

扫描此码

第 3 章

大数据营销的技术基础

【本章学习目标】

通过学习本章,学生应该能够掌握以下内容。
1. 掌握大数据营销的主要来源。
2. 掌握大数据营销的采集与存储、数据挖掘的方法。
3. 了解大数据营销的主要技术手段及其应用。

3.1 大数据营销的来源

3.1.1 大数据营销的概念与特点

1. 大数据营销的概念

大数据是需要通过经济高效的新型处理方式才能具有更强的决策力、洞察力和流程优化能力,是海量、高增长和多样化的数据资源。大数据营销,是指人们在网络信息活动中产生的具有潜在商业价值的海量信息数据,这些数据经过分类、筛选之后,可以应用于企业营销当中,以帮助企业更加高效地进行营销活动,更好地提高企业的市场竞争力、市场占有率,促进企业可持续发展。

2. 大数据营销的特点

大数据营销具备规模性(volume)、高速性(velocity)、多样性(variety)、价值性(value)、真实性(veracity)、动态性(vitality)这六个特征。

(1)规模性。数据体量大是大数据的基本属性,主要是指公司正在追踪和维护的消费者数据量非常庞大。一般情况下,消费者的大数据集主要围绕消费者的在线购买、网络点击、社交媒体、智能设备连接和地理位置等信息产生。从现状来看,各种数据产生速度之快,产生数量之大,已远远超出人类可以控制的范围,"数据爆炸"成为大数据时代的明显特征,数据量发展到 ZB 数量级。

(2)高速性。处理数据的效率就是企业的生命。大数据营销通常是实时可用的,使得营销科学模型能够在消费者信息搜索、价格比较或进行购买时,为消费者提供实时定制的营销工具。例如,一些电商数据,如果当天的信息不及时处理,就会影响当天的商业决策。数据处理始终坚持"1 秒定律",这样就可以快速地从各种类型数据中获取有价值的信息。

大数据营销可以最大限度地让广告主的广告投放做到精准，还可以根据实时的效果反馈，及时对投放策略进行调整，从而最大限度地减少营销传播的浪费，实现营销的高效率。

（3）多样性。多样性是指大数据以多种形式出现，不仅有常见的数字型数据，还有文本、音频和视频等类型的数据。海量数据有不同类型：结构化数据，简单来说就是数据库中的数据。结合到典型场景中更容易理解，如企业资源计划（enterprise resource planning，ERP）系统、财务系统、教育一卡通、政府行政审批、其他核心数据库等；半结构化数据，如电子邮件、文字处理文件及大量保存和发布在网络上的信息；非结构化数据，如视频数据、音频数据、地理位置、图片、微信、微博、链接信息、手机呼叫信息、网络日志等。目前，许多大数据营销都是半结构化和非结构化，这些数据处理方式是比较多样的，并对数据处理能力提出了更高的要求。

（4）价值性。价值性指的是大量信息不经过处理则价值较低，属于价值密度低的数据。现实世界所产生的数据中，有价值的数据所占比例很小。相比于传统的数据，大数据最大的价值在于通过从大量不相关的各种类型的数据中，挖掘出对未来趋势与模式预测分析有价值的数据，并通过机器学习方法、人工智能方法或数据挖掘方法深度分析，发现消费者行为规律。

（5）真实性。真实性指的是数据的质量，质量是大数据价值发挥的关键。庞大的网民规模、复杂的网民成分决定了数据源的多样性，数据源的多样性导致了网上信息的良莠不齐。互联网中有大量的虚假、错误数据。例如，曾经有人认为淘宝的交易数据具有很高的可靠性，但很快就发现存在大量的虚假流量和虚假成交量问题。这种数据仅从电子踪迹的角度来说是真实的，但不能真实地反映人们的交易行为。类似事例使人们认识到不同领域、不同来源的大数据的可靠性是有差异的。

（6）动态性。大数据营销是对消费者行为规律的抽象表达，其动态性是对市场状态的持续反映。消费者信息行为动态变化而产生大数据营销，因而，不但数据的搜集具备动态性，而且数据的存储系统、数据的分析与处理技术还可以随时随地升级，即解决数据的专用工具也具备动态性。

3.1.2 大数据营销类型

（1）从字段类型上，分为文本类、数值类、时间类。文本类数据常用于描述性字段，如姓名、地址、交易摘要等，这类数据不是量化值，不能直接用于四则运算，在使用时可先对该字段进行标准化处理再进行字符匹配，也可直接模糊匹配；数值类数据用于描述量化属性，或用于编码，如交易金额、额度、商品数量、积分数、客户评分等都属于量化属性，可直接用于四则运算，是日常计算指标的核心字段；时间类数据仅用于描述事件发生的时间，时间是一个非常重要的维度，在业务统计或分析中非常重要。

（2）从数据结构上，分为结构化数据、半结构化数据、非结构化数据。结构化营销数据，也就是数据库数据，它是由二维表结构来逻辑表达实现的数据，严格地受到数据格式和长度的限制，主要通过关系型数据库进行存储和管理。数据按表和字段进行存储，字段之间相互独立，最常见的结构化数据要属客户关系管理系统中的企业销售、利润等数据，或者网站的点击流数据。半结构化数据是指以自描述的文本方式记录的数据,由于自描述数据无须满足关系数据库中那种非常严格的结构和关系,在使用过程中非常方便。很多网站和应用访问日志都采用这种格式,网页本身也是这种格式。非结构化数据通常是指语音、图片、视频等格式的数据。这类数据一般按照特定应用格式进行编码,数据量非常大,且不能简单地转换成结构化数据,如社交媒体中的文本、图像、声音或来自移动设备的位置数据等,它们的增长速度远大于结构化数据,目前主要将非结构化的数据通过适当的度量标准转化为结构化数据来进行分析。

(3)从更新方式上,分为批量数据、实时数据。在提供数据时,不同的源系统有不同的提供方式。一种是批量方式,这种方式每隔一段时间提供一次,可以看到指定时段内所有的数据变动。批量方式时效较低,大部分传统系统都采用 T+1 方式,业务用户最快只能分析到前一天的数据,看前一天的报表。另一种方式是实时方式,即每当数据发生变化或产生新数据时,就会立刻提供。这种方式时效快,能有效满足时效要求高的业务,如场景营销,但该方式对技术要求更高,必须保证系统足够稳定,一旦出现数据错误,容易造成较严重的业务影响。目前越来越多的系统采取该方式提供数据,这对数据处理、数据分析和数据应用产生了巨大的影响,在实现高时效的业务场景的同时也增加了数据架构、数据分析和应用的技术难度。

3.1.3 大数据营销的主要来源

1. 按照公司(机构)内外部来源划分

从公司或者机构的内外部来源来看,大数据营销来源包括商业数据、移动通信数据、社交媒体数据、机器和传感器数据以及互联网数据。

(1)商业数据,包括商业企业内部数据、分销渠道数据、消费市场数据等。它不但能揭示这个产业的历史,还能反映产业的最新发展,更重要的是能预示产业的未来,为该产业价值链上各类企业的战略、研发、营销、管理等提供可靠的咨询和指导。大量产业的商业数据的集合,就是商业数据平台。商业数据平台不但能进行产业内的横向和纵向比较,还能进行产业间的比较,更能监控各产业的即时发展情况,功能更加强大。如信用卡交易数据、电子商务数据、互联网点击数据、企业资源计划系统数据、销售系统数据、客户关系管理系统数据、公司的生产数据、库存数据、订单数据、供应链数据等。

(2)移动通信数据。能够上网的智能手机等移动设备越来越普遍。移动通信设备记录的数据量和数据的立体完整度,常常优于各家互联网公司掌握的数据。移动设备上的软件能够追踪和沟通无数事件,从运用软件储存的交易数据到个人信息资料或状态报告事件等。

(3)社交媒体数据,包括电子邮件、文档、图片、音频、视频,以及通过社交媒体产生的数据流。这些数据大多数为非结构性数据,需要用文本分析功能进行分析。

(4)机器和传感器数据。机器和传感器数据来自感应器、量表和其他设施的数据。传统的数据采集技术主要是基于传感器实现的,利用一种装置,从系统外部采集数据并输入系统内部的一个接口,数据采集技术广泛应用在各个领域。例如,摄像头、麦克风,都是数据采集工具,被采集数据是已被转换为电信号的各种物理量,如温度、水位、风速、压力等，可以是模拟量，也可以是数字量。采集一般是采样方式，即隔一定时间（称采样周期）对同一点数据重复采集。采集的数据大多是瞬时值，也可以是某段时间内的一个特征值。这包括功能设备创建或生成的数据，如智能温度控制器、智能电表、工厂机器和连接互联网的家用电器的数据。来自新兴的物联网的数据是机器和传感器所产生的数据的例子之一。

（5）互联网数据。互联网已经成为人们生活中的一部分，它打破了时间和地域的限制，人们通过互联网进行的信息交流活动能够以极高的速度进行，时间不再是信息交流的障碍。伴随而来的是互联网以信息爆炸形式形成了信息数据的洪流，网络领域产生的数据占了相当大的比重。互联网上的"开放数据"来源于政府机构、非营利组织和企业等免费提供的数据。

2. 按照数据产生的主体划分

按照数据产生的主体来划分，大数据营销主要来源于4个方面：政府、企业、个人和机器。

（1）政府。在社会高度信息化与数据化的今天，政府作为城市管理与民生服务的主体，拥有大量的高质量数据资源，这些数据一般来自行政记录。行政记录数据是政府部门在行使其行政管理职能过程中，通过审批、注册登记等记录的大量信息数据，包括个人信息记录数据、政府机构信息记录数据、自然和资源记录数据等，由政府统计部门进行采集和整理。这些数据是各职能部门为自身行政管理需要，通过信息化手段建立开发信息管理系统，以标准数据库形式存储的。数据质量相对较高，连续性较好，数据的标准化程度也较高。

（2）企业。企业的数据一般来自其生产经营管理过程的信息记录及商业交易的数据记录，如企业资源计划、客户关系管理、供应链管理、办公自动化等各种企业应用软件带来的数据。这些数据具有及时、丰富和多样的优点。随着电子商务的不断发展，采用在线管理和交易的企业越来越多，使得商品交易的数据日益增多，具有很大的挖掘价值。

（3）个人。个人的数据一般来源于社交网络、电子商务网站、搜索引擎等互联网平台。互联网每时每刻都在产生海量的数据。比如，新浪、搜狐等门户网站每天有大量个人的浏览信息；百度、谷歌等搜索引擎为用户检索出大量需要浏览的内容，并实时记录下关键词的搜索密度；微博、微信等社交媒体也不断产生互动数据。互联网信息庞杂，数据量巨大，数据记录易获得，但是互联网中的用户数据具有不稳定性和非结构化的特点，数据的碎片化程度较高。

（4）机器。机器产生的巨量数据也是大数据的重要来源之一，其中包括应用服务器日志、传感器数据、图像和视频、射频识别、二维码或条形码扫描数据等。比如，谷歌的无人驾驶汽车就是海量数据的制造者，因其配备大量的传感器，每秒钟会产生多达1GB的数据，按照每年驾驶600 h计算，无人驾驶车辆每年平均产生大约2PB的数据。

3. 按照不同的信息系统来源划分

按照不同的信息系统，可以归纳为以下4个来源。

（1）信息管理系统。企业内部使用的信息管理系统，包括办公自动化系统、企业资源计划系统、业务管理系统等。信息管理系统主要通过用户输入和系统二次加工的方式产生数据，其产生的数据大多为结构化数据，通常存储在数据库中。

（2）网络信息系统。互联网时代网络信息系统是大数据产生的重要方式，如电子商务系统、社交网络、社会媒体、搜索引擎等，都是常见的数据来源。网络信息系统产生的数据多为半结构化或非结构化数据。本质上，网络信息系统是信息管理系统的延伸。

（3）物联网。物联网通过各种信息传感设备，实时采集任何需要监控、连接、互动的物体或过程等各种需要的信息，与互联网结合形成一个巨大的万物互联网络。其目的是实现物与物、物与人，所有的物品与网络的连接，方便识别、管理和控制。物联网是新一代信息技术，其核心和基础仍是互联网，其用户端延伸和扩展到了任何物品与物品之间，并进行信息交换和通信。

（4）科学实验系统。科学实验系统主要用于科学技术研究，可由真实实验产生数据，也可通过模拟方式获取仿真数据。

4. 按照不同的采集技术划分

按照不同的采集技术划分的数据来源分为 4 类。

Web 数据（包括网页、视频、音频、动画、图片等），日志数据，数据库数据，其他数据（感知设备数据等）。针对不同的数据源，所采用的数据采集的方法和技术也不相同。

3.2 大数据营销的采集与存储

3.2.1 数据采集

数据采集，又称"数据获取"，是数据分析的起点，也是数据分析过程中相当重要的一个环节，它通过各种技术手段把外部各种数据源产生的数据实时或非实时地采集并加以利用。数据采集通常是利用多个数据库来接收发自客户端（Web、App 或者传感器形式等）的数据，即数据采集工具，从系统外部采集数据并存入系统内部的存储资源，用户可以通过这些数据库来进行简单的查询和处理工作。例如，电商企业一般会使用传统的关系型数据库 MySQL 和 Oracle 等来存储每一笔事务数据，除此之外，Redis 和 MongoDB 这样的非关系型数据库也常用于数据的采集。

目前可以使用很多方法来收集数据，如制作网络爬虫从网站上爬取数据，从简易信息聚合反馈或者应用程序接口中得到信息，设备发送过来的实测数据（如温度、血糖值等）。提取数据的方法非常多，为了节省时间与精力，可以使用公开可用的数据源。常用的几种数据采集方法如下。

（1）Web 数据采集。网络数据采集是指通过网络爬虫或网站公开应用程序接口等方式从网站上获取数据信息的过程。网络爬虫会从一个或若干初始网页的统一资源定位系统（uniform resource locator，URL）开始，获得各个网页上的内容，并且在抓取网页的过程中，不断从当前页面上抽取新的 URL 放入队列，直到满足设置的停止条件。这样可将非结构化数据、半结构化数据从网页中提取出来，并以结构化的方式存储在本地的存储系统中。这种存储方式支持图片、音频、视频等文件或附件的采集，附件与正文可以自动关联。

（2）日志数据采集。系统日志采集主要是收集公司业务平台日常产生的大量日志数据，供离线和在线的大数据分析系统使用。高可用性、高可靠性、高可扩展性是日志收集系统所具有的基本特征。系统日志采集工具均采用分布式架构，能够满足每秒数百 MB 的日志数据采集和传输需求，如 Hadoop 的 Chukwa、Cloudera 的 Flume、脸书的 Scribe 等大数据采集平台。

（3）数据库采集。一些企业会使用传统的关系型数据库，如 MySQL 和 Oracle 等存储数据。除此之外，Redis 和 MongoDB 这样的非关系型数据库也常用于数据的采集。这种方法通常在采集端部署大量数据库，并对如何在这些数据库之间负载均衡和分片进行深入的思考和设计。

（4）其他数据（感知设备数据等）采集。感知设备数据采集是指通过传感器、摄像头和其他智能终端自动采集信号、图片或录像来获取数据。大数据智能感知系统需要实现对结构化、半结构化、非结构化的海量数据的智能化识别、定位、跟踪、接入、传输、信号转换、监控、初步处理和管理等。其关键技术包括针对大数据源的智能识别、感知、适配、传输、接入等。对于企业生产经营数据或学科研究数据等保密性要求比较高的数据，可以通过与企业或研究机构合作，使用特定的系统接口等相关方式采集数据。

数据的采集是挖掘数据金矿的第一步，当数据量越来越大时，可发掘的有价值的信息也就更多，反应信息也就越加全面。只有更加充分地利用数据化处理平台，才可以保证分析结果的有效性和准确性，以便更加有效地助力企业实现驱动的数据化。

3.2.2 数据预处理

在数据挖掘过程中，数据预处理是不可或缺的部分。评估数据质量的 8 个标准是：准确性、完整性、一致性、及时性、可信性、可解释性、重复性、关联性，在不同的应用条件下采集数据时，关注的数据质量的侧重点有所不同。大数据应用中数据的典型特点是独立的，不完整，含噪声和不一致，大部分数据挖掘算法对数据质量以及数据规模有特殊要求，数据预处理的目的就是为进行后续的数据挖掘工作提供可靠和高质量的数据，缩小数据集规模，提高数据抽象程度和数据挖掘效率。数据预处理流程如下。

1. 数据清洗

脏数据可能使挖掘过程不稳定甚至陷入混乱，导致不可靠的输出，无法达到正确分析数据的目的。一个有效的预处理步骤的根本目的就是使用数据清洗这一操作来处理数据。数据清洗包括处理空缺值和消除噪声数据。

（1）处理空缺值。空缺值是数据中缺少的值，例如，在分析某公司的销售和顾客数据时，注意到许多元组的一些属性，如顾客的收入没有记录值，那么怎样才能为该属性填上空缺值呢？处理空缺值的基本方法包括：①忽略元组；②人工填写空缺值；③用全局常量替换空缺值；④用属性的中心度量（如均值或中位数）填充空缺值；⑤使用与给定元组属同一类的所有样本的属性的中心度量填充；⑥使用最可能的值填充缺失值，可以使用回归、贝叶斯或决策树等方法来确定缺失值。

（2）消除噪声数据。噪声数据是一个测量变量中的随机错误或偏差，包括错误的值或偏离期望的孤立点值。孤立点是在某种意义上具有不同于数据集中其他大部分数据对象的特征的数据对象，或是相对于该属性的典型值来说是不寻常的属性值（异常对象或异常值）。必须消除数据集中经常出现的噪声数据，避免这些噪声数据对结果产生的错误。出现噪声数据的原因可能是数据收集工具的问题、数据输入错误、数据传输错误、技术的限制或命名规则不一致。消除噪声数据的方法包括：①分箱法；②回归法；③聚类法。

2. 数据集成

数据集成是将互相关联的分布式异构数据源集成到一起，使用户能够以透明的方式访问这些数据源。它包括：实体识别问题，冗余问题，数据冲突的检测与处理。

（1）实体识别问题，是根据数据库中的元数据来区分模式集中的错误。例如，如何确定一个数据库中的"custom_id"与另一个数据库中的"custome_number"是否表示同一实体。信息孤岛是指不同的软件间，尤其是不同部门间的数据信息不能共享，造成系统中存在大量冗余数据垃圾，无法保证数据的一致性。

（2）冗余问题，是数据集成中经常发生的另一个问题。若一个属性可以从其他属性中推演出来，则这个属性就是冗余属性。例如，一个顾客数据表中的平均月收入属性就是冗余属性，显然它可以根据月收入属性计算出来。此外，属性命名的不一致也会导致集成后的数据集出现数据冗余问题。

（3）数据冲突的检测与处理。在现实世界实体中，因为数据的表示、比例或编码、数据类型、单位、字段长度不同，来自不同数据源的属性值可能是不同的，产生这种问题的原因可能是表示、比例尺度，或编码的差异等。例如，重量属性在一个系统中采用公制，而在另一个系统中却采用英制；价格属性在不同地点采用不同的货币单位。这些语义的差异为数据集成带来许多问题。

数据集成的方法包括：联邦数据库，将各数据源的数据视图集成为全局模式；中间件集成，通过统一的全局数据模型来访问异构的数据源；数据复制，将各个数据源的数据复制到同一处，即数据仓库。

3. 数据变换

在数据预处理阶段，数据被变换或统一，可能会使挖掘过程更有效，挖掘的模式更容易理解。

数据变换策略包括以下几点。

（1）平滑：去掉数据中的噪声。平滑方法包括分箱法、聚类法和回归法。

（2）属性构造（或特征构造）：可以由给定的属性构造新的属性并添加到属性集中，以利于挖掘。

（3）聚集：对数据进行汇总和集中。例如，可以聚集日销售数据，计算月和年销售量。通常，这一步用来为多个抽象层的数据分析构造数据立方体。

（4）离散化：数值属性（如年龄）的原始值用区间标签（如0~10、11~20等）或概念标签（如 youth、adult、senior）替换。这些标签可以递归地组织成更高层的概念，使数值属性的概念分层。

（5）规范化：把属性数据按比例缩放，使之落入一个特定的小区间，如-1.0~1.0 或

0.0~1.0。通过平滑、聚集、规范化、最小最大化等方法,把原始数据转换为适合数据挖掘的形式。

规范化的变换策略对聚类、神经网络等算法都是必要的,另外,连续属性离散化也是决策树等分类分析常用的预处理变换策略。

4. 数据归约

对大规模数据进行复杂的数据分析通常需要耗费大量的时间,这时就需要使用数据消减技术,这个过程称为数据归约。其目的是从原有巨大数据集中获得一个精简的数据集,并使这一精简数据集保持原有数据集的完整性。这样在精简数据集上进行数据挖掘就会提高效率,并且能够保证挖掘出来的结果与使用原有数据集所获得的结果基本相同。

主要策略包括以下几种。

(1)数据聚合(data aggregation),如构造数据立方体(数据仓库操作),数据立方体是数据的多维建模表示,由维度、维度成员和度量值组成。

(2)维数消减(dimension reduction),主要用于检测和消除无关、弱相关或冗余的属性或维(数据仓库中属性),如通过相关分析删除不相关或冗余的属性(或维)减少数据量。目标是找出最小属性集,使数据类的概率分布尽可能地接近使用所有属性的原分布。

(3)数据压缩(data compression),利用数据编码或数据转换将原来的数据集合压缩为一个较小规模的数据集合。其中,无损压缩,可以不丢失任何信息地还原压缩数据,如字符串压缩,压缩格式为 ZIP 或 RAR;有损压缩,只能重新构造原数据的近似表示,如音频/视频压缩。

(4)数据块消减(numerosity reduction),也称为数值归约,是通过选择替代的、较小的数据表示形式来减少数据量。利用更简单的数据表达形式,如参数模型、非参数模型(聚类、采样、直方图等)来取代原有的数据。

有参方法:通常使用一个参数模型来评估数据。该方法只需要存储参数,而不需要实际数据,能大大减少数据量,但只对数值型数据有效。

无参方法:需要存放实际数据,如使用直方图、聚类、抽样的技术来实现。

此外,利用基于概念树的泛化(generalization),即离散化和概念分层,也可以实现对数据规模的消减。将属性(连续取值)域值范围分为若干区间,帮助削减一个连续(取值)属性的取值个数,如将气温划分为冷、正常、热。

3.2.3 数据存储

随着大数据应用的爆发性增长,它已经衍生出了自己独特的架构,而且也直接推动了存储、网络以及计算技术的发展。大数据的存储与管理是利用存储器把采集到的数据存储起来并建立相应的数据库来管理和调用这些数据。

传统的数据存储系统主要有 3 类:直连式存储(direct attached storage,DAS),通过总线适配器直接将硬盘等存储介质连接到主机;网络存储系统(network attached storage,NAS),提供文件级别访问接口的网络存储系统,通常采用网络文件系统(network file system,NFS),服务器信息块(server message block,SMB)或通用网络文件系统(common internet file system，CIFS）等网络文件共享协议进行文件存取，支持多客户端访问；存储区域网络（storage area network，SAN），通过光纤交换机等高速网络设备在服务器和磁盘阵列等存储设备直接搭设专门的存储网络。

随着结构化数据和非结构化数据量的持续增长，以及分析数据来源的多样化，此前存储系统的设计已经无法满足大数据应用的需要。大数据存储系统的基本特征包括：大容量及高可扩展性，横向扩展（scale-out）是主流趋势；高可用性，平均无故障时间（mean time between failures，MTBF）和平均修复时间（mean time to repair，MTTR）是衡量存储系统可用性的主要指标；高性能，吞吐率、延时、每秒读写次数（input/output operations per second，IOPS）；高安全性；自管理和自修复；低成本，是指存储成本、使用成本、维护成本较低；访问接口的多样化等。这些特征要求大数据存储系统采用分布式存储和云存储的方式。

分布式存储，关键技术问题包括可扩展性、数据冗余、数据一致性、全局命名空间、缓存等，架构可以分为客户端-服务器（client/server，C/S）架构和对等网络（peer to peer，P2P）架构，分布式系统设计的 CAP 理论是指一个分布式系统不可能同时保持一致性（consistency）、可用性（availability）和分区容忍性（partition tolerance）这 3 个要素。分布式存储面临的另一问题是如何组织和管理成员节点，以及如何建立数据与节点之间的映射关系。成员节点的动态增加或离开在分布式系统中很常见，因此任何一个分布式存储系统只能根据其业务特征和具体需求最大地优化其中两个要素。分布式系统是建立在网络之上的软件系统，具有高度的内聚性和透明性。内聚性是指每一个数据库分布节点高度自治，有本地的数据库管理系统；透明性是指每一个数据库分布节点对应用来说都是透明的，看不出本地还是远程。MapReduce 是一种分布式处理方法，而 Hadoop 则是将 MapReduce 通过开源方式进行实现的框架的名称。Hadoop 的优点包括高可靠性、高扩展性、高效性、高容错性。

非关系型数据库 NoSQL 种类繁多，数据结构简单，易扩展，大数据量，高性能；而新的关系型数据库管理系统 NewSQL，是新的可扩展、高性能数据库的简称，这类数据库不仅具有 NoSQL 对海量数据的存储管理能力，还保持了传统数据库支持 ACID 和 SQL 等特性，是目前主流的大数据存储技术。

云存储是通过集群应用、网格技术或分布式文件系统等将网络中大量不同的存储设备通过应用软件集合起来协同工作，共同对外提供数据存储和业务访问功能的系统。存储虚拟化是云存储的一个重要技术基础。通常，云存储是由第三方运营商提供的在线存储系统，如面向个人用户的在线网盘和面向企业的文件、块或对象存储系统。

此外，采用去重和分层存储实现存储优化。去重——分为基于文件级别的去重和基于块级别的去重。一般来说，数据切块（chunk）有两种方式（定长 fixed size 或变长 variable size）；分层存储——分层存储系统集固态硬盘（solid state drive，SSD）和硬盘等存储媒介于一体，通过智能监控和分许数据的访问热度，将不同热度的数据自动实时地迁移到不同的存储介质上。

3.2.4 数据仓库

数据根据处理规模的不同，有数据库、数据集市、数据仓库、数据湖等。

（1）数据库（database）：按照一定格式和数据结构在计算机保存数据的软件，属于物理层。最早期是广义上的数据库,这个阶段的数据库结构主要以层次或网状的为主,这是因为数据库的数据和程序间具备非常强的依赖性,应用有一定局限性。我们现在所说的数据库一般指的是关系型数据库。关系型数据库是指采用了关系模型来组织数据的数据库,其以行和列的形式存储数据,具有结构化程度高,独立性强,冗余度低等优点。关系型数据库主要用于联机事务处理过程(on-line transaction processing,OLTP),进行基本的、日常的事务处理,如银行交易等场景。

(2)数据集市:一种微型的数据仓库,它通常是有更少的数据,更少的主题区域,以及更少的历史数据。如果数据仓库是企业级的,那数据集市就是部门级的,一般数据集市只能为某个局部范围内的管理人员服务。

(3)数据仓库(data warehouse):为企业所有级别的决策制定过程,提供所有类型数据支持的战略集合。它是单个数据存储,出于分析性报告和决策支持目的而创建。为需要业务智能的企业,提供指导业务流程改进、监视时间、成本、质量以及控制。对企业的所有数据进行汇总,为企业各个部门提供统一的,规范的数据出口。数据仓库是面向主题集成的。数据仓库主要用于支撑企业决策分析,所涉及的数据操作主要是数据查询。

(4)数据湖:一个集中存储各类结构化和非结构化数据的大型数据仓库,它可以存储来自多个数据源、多种数据类型的原始数据,数据无需经过结构化处理,就可以进行存取、处理、分析和传输。数据湖能帮助企业快速完成异构数据源的联邦分析、挖掘和探索数据价值。数据湖包含数据存储架构和数据处理工具,其中,数据存储架构要有足够的扩展性和可靠性,可以存储海量的任意类型的数据,包括结构化、半结构化和非结构化数据;数据处理工具则分为两大类。一类聚焦如何把数据"搬到"湖里,包括定义数据源、制定数据同步策略、移动数据、编制数据目录等。另一类关注如何对湖中的数据进行分析、挖掘、利用。数据湖需要具备完善的数据管理能力、多样化的数据分析能力、全面的数据生命周期管理能力、安全的数据获取和数据发布能力。如果没有这些数据治理工具,元数据缺失,湖里的数据质量就没法保障,最终会由数据湖变质为数据沼泽。

数据仓库和数据湖的不同类比于仓库和湖泊:仓库存储着来自特定来源的货物;而湖泊的水来自河流、溪流和其他来源,并且是原始数据。

数据仓库是决策支持系统(decision-making support system,DSS)和联机分析应用数据源的结构化数据环境。数据仓库研究和解决从数据库中获取信息的问题。数据仓库的特征在于面向主题、集成性、稳定性和时变性。

企业数据仓库的建设,是以现有企业业务系统和大量业务数据的积累为基础。数据仓库在处理历史数据的基础上,对整个系统进行分析和整理,以便进行联机分析处理、数据挖掘等工作,最终目标是用得到的有用知识构建商务智能。因此,数据仓库是在数据库已经存在大量业务数据的情况下,为了更加深入地进行数据分析、知识发现和满足商务决策需要而产生的。数据仓库是大的历史数据平台,主要按照星形模型、雪花模型等模型组织数据。数据仓库是联机分析处理和数据挖掘的基础,其作用主要体现在两个方面:一是数据仓库提供了海量的经过整理的数据,二是数据仓库提供了数据处理、数据访问和数据分析等技术手段。数据仓库系统包括数据获取(data acquisition)、数据存储和管理(data storage and management)、数据访问(data access)三个部分。

（1）数据获取。数据获取是从数据源获得数据的过程，是数据仓库的基础，是整个系统的数据来源部分。数据源通常包括内部信息和外部信息。内部信息主要包括数据库中各种业务数据和各类文档；外部信息主要包括市场信息、统计信息、竞争对手信息等。

数据仓库数据按照粒度的不同分为 4 个级别：早期细节级、当前细节级、轻度综合级和高度综合级。源数据经过综合，首先进入当前细节级，并根据具体需要和时间推移进行进一步综合，进入轻度综合级乃至高度综合级，老化的数据将进入早期细节级（历史细节级）。数据仓库中的粒度是指不同的综合级别，粒度越大，意味着细节程度越低而综合程度越高。

（2）数据存储与管理。数据是数据仓库系统的核心，数据存储和管理是数据仓库系统的关键，数据仓库的组织和管理方式是其区别于传统数据库的决定因素。数据仓库针对现有业务系统的数据进行抽取、清理、转换和集成，并按照主题对其进行组织和管理。元数据是描述数据仓库数据结构和建立方法的数据，为用户访问数据仓库提供目录和说明。元数据是数据仓库运行和维护的中心，也是数据仓库服务器运行和用户访问的主要依据。元数据按照其用途的不同可以分为两类：技术元数据和商业元数据。技术元数据用于开发和管理数据仓库中的数据，包括数据源信息、数据转换的描述、数据仓库内对象和数据结构的定义、数据清理和数据更新时用的规则、源数据到目的数据的映射、用户访问权限、数据备份历史记录、数据导入历史记录、信息发布历史记录等。商业元数据从业务的角度描述了数据仓库中的数据，包括业务主题的描述、所含数据的描述、查询和报表等。数据仓库对数据的管理还包括安全管理，权限管理，数据更新跟踪，数据质量检查，元数据管理和更新，删除数据，复制、分割和分发数据，备份和恢复，审计等。

（3）数据访问。数据访问为用户访问数据仓库提供了手段。它主要包括各种查询工具、报表工具、应用开发工具、联机分析处理工具、数据挖掘工具以及各种基于数据仓库的应用开发工具。此外，还包括信息发布系统和基于 Web 的前端联机分析界面等。数据仓库的实施往往可以从一个部门的数据集市开始着手，结合其余数据集市组成一个完整的数据仓库。为了特定的应用目的或应用范围而从数据仓库中独立出来的部分数据，也可以称为部门数据或主题数据。

3.3 大数据营销挖掘

3.3.1 大数据挖掘的定义

大数据挖掘是计算机科学的一个跨学科分支。它是一种计算过程，利用人工智能、机器学习、统计学和数据库的交叉点，在相对较大的数据集中寻找模式。大数据挖掘的主要目的是把隐藏在看来杂乱无章的海量数据中的信息集中起来，进行萃取、提炼，以找出潜在有用的信息和所研究对象的内在规律的过程。大数据挖掘过程的总体目标是从数据集中提取信息，并将其转换为可理解的结构供进一步使用。大数据挖掘可以视为机器学习与数据库的交叉，它主要利用机器学习领域提供的算法来分析海量数据，利用数据库领域提供的存储技术来管理海量数据。

从营销学的角度来看，大数据挖掘其实就是一种深层次的数据分析方法，其主要特点是对海量数据进行抽取、转换、分析和其他模型化处理，从中提取出辅助决策的关键数据。大数据时代的数据挖掘并不是一门新的学科，其基本原理与传统数据挖掘并无本质区别，只是由于所需处理的数据规模庞大、价值密度低，在处理方法和逻辑上被赋予新的含义。

3.3.2 数据挖掘任务

数据挖掘的基本任务可以分为预测性（predictive）任务和描述性（descriptive）任务两大类。预测性任务通过对当前数据的归纳做出预测。这类任务的目标是根据其他属性的值来预测特定属性的值。其中，被预测的属性一般称为目标变量（target variable）或因变量（dependent variable），而用来做预测的属性称为解释变量（explanatory variable）或自变量（independent variable）。描述性任务刻画目标数据的一般性质，这类任务的目标是导出概括数据中潜在联系的模式（相关、趋势、聚类、轨迹和异常）。本质上，描述性任务通常是探索性的，并且常常需要后处理技术验证和解释结果。

从数据挖掘的功能性来看，数据挖掘的任务包括预测建模、分类、聚类分析、关联分析、异常检测等。

（1）预测建模（predictive modeling）。预测建模是基于观测数据建立变量间适当的依赖关系，以分析数据内在规律，解决相关问题。主要研究数据序列的趋势特征、数据序列的预测以及变量间的相关性等。时间序列预测是回归预测的一种，它将数列作为输入，表示一系列时间值，然后应用各种能进行数据周期性分析、趋势分析、噪声分析的机器学习和统计技术来估算这些序列未来的值。例如，Google 流感趋势（google flu trends）是结合历史数据来推断近期是否会爆发流感，还可以通过搜索关键词预测禽流感的传播。预测建模方法通常被应用到大数据营销中，用于预测市场的变化趋势。

（2）分类（classification）。分类是数据挖掘中常用的应用，它是找出数据库中的一组数据对象的共同特点并按照分类模式将其划分为不同的类别。分类被广泛用于客户的分类、客户属性和特征分析、购买趋势分析、精准营销等。例如，电商平台将用户在一段时间内的购买情况划分成不同的类，根据情况向用户推荐关联类的商品，从而增加平台的销售量。常用的分类算法包括逻辑回归、决策树、贝叶斯判别、支持向量机、神经网络等。

（3）聚类（clustering）分析。聚类是一种无监督分类法，即在没有预先制定类的情况下，把给定的数据集分成多个由类似的对象组成的类。聚类分析是一个把数据分到不同的类或者簇的过程，属于同一簇的数据间的相似性很大，但不同簇之间数据的相似性很小，跨簇的数据关联性很低。聚类分析能帮助市场分析人员从客户数据库中识别不同的客户群，刻画不同的客户群特征，并能应用于客户群分类、市场细分等。常见的聚类算法包括K均值、最大期望、系谱聚类、密度聚类等。

（4）关联分析（association analysis）。关联分析用于发现关联规则。关联规则是隐藏在数据项之间的关联或相互关系，即可以根据一个数据项的出现推导出其他数据项的出现。关联分析就用于发现这些事务数据集背后隐含的某一种或者多种关联，关联分析广泛应用于购物篮或事务数据分析中。关联规则挖掘属于无监督学习方法，它描述的是在一个事件中不同物品同时出现的规律。常用的关联算法包括：关联规则算法（Apriori）、FP-Growth、OneR、ZeroR 和 Eclat 等。

（5）异常检测（anomaly detection）。异常检测是一种用于识别不符合预期行为的异常模式的技术，通常为无监督学习问题，其中先验未知异常样本，并且假定大多数训练数据集由"正常"数据组成。异常检测根据一定的准则识别或者检测出数据集中的异常值或离群点（outlier）。所谓异常值，就是和数据集中绝大多数数据表现不一样的值。常见的异常值检测应用包括信用卡欺诈行为检测、网络入侵检测、劣质产品分析等。

3.3.3 数据挖掘过程

自数据挖掘产生以来，从方法论的角度产生了一系列经典且得到广泛实践检验的数据挖掘过程模型，其中影响最大的模型是跨行业数据挖掘标准过程（cross-industry standard process for data mining，CRISP-DM），该模型将一个知识发现过程分为 6 个阶段。

（1）商业理解。商业理解（business understanding）是对数据挖掘问题本身的定义，重点在于对项目的理解和商业的角度洞察用户需求，同时将这些内容转化为数据挖掘问题的定义和完成目标的初步计划。这一阶段的主要工作包括：确定商业目标；发现影响结果的重要因素；从商业角度描绘客户的首要目标；评估形势；查找所有的资源、局限、设想；在确定数据分析目标和项目方案时要考虑的其他各种因素，包括风险和意外、相关术语、成本和收益等；确定数据挖掘的目标；制订项目计划。

（2）数据理解。数据理解（data understanding）阶段需要处理明确的业务需求，针对不同的业务分析需要不同的数据集合。在理解商业目标后，要从大量可用的数据源中识别相关数据，具体包括：检测数据的数量；初步理解数据；探测数据中有趣的数据子集，并形成对潜在信息的假设；收集原始数据；对数据进行装载、描绘；探索数据的特征并进行特征统计；检验数据的完整性和正确性；填补数据中的缺失值等。

（3）数据准备。数据准备（data preparation）指的是对原始数据的预处理，主要包括数据的抽取、清洗、转换和加载，是整个数据挖掘流程中最耗时的环节。数据准备阶段涵盖了从原始数据中构建最终数据集（将作为建模工具的分析对象）的全部工作。数据准备工作有可能实施多次，而且并没有预先规定实施顺序。该阶段的主要任务包括：根据与数据挖掘目标的相关性、数据的质量以及技术的限制，选择分析使用的数据，并进一步对数据进行清理和转换，构造衍生变量，整合数据，并根据工具的要求格式化数据。

（4）建模。在建模（modeling）阶段中各种建模方法将被选择和使用，通过建造和评估模型将其参数校准为最理想的值。模型建立是整个数据挖掘流程中最关键的一步，需要在理解数据的基础上选择并实现相关的挖掘算法，同时对算法进行反复调试，往往在多次迭代后才能建立真正有效的模型。大数据建模要从数据中发现问题，解释这些问题，通过预测提供新的决策参考。对于同一类数据挖掘的问题通常可以采用多种方法，如果要使用多种方法，那么在这一任务中对于每一种要使用的方法都要分别对待。

（5）评估（又称模型评估）。评估（evaluation）阶段，已经建立了一个或多个高质量的模型。但在部署最终的模型之前，需要对建模过程中所执行的每一个步骤进行回顾，评估所建立的模型，这有助于判断这些模型是否达到了企业的目标。一个关键的评价指标就是看，是否仍然有一些重要的企业营销问题还没有被充分地加以注意和考虑。在这一阶段结束时，各方必须就有关数据挖掘结果的使用达成一致的决定。

（6）部署（又称方案实施）。部署（deployment）将所发现的结果以及过程组织形成方案文档。建模并非项目的最终目的，建模分析得到的关于数据的信息，要以某种客户能够使用的方式来组织和呈现。根据不同的需求，部署阶段可以写一份报告，也可以是在企业中进行可重复的数据挖掘过程。在多数情况下，往往是客户而非数据分析师来执行部署阶段。对客户而言，预先了解需要执行的活动从而正确使用已经构建好的模型非常重要。

3.3.4 大数据挖掘平台

随着大数据时代的到来，营销领域面临着如何从海量数据中进行市场相关知识发现的难题，在单个处理器的串行数据挖掘算法已经不能满足要求的情况下，大数据处理与挖掘平台应运而生。下面介绍三种大数据挖掘平台。

1. Apache Hadoop

Apache Hadoop 是一个分布式文件系统和并行执行环境，可以让用户便捷地处理海量数据。它是一种支持数据密集型分布式应用的开源软件框架，可以运行于由相对便宜的服务器构建的大型集群之上。Hadoop 的框架最核心的设计就是：Hadoop 分布式文件系统（Hadoop distributed file system，HDFS）和 MapReduce。HDFS 为海量的数据提供了存储，MapReduce 为海量的数据提供了计算。

Hadoop 框架透明地为应用程序提供可靠性和数据移动保障。Apache Hadoop 平台包括 Hadoop 内核、MapReduce、HDFS 以及一些相关项目，如 Apache Hive 和 Apache HBase 等。Hadoop 是一个可以更容易开发和运行的处理大规模数据的软件平台。Hadoop 是基于 Java 语言开发的，具有很好的跨平台性，并可以部署在廉价的计算机集群中。

HDFS 是一个高容错性的系统，适合部署在大规模廉价集群服务器上。是面向普通硬件环境的分布式文件系统，具有较高的读写速度、很好的容错性和可伸缩性，支持大规模数据的分布式存储，其冗余数据存储方式很好地保证了数据的安全性。HDFS 是 Hadoop 的基本组成部分，是一种数据分布式保存机制，存 Hadoop 集群中所有存储节点上的文件。HDFS 为 HBase(实时分布式数据库)提供了高可靠性的底层存储支持，并为 Hadoop 平台上其他的工具提供基础。HDFS 与其他分布式文件系统并无明显区别，都具有创建文件、删除文件、移动文件和重命名文件等功能。HDFS 能提供高吞吐量的数据访问，适合大数据的应用开发。HDFS 的设计特点如下。

（1）大数据文件。大数据文件主要用于存储数量级在 TB 级别及以上的文件，低于 TB 级别的文件一般不存储于大数据文件中。

（2）文件分块存储。HDFS 的另一个突破就是实现了大文件的平均分块存储。将大文件分别存储到多台不同的主机上，可以同时读取多个不同区块的文件，从而大幅度提升文件的读取效率。

（3）流式数据访问。流式数据访问可以让文件一次写入、多次读写。它不支持动态改变文件的内容（只能在文件末添加内容），这与传统文件访问方式存在较大的不同。

（4）廉价的硬件。HDFS 的最大特点就是可以在普通的个人计算机上使用。这种机制使得普通公司也可以采用一定数量的廉价计算机建立一个自己的大数据集群。

（5）良好的保障机制。HDFS 在计算机出现问题时能够提供良好的保障机制。HDFS 能够自动将每台主机的文件及其副本分配到其他主机上，如果某台主机的访问机制出现问题，HDFS 可以迅速从另外的主机上读取副本文件。

MapReduce 为 HDFS 的上一层引擎，允许用户在不了解分布式系统底层细节的情况下开发并行应用程序，采用 MapReduce 来整合分布式文件系统上的数据，可保证分析和处理数据的高效性。借助 Hadoop，程序员可以轻松地编写分布式并行程序，将其运行于廉价计算机集群上，完成海量数据的存储与计算。通俗地说，MapReduce 是一套从海量数据源提取分析元素，最后返回汇总结果集的编程模型，它首先将文件分布式地存储到集群服务器的硬盘上，然后从海量数据中提取分析所需要的内容。MapReduce 的基本工作原理是将大的数据分析分成分块分析，然后再对提取出来的数据进行汇总分析，最终获得想要的内容。分块分析与数据汇总分析的技术细节非常复杂，但 Hadoop 提供了底层技术实现，使用者只需要编写简单的程序调用相关的 API 即可进行所需要的数据操作。

Hadoop 较早地为大数据的分布式处理与挖掘提供了一套解决方案，在业界得到了广泛的应用。但由于 Hadoop 中的数据过度依赖文件系统，因此在速度方面广受使用者的诟病。另外，Hadoop 比较关注底层技术实现，对初级数据挖掘者的挑战比较大，一般在进行大数据挖掘时仍需要配合使用其他扩展工具。

2. Apache Spark

Apache Spark 是一个开源集群运算框架，核心就是解决 Hadoop 在多次迭代算法中出现的启动消耗资源和输入/输出（IO）开销的问题。Spark 采用将部分数据集缓存在内存中以减小 IO 频繁操作的影响，同时采用有向无环图（directed acyclic graph，DAG）来进行任务调度，以减少每次迭代过程中启动 MapReduce 作业资源消耗过大的问题。

与 Hadoop 中的 MapReduce 会在运行完后将中间数据存储到集群服务器的硬盘上不同，Apache Spark 使用分布式内存计算技术，能在数据未写入硬盘前在分布式内存中完成对其的分析与运算。Apache Spark 的运算速度是 Hadoop MapReduce 运算速度的 100 倍，即使是运行存储在集群服务器的硬盘上的数据与程序，Apache Spark 的运算速度也能达到 MapReduce 运算速度的 10 倍以上。Apache Spark 允许用户将数据载至集群服务器的分布式内存中，并允许多次对其进行供速查询，因此它适合用于迭代式机器学习算法。

一般来说，使用 Apache Spark 需要搭配集群管理系统和分布式存储系统。Apache Spark 支持独立模式（本地 Apache Spark 集群）、Hadoop YARN 或 Apache Mesos 的集群管理模式。在分布式存储方面，Apache Spark 可以和 Hadoop HDFS、Cassandra、OpenStack Swift 和 Amazon S3 等接口配合使用。Apache Spark 也支持伪分布式（pseudo-distributed），即在本地模拟分布式模式，不过这通常只是用于在开发或测试时以本机文件系统替换分布式存储系统，否则就无法在单机上发挥分布式集群平台的优势。由于对大数据挖掘应用的迫切需求，以及众多参与开发机构的努力，Apache Spark 目前已经成为 Apache 软件基金会众多开源项目中最为活跃的项目之一。

Apache Spark 中专门用于大数据挖掘的库为 MLlib，它是 Apache Spark 对最常用机器学习算法的实现库，同时也包括相关的测试程序和数据生成器。MLlib 支持 4 种常见的机器学习算法：二分类、线性回归、聚类以及协同过滤，同时其底层包括一个数学优化算法——梯度下降算法。

（1）二分类。二分类可以归为机器学习中的监督学习问题。在这类挖掘任务中，数据可以分为两个独立的类别。例如，判断一个网站是否为恶意网站。此问题涉及在有类标号的数据样本集，如一组由数值特征和相关的类标号代表的数据样本集上训练一个分类算法。分类算法会返回一个训练好的分类模型，该模型能够用于预测新的数据集的类标号。MLlib 支持两个适用于二分类问题的经典算法：支持向量机（support vector machine，SVM）和 Logistic 回归，同时也支持适用于这两个模型的改进版本：L1 正则化（lasso 回归）和 L2 正则化（ridge 回归）。这两个算法的具体名称为 SVM With SGD、Logistic Regression With SGD。

（2）线性回归。线性回归是另一个经典的机器学习问题。线性回归与二分类问题的最大区别在于，线性回归中的目标属性是数值连续的，而不是像二分类问题那样是二元离散的。希望此类回归算法在给出这些数据的数值特征（属性的集合）后，所预测出的目标属性值尽可能接近实际值。MLlib 支持线性回归及与之相关的 L1 和 L2 正则化的改进版本。目前常用的线性回归算法为 Linear Regression With SGD、Ridge Regression With SGD、Lasso With SGD。

（3）聚类。聚类是通过数据挖掘将具有一定相似度的数据聚集在一起，以发现数据的某些规律。在数据挖掘过程中，聚类分析通常用于探索性分析过程。目前比较流行的聚类算法如 MLlib、K 均值算法（k-means）等。K 均值算法根据事先定义的簇的个数对数据进行聚类。MLlib 的实现中包含一个 K-means++方法的并行化版本：K-means II。

（4）协同过滤。协同过滤一般用于推荐系统。这类技术旨在补充"顾客-产品矩阵"中所缺失的数据。MLlib 支持基于模型的协同过滤，顾客和产品可以通过一组隐语义因子来表达，这些因子用于预测缺失的元素。MLlib 应用交替最小二乘法（alternating least squares，ALS）来学习隐性语义因子，用于协同过滤的算法名又称为 ALS。

（5）梯度下降算法。梯度下降算法及其增量学习版本-随机梯度下降算法是适用于大型分布式计算的参数作为优化变量的一阶优化算法。梯度下降算法通过向目标函数上当前变量（一般将模型负梯度方向移动的方式）迭代地找到目标函数的最优解。MLlib 以梯度下降作为一个底层的基础优化库，在其基础上开发了各种机器学习算法。目前常用的梯度下降算法名为 gradient descent。

3. Mahout

Mahout 是由 Apache Lucene（开源搜索）社区中对机器学习感兴趣的开发人员开发的，旨在帮助开发人员建立一个可靠、翔实、可伸缩的项目，以及扩展机器学习领域的经典算法，帮助开发人员更快更有效地创建智能应用程序。Mahout 包含许多实现，包括聚类、分类、推荐过滤、频繁子项挖掘等。Mahout 提供了大量用于集群和协同过滤的机器学习算法，以实现大数据挖掘功能。具体来说，Mahout 的核心功能主要包括以下几个部分。

（1）协同过滤。Mahout 的协同过滤框架 Taste 最初为 Sean Owen 在 sourceforge.net（开源软件开发者进行开发管理的集中式场所）上发起的一个针对协同过滤的开源项目，于 2008 年被赠予 Mahout。

（2）聚类算法。聚类算法包括 K 均值算法、模糊 K 均值算法、canopy、Dirichlet 和 mean-shift 等。

（3）分类算法。分类算法包括分布式朴素贝叶斯（distributed naive Bayes）和互补的朴素贝叶斯（complementary naïve Bayes）分类算法。

（4）针对进化编程的分布式适用性功能。

（5）Matrix 和矢量库。

此外，通过与 Apache Hadoop 库配合使用，Mahout 可以被有效地扩展到云平台中。

3.4 大数据营销技术手段

3.4.1 数据收集技术

传统数据营销中使用的客户数据大多是第一方数据，如客户在采购时留下的联系方式、营销活动收集的客户名片等，数据采集手段也是非实时的。随着营销技术的发展，出现了能实时采集客户在线行为的数字数据的手段。

1. API

API 是一些预先定义的函数，一些数据拥有方通过这种函数，为数据使用者提供标准化的数据，数据使用者往往无法知道数据的实际来源和定义标准，大部分情况下直接按照数据调用次数或包月的方式进行付费。例如，新浪提供了微博数据的 API 接口，数据使用者（企业的开发人员）可以通过调用微博 API 接口获取本企业的微博数据，包括粉丝数据、舆情数据、内容数据等。这些数据有的来自客户的注册数据，如粉丝的用户名；有的来自微博的算法，如根据粉丝的发言行为和朋友圈关系等计算的收入水平标签。API 接口上能抽取的数据类型取决于数据拥有方提供的种类。

2. 深度包检测技术

深度包检测技术（deep packet inspection，DPI）是一种数据协议识别技术，对为数据传输提供软硬件管道服务的厂商（如互联网服务提供商）来说，可以截留和识别传输的数据内容。比如，以前自来水管道公司只负责将水厂生产的自来水传输到千家万户，今天的 DPI 技术相当于在水管里加了探头，可以检测水管里传输的水质。理论上 DPI 技术可以截收所有的客户互联网行为数据，但不是所有流经管道的数据都是可以被分析的，具体取决于数据传输中的加密水平。

DPI 大数据是针对三大运营商的大数据库，对用户的网络行业做一些建模，用于分析判断用户的网络行为，从而对一些网络行为满足企业需求的客户进行精准营销。由于 DPI 数据来自运营商的大数据库，因此其具有保密性好、用户行为比较完整的优势，可以获取精准的用户。在营销领域，如果结合 DPI 大数据，就可以针对性的开发客户，从而可以快速地为企业抢占市场。

3. 网络爬虫技术

在大数据时代,网络爬虫(web spider)主要是为搜索引擎提供最全面和最新的数据。网络爬虫是经常使用的网站数据采集工具,其主要目的是将互联网上的网页下载到本地,获得一个互联网内容的镜像备份,如图 3-1 所示。更具体地说,网络爬虫通过网页的链接地址来寻找网页。从网站某一个页面(通常是首页)开始,读取网页的内容,找到在网页中的其他链接地址,然后通过这些链接地址寻找下一个网页,这样不断循环,不断读取网上的信息,直到把这个网站所有的网页都抓取完为止。

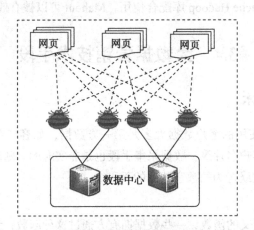

图 3-1 网络爬虫原理示意图

我们在电脑上看到的网页是通过 HTML 语言编写的,如果用户在网页上单击鼠标右键,选择"查看源代码",就能看到当前网页背后的代码。通过一些配置就可以直接下载这些代码中的文本文件,实现过程相当于用户手动把网页上有用的信息复制到本地数据库中。很多网站(如招聘网站、机票预订网站、电商产品展示页面等)的页面结构都是固定的(如第一列存储产品名称,第二列存储产品价格等,第三列存储产品销售量等,并且有"下一页"的信息分页功能),通过爬虫工具可以抽取页面表格内的内容,存储到背后数据库对应的字段里,并且自动单击"下一页"翻取下一批内容。从严格意义上来说,爬虫更像一种数据下载逻辑,很多软件都具备爬虫的功能(如 Python、R 及专业的爬虫软件"火车头""八爪鱼"等)。通过一台电脑在一天内下载电商网站上的数百万条数据对初学者来说并非难事,爬虫能下载的数据类型取决于目标网站上展示的信息种类。

虽然爬虫是一种成本很低的数据获取办法,但会给数据拥有者带来很大的硬件压力,需要数据拥有者在 IT 硬件层面做更多投资,因此也发展了一些诸如限 IP、限流量等反爬虫技术。爬虫的使用需要把握好"度"的问题,在获取数据的同时不给数据拥有者造成麻烦,这也是数据营销人员需要遵守的底线。

4. Cookie 分析

Cookie 并不是它的原意"甜饼"的意思,而是一个保存在客户机中的简单的文本文件,这个文件与特定的 Web 文档关联在一起,保存了该客户机访问这个 Web 文档时的信息,当客户机再次访问这个 Web 文档时这些信息可供该文档使用。由于"Cookie"具有可以保存在客户机上的神奇特性，因此它可以帮助我们实现记录用户个人信息的功能，而这一切都不必使用复杂的公共网关接口（common gateway interface）等程序。

在大数据营销领域，Cookie 分析是当前营销技术收集客户数据的主流手段。当客户在电脑上输入一次电商网站的用户名和密码，并且把商品放入"购物车"后，再次打开电脑就会发现不再需要输入用户名和密码就已经登录了电商网站，"购物车"里的商品也都还在，这些都是通过客户电脑上的 Cookie 实现的。Cookie 是基于浏览器记录信息的，这意味着如果客户电脑上有三个浏览器，每个浏览器都会有单独的 Cookie，每个 Cookie 只记录客户使用对应浏览器时的行为。Cookie 记录的客户行为数据包括以下几项。

（1）Cookie ID：针对每个 Cookie 的唯一识别码。

（2）用户名：客户登录网站，输入并选择"记住"的用户名。

（3）Cookie 建立和到期时间：一般 Cookie 记录的有效期为 14 天。

（4）浏览页面 URL：包含客户访问页面的域名、路径、用户名等信息。

（5）服务器。

（6）购物车信息：客户在电商类网站上将其放入购物车，没有马上购买的商品。

（7）浏览路径。

（8）系统、浏览器、软件信息。

（9）营销代码。

基于以上数据，企业可以通过客户浏览过的网页来画出非常详细的客户画像。例如，每天花一小时浏览育儿类网站，并且在购物车里放了许多婴幼儿用品的客户，有很大概率是一个孕妇或准爸爸。Cookie 是一个非常有效的客户数据收集技术，但其劣势是系统自动设置的有效期有限（但是可以通过技术延长），而且同一台电脑的同一个浏览器的使用者也许并不是同一个人。此外，客户可以通过浏览器设置来屏蔽 Cookie 功能。

5. 智能探针技术

智能探针是一种提供热点的设备（真实能上网的路由器可以安装，并且无上网功能的虚假热点也可以用作探针），智能探针技术主要基于无线网络通信技术（WiFi）探测技术来识别无线访问接入点（access point，AP）附近已开启 Wi-Fi 的智能手机或者 Wi-Fi 终端（笔记本，平板电脑等），无须用户接入 Wi-Fi，Wi-Fi 探针就能够识别用户的信息。

智能探针有以下几个特点。

（1）用户无须参与，只要 Wi-Fi 打开，就可被探测到，无须连接到网络。

（2）跟系统无关，安卓（Android），IOS 全兼容。

（3）探测的是设备的 MAC 地址。

（4）设备概念广，包括手机、平板。

智能探针有许多营销应用场景。例如，在妇幼保健院门口放置一个智能探针，就能收集大批孕妇及准爸爸的手机 MAC 地址；在关键商圈路口设置智能探针，就能知道每天各个时间点的人流数量等。

虽然智能探针收集的客户数据只有安置地点（手工输入）、时间点和 MAC 地址 3 个字段,无法直接进行营销推送,但是通过与第三方数据连通可以找到 MAC 对应的手机号码,以及散布在各种渠道基于手机号码的客户画像和营销接触方式。

智能探针虽然成本很低,是很好的客户基于位置服务(location base service,LBS)的信息收集路径,但是由于收集的信息过于敏感,有合规风险,当前主要应用于极少数营销应用场景。

6. 网站分析

人们为了更好地统计服务器而开发出基于日志的网站分析工具,AWStats、Analog、Webalizer 都是网站分析初期免费工具的典型代表,它们已经可以实现的基本维度包括时间、地域、浏览器、反向链接、搜索词等,指标也已经涵盖了 IP 数、Session 数、浏览量、请求量等。

网站分析就是从使用网站分析工具获取网站内外各种数据开始的。表 3-1 列举了目前主流的网站分析工具。

表 3-1 主流的网站分析工具

工具名称	供应商	价格	说明
Comfy Analytics	Comfort marketing	收费	根据不同的需求(如是想要把握现状还是要解决问题等)整理菜单。和以功能为单位生成报告的其他工具有根本上的区别。任何报告都可以过滤
Core Metrics	trans cosmos(代理商)	收费	高端分析工具。能够以用户为单位保存信息,因此能够以来访者而不是访问者为单位进行分析
Google Analytics	Google	免费	占有最大市场份额的免费网站分析工具。具有强大的高级细分功能,能够根据指定条件对数据分组并以此分析网站
RTmetrics	AuriQ Systems	收费/免费	支持"包嗅探""信标""服务器日志"三种测量方式。多用于移动端,渠道分析功能也很强大。myRTmobile 是为数不多的用于移动端的免费网站分析工具
Sibulla	Kan	收费	基于数据的建议功能有助于发现网站的问题。具有用户搜索、以用户为单位的渠道分析等特色功能
Adobe Catalyst	Adobe Systems	收费	获取的数据种类和功能非常丰富。分析条件很多,是面向大规模网站的工具。市场份额在收费工具中排第 1 位
Visionalist	NTTCom Online Marketing Solutions	收费	具有便利的交叉表、自定义搜索等过滤器,以及强大的支持和资讯。日本国内开发的工具,多在日本使用
X-log	JUSNET	收费	韩国开发的网站分析工具。具有防止竞价排名广告点击欺诈、同网站访问者聊天、企业分析等多种独立功能

在大数据营销领域,在使用网站分析工具时,第一步要确定分析的目的,才能为营销数据的采集、处理、分析提供清晰的指引方向。第二步就是营销数据的采集工作,这要求我们了解数据采集的方法和技术,如页面标签技术和服务器日志文件技术。第三步是对采集到的营销数据进行处理,以便展开数据分析。第四步就是对处理过的数据使用网站分析工具进行分析。

网站分析工具的出现和演化改变了传统营销的广告投放方式。重定向广告是智能广告的一种,其原理是对访问网站的用户进行特殊标记,当用户在其他网站访问时有针对性地投放广告。例如,用户在网站 A 将商品加入购物车但未完成购买,通过标记将该用户进行定位;当用户访问其他网站 B、C 时,针对该用户投放其放入购物车中的商品以便促成购买。

7. 摄像头与测眼仪

摄像头的图像经过转换的数据包括客户的人脸、行动轨迹、停留时间等,企业利用这些数据可以实现识别客户个体和客户行为轨迹热力图。某些零售商将原来用于安全监控的摄像头加载低成本的软件后,对店内客户进行分析,了解同一客户从进店到出店的所有行为轨迹,分析不同画像的客户对不同商品的需求和当前热点。最后通过优化店面商品布局,让客户有更好的购物体验,推荐最适合的商品给客户。

随着新应用的探索和摄像头技术的改进,会产生更多的客户数据类型,大量可以进行营销互动的设备,如自动售货机、智能终端、手机等,都可以集成摄像头。可以预见,在不远的未来会产生很多基于摄像头采集数据的、实时的、互动的营销方式。

测眼仪就是摄像头技术发展的产物。测眼仪是一种专门测试用户视线焦点的仪器,其原理与测试近视的仪器相似、能测试出视线的焦点停留在网站的哪个部分。一个网站最吸引人的地方通常就是用户的眼睛看到的最多的地方,那么作为的网站管理者,想要清楚地了解用户最喜欢看到的信息类型,就需要获取用户在浏览网页时目光停留时间最久的信息有哪些,测眼仪可以帮助收集这些信息。对于网站管理者来说,可以根据用户眼动热力图数据,在用户最愿意观察、阅读的位置投放信息,从而使网站信息最大程度被用户接收。

3.4.2 客户识别技术

随着客户数据量的增长,企业精准营销的实施过程中需要更为精确的客户识别技术。

1. 基于社会化客户关系管理的客户分级

传统的客户关系管理系统是一种通过信息系统和技术手段实现的服务模式和商业策略,目的是提高客户与企业交互时的体验。但是,随着社交媒体的产生、发展,越来越多的消费者聚集在社交媒体中,客户管理模式发生了翻天覆地的变化;加之大数据时代的来临,企业需要一个适应这种趋势的分析、管理系统,从形色各异的社交用户中寻找企业的目标群体。

社会化客户关系管理,所构建的是基于社交媒体的网络关系,它能够主动影响顾客,把握用户的需求。每一个消费者的社交网络数据都会沉淀在社会化客户关系管理的数据库系统中,企业只需按照需求提取、整理便能够分析消费者的个性化需求。基于这样的模式,无论是企业与消费者之间,还是企业合作的关键意见领袖和消费者之间都能够实现相互连通的效应。在粉丝经济和共享经济的作用下,客户管理已经从以前企业向消费者的单向传达,演进到了双向实时连通。

社会化客户关系管理能够整合触点上的客户数据,积累用户画像。基于大数据技术的广泛和深入运用,根据特定的算法将不同渠道上的客户数据源关联在一起,从而进行数据挖掘分析。这样做的最大好处是可以帮助企业对不同渠道上的同一客户进行身份识别。

社会化客户关系管理能够深度挖掘客户数据,进行个性化服务。对于企业来说,如果能够针对特定客户在网络上的社交关系进行准确挖掘,那么将会有极高的营销价值。通过为客户贴标签和细分,可以进一步对高价值客户深度挖掘。比如,可以针对"兴趣"挖掘其社交软件中的圈子成员,根据其特点进行更准确的客户个性化建模,实现个性化服务。

社会化客户关系管理能够实现客户分级管理,引导用户逐层转化。从理论层面来看,企业应该对客户进行阶梯化管理,以便配置最合适的资源。大多数企业都是以忠诚度为标准将客户划分为潜在客户、一般客户、忠诚客户和重点客户等不同层级,然后再进行逐层转化。社会化客户关系管理基于前期的客户画像、客户识别和数据关联,根据预设程序对客户进行分级,帮助企业策划相关活动并实施奖励机制,筛选出高价值的客户,将潜在客户向忠诚客户转化。通过互动和沟通,不断丰富客户的数据标签,同时系统也会更新客户忠诚度生命周期,达到不断积累重点客户的目的。

2. 消费者识别码管理技术

通常客户的识别是通过姓名、电话号码、身份证号这些静态识别码实现的。而通过营销技术收集的客户行为大数据,存在大量不同体系的识别码,这些客户识别码往往是基于设备的(如手机的 MAC)、非唯一的(如一个人拥有多部手机)、有效期有限的(如 IP 地址的有效期取决于访问的路由器在线状态)。从收集渠道来看,使用最多的是 Cookie ID,而手机号码和 E-mail 是能联结数字数据和传统客户关系管理系统数据的识别码体系。

3.4.3　客户分析技术

客户分析技术是在完成用户数据收集后进行精准营销的关键步骤。

1. 二次营销

二次营销起源于触发式营销,这种营销方式通常提前预判一些目标客户的行为。例如,客户进入妇幼保健院就是进入生育阶段的特征,有购买奶粉的需求。企业首先需要确认所有妇幼保健院的经纬度,一旦发现有客户定位出现在这些位置,需要立即完成识别工作,通过能掌握的识别码,对应到使用此识别码体系的实时营销接触点。常规用来判断客户需求的触发包括浏览行为、下载 APP 行为、地理位置、电商购买行为、沟通行为,以及结合以上几种的综合行为。

二次营销有效解决哪种产品适合哪个用户的问题,不断通过自动判断修正;同时二次营销模式提供的随时随地营销能力,突破了渠道限制和场景限制,其嗅觉商机的能力让其能捕获每次营销机会,取代传统营销模式将成为一种不可逆转的趋势。这种服务模式解决了产品与目标客户群关联的难题,有效降低了营销成本。例如,定期触发的二次营销:根据买家所买商品的重复购买周期,给予买家同类商品的推荐,促使其再次购买。常见的生活快消品、书籍杂志等都可以在下一个购买周期到来之时给客户主动推荐。

2. 用户画像

近年来,随着互联网行业的蓬勃发展,为解决产品运营中的用户定位不精准、用户运营中的个性化服务不足问题,将用户画像引入用户行为分析。

用户画像是根据用户社会属性、生活习惯和消费行为等信息或数据而抽象出的一个标签化的用户模型。构建用户画像的核心工作即为用户贴"标签",也就是利用数据来描述人的行为和特征。用这种对用户信息分析而来的高度精练的特征标识即标签，从不同的维度来描述用户，是对现实世界中用户的数学建模，是精准营销策略的基石。

有关用户画像的构建，本书将在第 5 章的相关内容加以介绍。

用户画像应用在企业个性化推广、精准广告推送、产品辅助设计、企业部门精细化运营等方面都产生了巨大的影响，为企业洞察消费者心理提供了强大动力。例如，经过大数据分析，某类型女性消费者的基本特征为：崇尚时髦、爱好旅行、购物的消费水平适中、社交媒体的图片更新中渴望高品质的生活细节。了解使用者对意向商品的购买兴趣，企业能够据此制定商品的使用场景和市场营销推广计划。通过匹配与商品设定标签相符的市场消费者群体肖像，企业能够描绘出使用者的总体形象特征，从而找到拥有共性特征的消费人群，以便于更好地开展针对性市场营销工作。企业根据匹配的标签开展品牌定位、产品包装、线上传播、广告推送等系列营销策划，并在市场营销活动中提供消费者配套服务，再根据消费者的反馈信息及时调整相关产品销售策略。

3. 语义分析技术

随着移动互联网的普及，越来越多的平台能让客户表达自己的意见，社交媒体、电商的评论体系中每天出现海量的客户言论数据，大部分都是客户真实的想法，往往还包含商品需求、采购时间节点等信息。语义分析就是通过爬虫工具或利用这些平台提供的 API 接口收集客户的言论行为数据后，利用大数据分析工具、统计学、语言工具（词库）进行分析，发掘客户的需求，并且找到针对性的营销内容。

如图 3-2 所示，营销语义分析的过程是，首先在收集了客户言论行为的原始数据后，通过"工具+算法+词库"，对原始数据进行分词。大数据分析工具指的是 R、社会科学统计软件包（statistical package for the social sciences，SPSS）、Python 等统计学工具软件，具有语义分析功能。算法指的是切词法，把一句话切分成不同的词汇进行理解，同一句话按照不同的切词方法会出现完全不同的意思。目前常用的语义分析工具和平台有 Python 基础自然语言处理（natural language processing，NLP）库、汉语分词系统、腾讯文智、达观数据、百度舆情、结巴分词等。

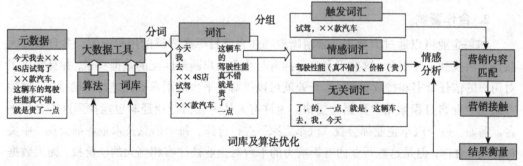

图 3-2 营销语义分析逻辑

3.4.4 营销接触技术

基于大数据的营销接触和传统数据营销接触的模式是完全不一样的，传统数据营销的接触模式不外乎短信、电子邮件、外呼等这么几种，而基于大数据的营销接触方式丰富多样。大数据和营销技术带来了大量基于客户识别码的营销方式，无论企业的客户数据来自何方，只需要带有这些营销方式可识别的客户识别码，就可以进行精准营销。

1. 跨屏营销

跨屏营销是指通过整合多种渠道终端，向广告主的目标受众投放定向且精准的个性化广告信息，通过与消费者的信息互动，达到品牌市场营销目的的行为。

跨屏营销关键在于数据的打通。要实现跨屏最先要解决的是跨屏识别，认清每一次浏览行为背后是谁，跨屏数据才算真正激活。目前，行业中主流的跨屏识别方式主要有以下几种。

（1）用户账号绑定。这种方式常见于百度、腾讯、阿里等互联网头部企业或拥有海量数据的平台。使用相同的用户账号登录平台实现跨屏单个用户的识别，账号背后即独立用户。该方法的好处是用户注册门槛低，而且可借助第三方的传播渠道作为分享入口。

（2）用户 ID 匹配。第三方数据源将各自数据信息加密后，通过匹配的方式，得出跨屏用户数据，并标注匿名的用户 ID，在投放时使用用户 ID 进行用户识别，以判断用户的跨屏行为。这样的方法可以保证相当程度的精确度，难点在于头部互联网企业对于数据合作伙伴的要求极高，想要和他们匹配数据并非容易的事情。

（3）依靠物理数据。如 Wi-Fi、IP 地址可实现跨屏识别，通过 Wi-Fi 地址或 IP 地址以判断同一 IP 地址下的多个设备是否为同一用户。此类方法的缺陷是适用场景偏少，要求过高，匹配出的数据量较少。

（4）访问行为类比法。通过比较一段时间内用户的浏览行为，如点击习惯、浏览习惯、浏览时间等，推测多个访问行为是否为同一用户，标注后形成跨屏 ID。这一方法可用的数据很多，但精确性较低，推测出的结果较难获得很高的匹配成功率。

目前，跨屏营销已经大范围地出现在我们的日常生活中。例如用户在手机上通过搜索引擎或购物软件搜索某电脑的价格，回到家后打开电视机看到网络电视的开机广告正是这款电脑的促销广告。又例如，用户经常在手机或平板上观看乒乓球比赛，之后当他在商店通过移动支付付款后，收到了某款乒乓球拍的优惠券。

2. 合作营销

如果企业可以通过大数据非常清晰地描述自己目标客户群的用户画像，并且通过大数据工具找到一些平台，这些平台自身拥有与企业用户画像匹配的数据积累，并且完成了对用户的信任背书和持续吸引力，企业就可以借对方平台的用户资源进行营销推广，这种方式比企业自身积累用户数据会更快。也许有人认为凭借行业经验也能找到这些合作平台。例如，每个汽车企业都会找"汽车之家"进行合作，每个信息技术企业都会找"中关村在线"合作，但是这些行业内有影响力的平台对企业往往有相当大的议价权，而大数据找到的是那些价格和影响力相对平衡的中小型平台，特别是跨行业平台。例如，汽车企业通过大数据分析发现自己的目标客户与某个旅游细分市场的目标客户画像一致，在这个旅游细分市场有些论坛有相当数量的客户积累，这时汽车企业就可以和这些旅游论坛进行合作。

图灵科技公司：基于人工智能的营销解决方案

英国图灵科技公司（TurinTech AI）成立于 2018 年，为了打破手工机器学习开发和手工代码优化这些因技术烦琐、耗费时间、资源密集所带来的壁垒，该公司建立了一个人工智能（artificial intelligence，AI）优化平台 EvoML，以自动化创建、部署和优化人工智能技术开发的整个过程。下面以基于 AI 的个性化优惠券推荐为例，说明采用 EvoML 的大数据分析过程。

优惠券系统在营销产品和服务，以及鼓励客户更频繁地使用它们方面变得越来越流行。这是因为优惠券为公司和客户提供各种好处，从而产生双赢的局面。公司可以通过提供适当的优惠券将用户转化为经常客户，并增强其品牌对客户的影响力，从而为双方建立积极的关系。此外，优惠券可以帮助公司增加销售额，这对于公司的增长和成功至关重要。

然而，确定为每个客户提供哪种优惠券可能是一项复杂的任务，因为每个客户档案的反应都不同。频繁提供不好的优惠券或交易可能会让客户远离业务，从而对公司的声誉产生负面影响。提供与客户相关且有吸引力的优惠券非常重要，这可以通过使用机器学习技术来构建更好的优惠券推荐系统来实现。通过考虑客户人口统计信息、购买历史和浏览行为等各种因素，系统可以建议更可能与客户相关和有吸引力的优惠券。

此外，通过分析提供的优惠券的有效性，公司可以改进其优惠券策略以获得更好的结果。例如，他们可以确定哪些优惠券对特定的客户细分更有效，并相应地调整其优惠券提供。此外，通过使用由优惠券使用生成的数据，公司可以获得有关客户行为和偏好的见解，这可以用于改进其产品和服务提供。

本案例探讨了在特定场所的优惠券中使用 AI 预测客户的响应。它试图了解影响客户决定购买优惠券的情境和人口属性，以及数字营销人员如何提高营销活动的效果，增加客户参与度和推动销售。为了收集训练数据，对亚马逊的 Amazon Mechanical Turk 平台进行了调查。调查向参与者提供包括目的地、当前时间、天气和乘客等细节的各种驾驶情况。然后，要求参与者指出，如果他们是该情况下的司机，他们是否会接受针对特定场所的优惠券。

基于收集的数据，确定影响客户决策是否接受优惠券的关键因素。这些因素包括时间、目的地、天气和乘客等。进一步开发 AI 驱动的预测模型，可以准确预测客户接受优惠券的可能性。有了这些信息，数字营销人员可以根据这些因素更好地针对客户定制其营销活动，从而提高营销活动的效果。

该数据集包含关于客户及其购买优惠券行为的信息。数据集包括 25 列信息，如目的地、乘客、天气、温度、时间、优惠券、到期日、性别、年龄、婚姻状况、教育、职业、收入、汽车拥有情况和各种类型的餐厅。目标变量是最后一列，表示客户是否购买优惠券。数据集有超过 12 000 个条目，某些分类变量具有缺失值和不平衡的类。数据集还包括方差较低和常量值的列，可能对分析没有太大的贡献。最终需要解决的问题是根据给定的变量进行预测。

思考题

1. 什么是大数据营销？大数据营销有哪些特点？
2. 试说明大数据营销的主要来源。
3. 举例说明大数据营销的过程及主要技术手段。
4. 数据挖掘的任务有哪些？

案例 3-2：安泰保险大数据挖掘构建个性化治疗方案

第 3 章扩展阅读

自学自测

即测即练

扫描此码

第 4 章

大数据分析用户行为

【本章学习目标】

通过学习本章,学生应该能够掌握以下内容。
1. 掌握常见用户信息行为的类型。
2. 了解用户信息行为的分析方法。
3. 掌握几种主要电商大数据用户行为的内涵。

4.1 常见的用户信息行为

4.1.1 用户信息行为的内涵

用户信息行为是指用户为满足自身的信息需求而表现出来的需求表达、信息获取、信息利用等行为。

随着互联网和电子商务的发展,人们的数字消费行为在日常消费中的比重日益增加。其中,既有对物质产品的消费,也有满足精神需求的信息资源获取,其消费对象包括数据流、多媒体信息、网购、社交媒体等,统称为"数字消费"。

网购是在数字消费者众多信息行为之中,最具代表性的。国家统计局发布的《中华人民共和国 2022 年国民经济和社会发展统计公报》显示,2022 年,全国网上零售额 137 853 亿元,比上年增长 4.0%。其中,实物商品网上零售额 119 642 亿元,增长 6.2%,占社会消费品零售总额的比重为 27.2%;在实物商品网上零售额中,吃类、穿类、用类商品分别增长 16.1%、3.5%、5.7%。淘宝、拼多多、京东、美团、抖音等电商平台已经成为人们生活中不可或缺的购物渠道。

在数字消费时代,消费者通过浏览企业的个性化推荐信息来获取心仪的产品,而其购后分享的使用心得和体验等评论会给其他消费者的购买决策提供重要参考。消费者正从被动接受者转变为主动搜索浏览获取信息、积极分享的个体。如何让消费者从海量信息中搜索到商品信息,再通过其他用户评论形成的口碑促成消费,是企业大数据营销的关键。

电商领域产生的用户行为数据极其庞大,据不完全统计,一个用户在选择一个产品之前,平均要浏览 5 个网站、36 个页面,在社会化媒体和搜索引擎上的交互行为也多达数十次。如果把所有可以采集的数据进行整合并衍生,一个用户的购买事件可能会受数千个行为维度的影响。一般来说，一个一天访客量近百万的中型电商平台上，可以收集到1TB的活跃数据，大型电商平台则远远高于这个水平。海量的数据中蕴含了巨大的商业价值。

合理分析利用用户信息行为数据可以帮助企业理解用户需求，指导企业经营发展。首先，将用户的信息行为数据和属性数据相融合，构建用户画像，推演用户偏好，进而理解用户的需求；然后，借助用户旅程地图设计业务，发现业务瓶颈；最后，通过判断用户和企业关系的远近，改进用户旅程地图，重建与用户的关系。此外，用户信息行为数据还可以用来预测用户行为，通过分析用户的既有行为，预测用户的选择，或者通过各种活动引导用户消费选择，实现精准营销。

4.1.2 用户信息行为的类型

用户在进行网络消费时，往往会产生关注、浏览、发布信息、分享、点赞、评论、收藏等具体的信息行为。根据目的的不同，用户信息行为可以分为信息需求认知与表达行为、信息查询行为、信息选择与存储行为、信息加工行为、信息吸收与利用行为和信息交互行为等。下面分别介绍数字消费者常见的信息需求认知与表达行为、信息浏览行为、信息查询行为、信息分享行为、信息选择利用行为。

1. 信息需求认知与表达行为

用户在认知构建的过程中，将潜在信息需求转化为明确的需求目标并将其用语言符号表达出来。信息需求认知与表达行为是引发其他信息行为的基础。正确表达自己的信息需求是用户成功地实施其他信息行为从而满足自身需求的前提。与线下购买行为不同的是，线上平台为用户提供了自我完善信息表达的更大可能。许多信息需求不需要借助其他中介机构，而可以通过计算机保存的工作日志及访问记录来辨别用户的需求，这有助于消除用户对隐私泄露的担忧。但是由于用户的需求具有特异性，并不是每个需求都能够被准确地表达出来。

2. 信息浏览行为

信息浏览行为是指用户事先缺乏明确信息需求或者难以准确表达信息需求的网上信息查询行为。网页浏览时，它主要表现为超链接的路径在不同节点间自由移动的线上信息查询行为，其中包括访问相关超链接、浏览网页、阅读资讯，以及一些收藏保存行为，还有对页面导航和历史记录的使用；也可以通过添加自己感兴趣的、关注的主题账号，采用浏览的方式获取信息。用户在信息浏览的过程中偶遇重要的信息，可能来自用户感兴趣主动添加的账号，也可能来自基于社交网络的人群分享的信息。

3. 信息查询行为

信息查询行为则是与信息浏览行为截然不同的一种信息获取行为。在网络中，信息查询可以分为信息咨询和信息检索两个方面，当用户具有明确的信息需求时，可以进行在线的咨询或者是通过检索途径来进行查询。信息检索是用户通过特定的网络信息检索工具来满足一定的信息需求的行为，信息检索的步骤主要包括：检索策略制定、检索实施、检索结果评估判断等。

4. 信息分享行为

用户的信息分享行为对于网络平台来说是用户的信息反馈过程，是用户与其他用户进行信息交互行为的过程。信息分享是社会化媒体发展的基础，只有用户创建和分享信息，信息流才能正常开展和传播。在社会化媒体中，信息分享具体包括转发、评论、发布信息等行为。信息的分享使得用户不仅是信息的吸收与利用者，还是信息的加工者或传播者。借助线上的信息平台，用户不仅可以通过人–机互动来查询、浏览自己所需的信息，还可以进行人–人交流。与传统的线下信息相比，线上用户不仅可以接收商家提供的各项信息，还可以更方便地接收其他用户的信息，将不同来源的信息结合起来加以甄别、判断。

5. 信息选择利用行为

用户信息选择利用行为是指用户对各类信息及经过加工的信息材料进行筛查、判断，选择出自己所需内容，并作用于决策、生活、人际交往等方面，是用户整个信息行为过程中实现信息价值的关键步骤。在这个过程中，信息的利用效果会受到用户自身的经验、知识水平、习惯偏好以及对信息的理解和判断等因素的影响。用户通常倾向于认同和接受与自己以往经验相符的信息，而下意识地对与自己固有认知不符的信息进行抵制。一般包括吸收被同化的新信息、打破原有信息结构、形成新的知识结构、影响自己的生活行为等过程。在网络营销环境下，用户信息选择利用行为表现为，用户看到有价值的信息，会收藏信息或者下载信息；也有的用户会参与到营销活动中，转化为实际的购买行动等。

4.1.3 用户信息行为的分析方法

1. 文本分析法

用户文本特征选择和提取是理解用户行为的重要一环，特别是在机器学习和自然语言处理中占据重要地位。通过构建评估函数进行文本特征选择，对一些特征词进行计算和打分，将所有特征词打分后，再进行排序，提取出最优特征作为特征词子集。利用文本特征选择算法，可以获取文本中表现关键用户行为或者态度的词语，再通过这些词语构建某个主题下的词库或词典，从而实现对用户行为的定义和量化。例如，采用情感词典来判断用户的情绪。

2. 复杂网络分析法

用户在线社交网络中，用户通过关注、转发、引用等互动行为形成线上的社交关系，这些社交关系又组成了庞大的网络。用户网络中的节点表示用户，边表示用户关系。社交网络作为一个庞大的复杂网络，可以运用复杂网络领域的方法以实现网络分析。常见的分析方法是基于网络结构信息的节点相似性计算，包括共同邻居、节点度、权重指标等。

3. 同质性分析法

同质性指的是某一类物质、表现形式和变化规律都是相同的，或者某一类物质在不同位置上也具有相同的性质。社交网络中的同质性，指的是社交网络中的好友在信息行为上表现出很多的相似性。无论是现实中的亲密好友，还是未曾谋面的虚拟好友，他们进行社交互动需要共享信息和相互理解，他们的行为乃至性格方面都会表现出相似性。以网易云音乐为例，研究结果表明，在线社交网络中所连接的朋友都是具有相似的音乐偏好并欣赏相同的歌曲。具有共同音乐偏好的朋友听歌的行为相似，他们更为可能喜好相同音乐语种或者流派。

4. 大数据监测分析法

在大数据技术背景下，通过对用户行为监测获得的数据进行分析，可以让企业更加详细、清楚地了解用户的行为习惯，从而找出网站、App、推广渠道等存在的问题，有助于发掘高转化率页面，让营销更加精准、有效，提高业务转化率。用户分析是用户中心的设计流程中的第一步，是一种理解用户，将用户的目标、需求与商业宗旨相匹配的理想方法，可以帮助企业定义产品的目标用户群。在用户行为领域，数据的使用及挖掘是非常重要的，通过数据分析方法的科学应用，经过理论推导，能够相对完整地揭示用户行为的内在规律，基于此帮助产品实现多维交叉分析。针对用户行为分析，通常采用的方法包括：行为事件分析，页面点击分析，用户行为路径分析，漏斗模型分析，用户健康度分析，用户画像分析等。

4.2 用户搜索

4.2.1 用户搜索的内涵

用户的搜索行为，一般是在解决问题的过程中，对特定信息产生需求从而形成关键词，并将关键词通过搜索引擎进行搜索，然后对搜索结果进行浏览，如果搜索结果不能满足其信息需求，用户就会改写查询的关键词，以便更准确地描述自己的信息需求。随后，用户将新的关键词，提交给搜索引擎，用户和搜索引擎如此交互，形成了一个闭合回路，直到用户的信息需求得到满足或者被放弃。从用户产生信息需求到查询的过程有很大的不确定性，可能用户一开始找不到合适的查询词，或者查询词难以完全描述用户的信息需求，以及用户在查询过程中存在信息丢失的风险，所以查询改写是用户逐渐理清搜索需求的一个过程。

由于受到网速、信息质量、熟悉程度、用户语言能力以及能否获得方便的帮助等方面因素的影响，信息检索行为的一般过程是：局域网的资源、信息机构高质量数据库、国内网上资源、国际互联网同种语言国家和地区的资源、国际互联网上自己熟悉的其他语种的资源。

用户搜索行为数据，是大数据分析中最为重要的信息来源之一。从传播技术的角度来看，消费者的网络搜索痕迹也给搜索引擎提供了最真实的消费者行为数据，使其能够更好地匹配消费者的需求。搜索引擎可以对用户行为进行准确分析，当用户有某种需求并搜索一个关键词时，企业通过揣摩用户需要，将相关产品或品牌信息展示给用户，以此方式来吸引潜在消费者。搜索引擎在这个过程中起到了桥梁的作用，把消费者需求和企业的营销目标进行了有效的匹配，使用户的浏览转化为点击，继而转化为交易。例如，国内知名保健酒品牌劲酒希望增加与年轻消费群体的创新沟通，并希望进入更多生活消费场景。结合春节重要营销节点，劲酒联合百度推出"脑力大 PK、新年更上劲"整合营销活动。通过趣味性、内容化、全渠道等策略的整合广告传播，当用户在百度搜索"保健酒"等通用词汇时，可以自动链接到活动页面，各渠道客户端采用热点橱窗展示，增强四个主推产品的曝光率，并减少跳转路径，直接引导用户购买，活动开展初期阶段性数据显示，百度平台展现量突破 900 万次，劲牌官方商城用户访问量突破 36 万次，日均流量同比提升 3 倍。活动上线仅 10 天，各门户网站发布转载超过 30 篇新闻报道，同时通过朋友圈的互动分享，提高了活动二次传播的热度。

4.2.2 用户搜索的类型

用户搜索的背后存在着一定的搜索意图，如果搜索引擎能够根据用户的搜索关键词发现其搜索意图，并为不同的用户提供个性化的检索方式和数据库，则可以让用户更便捷地找到自己所需的搜索结果，提高他们的搜索体验。根据搜索目的，用户搜索的类型可以分为三类。

1. 导航型搜索

这种搜索请求是为了查找某个具体的网站或平台，如"京东商城""亚马逊网上购物商城"等。导航型搜索的特点是，用户明确知道自己要找什么网页，但是不清楚或者避免输入网址的烦琐，而选择利用搜索引擎进行查找。常见的中文搜索引擎包括百度搜索、搜狗搜索等。

2. 信息型搜索

这种搜索是为了获取某种专门的信息或者问题的答案，如"2024 年春节放假时间""端午节应该吃什么"。特点是用户想要获取新知识。根据所需知识的类型不同，又可以细分为以下几种类型。

（1）直接型：用户想知道某一个问题的具体答案。例如"南京中央商场的营业时间"。

（2）间接型：用户想要了解关于某些话题的信息。例如"明星""股票"。

（3）建议型：用户想要获取一些问题的指导、建议。与直接型不同的是，所搜寻的问题往往没有一个固定的答案，用户需要自行对搜索结果进行归纳总结。例如"硕士研究生导师如何选"。

（4）定位型：用户希望获得一些商品或者服务。例如"购买小米手机"。

（5）比较型：用户需要大量信息进行比较。例如"南京鼓楼区小吃排行榜"。

3. 任务型搜索

这种搜索是为了从网上获取某种资源，以完成后续的任务。例如，下载音乐或者电影满足娱乐需求、网上购物满足现实的物质需求。可以细分为以下几种类型。

（1）下载型：用户需要下载某个软件以使用其提供的服务，如"微信下载""淘宝下载"。

（2）娱乐型：用户为了满足娱乐需求，而搜索获取一些资源信息，如歌曲《传奇》。

（3）交互型：用户希望通过与某个软件或者平台交流，得到查询结果，如通过学校的教务系统查询考试成绩。

（4）利益型：用户需要通过搜索获得可以在现实中利用的资源，如外卖商家发放的优惠券、支付宝发的红包等。

4.2.3 用户搜索的作用与机制

用户可以通过微博的搜索、私信方式进行信息查询，而微信用户则可以通过相关平台关键词输入、与账号进行即时通信方式来查询需要的信息。微博创建了微搜索平台，用户通过微博的搜索功能直接查找微博、图片、账号等信息内容。微博的微搜索还设置了"高级检索"功能，可以帮助用户实现更精准的搜索帮助。另外，微博的话题功能支持用户点击这个话题或者是用"##"的方式进行搜索，即可获取微博上所有包含这一话题的相关微博内容。微信用户如果对某一方面的信息感兴趣，同样可以采用输入关键字的形式进行搜索，微信平台提供的内容包括相关聊天记录、公众号以及相关文章。微博和微信的用户都可以通过在线通信的方式向好友发送即时的语音或者文字信息，实现即时沟通。微博用户可以以"私信"的方式进行沟通，微信用户可以直接与账号进行即时交流，也可以进入公众号，根据公众号设定的"关键字"或者自定义栏目操作获取相关信息。

企业可以在分析用户搜索行为的基础上，来优化成熟自己的搜索机制。

（1）提升消费行为转化率：企业通过优化搜索功能，帮助目标清晰明确的用户简单、快速地直达目标商品，协助目标不清晰的用户找到自己的目标，从而提升他们的消费行为转化率。

（2）提高用户体验：企业可以通过深度挖掘用户潜在的需求，在他们搜索的时候，自动推荐相关联的搜索结果，满足其需求痛点，提升用户对产品和平台的整体体验感受。

（3）提高用户黏性：搜索机制是重要的流量入口，精细化搜索词和搜索效果，能很大程度上增加用户好感度，提升用户的满意度。

由于搜索行为仅仅反映了用户产生需求的起点，显示的信息有限，只能帮助企业了解用户的行为方式，却无从知晓用户的后续动作是什么，究竟有哪些人进行了购买，哪些人没有购买，两者之间的关系比例如何。这些问题，都不是仅仅通过分析搜索行为的数据能找到答案的。

4.3 用户评论

4.3.1 用户评论的内涵

社会各行各业的发展都离不开评价机制，尤其是接触客户最多的产品与服务行业。用户的反馈信息是了解其满意度，推动企业发展的关键部分。对用户的评论进行有效利用能让企业了解用户的真正需求，促使企业改进产品，更好地为用户服务。

随着互联网的普及和各种 App 的深入发展，人们可以更为方便快捷地发布和分享自己对于某个商品服务的看法，越来越多的人愿意在淘宝、京东等购物网站、微信微博等个人平台分享有关商品的评价信息。用户评论中通常包含多个方面的信息，它不仅有关于产品价值、属性等产品相关信息，也有关于购物体验、平台和商家相关的服务信息。关于产品和购买过程中的一些体验信息是潜在消费者无法通过卖家展示的产品信息来获得的。例如，产品的发货、包装、物流、售后等信息，这些信息都是无法直接从卖家提供的产品介绍信息和评论评级中直接获得，但这些与服务相关的内容同样会直接影响到消费者的购物体验。研究显示，消费者在互联网上生成的产品信息比网上卖家提供的信息更能吸引购买者的兴趣。与卖家提供的产品描述相比，消费者评论更真实地面向用户，尽管评论在某种程度上受评价者的主观态度的影响。

用户评论是用户基于自己对商品的购买和使用经历而对商品做出的评价，同时，互联网强大的搜索和存储功能又使用户评论反映的商品信息更加全面和客观，其可信度和影响力要远远高于企业自身发布的信息。因而，越来越多的消费者倾向于更依赖其他用户的评论来评估拟购买商品的质量，并做出最终的购买决策。

4.3.2 用户评论的类型

根据用户发布评论的动因不同，可以分为用户自发评论和商家诱导评论。

（1）用户自发评论：这类评论一般是用户出于自身对于所购买的商品服务较为满意或是不满，选择将其对商品服务的态度公布在公共平台上，以寻求共鸣或者商家的回应。这种评论相对真实，但很大一部分用户嫌麻烦不愿意或者没有动力去发布评论。

（2）商家诱导评论：由于商品评论对消费者购买决策的关键影响，不少商家采取诱导评论等营销手段干预用户评论行为和商品评论信息，通过提升商品用户评论质量和评论数量来提升店铺好评率的排名和品牌口碑，影响潜在消费者的购物评论行为。商家通过好评返利、晒图送赠品、免费试用、售后关怀等方式诱导消费者进行高质量的评论，既能避开电商平台的监管，又能显著提升产品在同类商品中的竞争力，商家诱导评论逐渐成为互联网主流的口碑营销方式，这可以从近年来兴起的互联网原创品牌中初见端倪。

用户评论对消费者来说，可以节约信息成本、满足休闲娱乐和社交需要。有效的用户评论，能节省其他消费者的时间、距离成本，减少消费风险。对于评论发布者而言，也能带来自我价值实现的满足感，使自己在网络空间中的地位得到提高。评论分享也是一种社交互动，在这个过程中，观点的碰撞可以转换自己看待事物的视角，更有利于了解产品和服务。对于接收评论的人而言，以他人的经验作为借鉴，大大降低了搜集信息的成本，提升了购买的准确度和满意度。

此外，查看他人的评论分享也是一种娱乐消遣，工作之余，翻看他人对产品的分享是一件颇有乐趣的事情，能带给消费者释放情绪的快乐，也能促进消费者与消费者之间、消费者与商家之间的互动，为做出较优的消费决策提供信息保障。同时，如果能根据评论，淘到一些价廉物美的商品，也能给消费者带来额外的愉悦感。

通过分享评论，还能满足用户的社交需要。随着移动互联网的普及，人们不再局限于现实生活中的社交关系，而是在网络虚拟世界中，寻求志同道合的群体进行交流。无论是阅读他人评论，还是分享评论，都是一种在线的交流。用户可以选择与自己观点喜好接近的人进行关注、交流，拓展朋友圈。

另外，对于企业来说，用户评论直接产生口碑效应，影响品牌忠诚度。用户评论通过文本、图片、视频等方式进行传播，由于互联网的传播特性，负面评论比正面评论的影响更大，而产生网络舆情。因此，用户评论对于一个品牌的口碑至关重要。通过评论引起其他消费者注意，影响对品牌的态度，进而使得对某平台旗下的产品产生兴趣或者抵触，最终对消费意愿和行为产生影响。企业的市场份额，受到其产品服务质量、消费流程、购买体验等多种因素影响，但是这些最终都会体现在用户的评论以及由此形成的口碑之中。例如，研究显示，对于大众点评的餐馆，其营收与评分、负面点评率以及分享的数量有显著的关系。如何正确利用用户评论，提高用户的正面评论、减少负面评论，是关乎企业生存的重要命题。

4.3.3 用户评论有效性影响因素

用户评论的有效性受以下因素的影响。

（1）用户评论的真实度。这主要指的是用户评论与客观事实的匹配程度，是否正确无误地描述了产品或服务本身所固有的属性和自身构造所形成的特色，一般包括质量、功能、外形等。由于用户评论是消费者基于自身价值观以及过去的购买经验来进行评价的，而产品属性和特征是影响用户认知、情感和行为的主要刺激物。用户的评论与产品自身属性越相关，用户评论对其他消费者的购买决策的影响就越大。产品分为搜索型、体验型、信任型。比如，人们在购买搜索型商品时（如手机、电脑等），更希望获取对商品功能性的描述，但是人们在购买体验型商品时（如服装、餐饮等），就更喜欢获得更全面的信息和其他人的体验信息，而信任型产品则取决于相关专业知识。

（2）用户评论的时效性。评论的时效性指的是评论只在一定时间内对用户的购买决策具有帮助的属性。评论发表的时间是测量评论质量常用的客观指标。评论时效性越强，发布的时间越新，越能反映商品或服务的最新信息，对用户购买决策提供的参考价值越大。

（3）用户评论的完备程度。这主要指的是用户评论的长度与是否添加图片、视频等辅助证明材料。在线评论的长度通常以评论包含的字数来度量，评论越长评论所提供的产品或服务的有关信息就越多，越能降低用户对商品或服务的不确定性。而且评论越长，用户需要额外花费的信息搜寻成本越少，用户对在线评论的感知有用性就会越高。另外，商家在销售产品或服务时提供的图片大多经过修饰和处理，不能客观地反映产品或服务的属性特征。而消费者在发表在线评论时，利用移动设备即时拍摄的图片比较客观地反映商品或服务的真实情况、个人认知和情感，消除了评论阅读者的不确定性，为用户的购买决策提供更直观的感受。

（4）用户自身的因素。在消费者行为学中，消费者心理受性别等消费者个体差异的影响客观存在，男性消费者和女性消费者在浏览评论和购买决策等方面的心理特征存在差异。对于男性消费者来说，他们更关注纯文字的评论，而女性消费者不仅关注文字部分，也关注评论中的图片部分。因此，与男性消费者相比较，通常女性消费者在做出购买决策时，往往依据的信息更为全面。

4.4 用户加购

4.4.1 用户加购的内涵

熟悉在线购物的读者都知道,"用户加购"是指买家把商品加入购物车。买家在做出"收藏"和"加购"等动作时,通常是对该商品有需求,或者比较感兴趣,这些潜在消费者都是高转化流量。与"收藏"一样,"加购"也是人气指标中的一个重要因素,不仅可以提高自然搜索权重,而且还可以作为二次营销的良好渠道。

在线购物车或者电子购物车,是随着网上购物的发展而出现的。在线购物车不同于传统的购物车,在线购物车内的物品可以等待下次购买,并且不会影响卖家的库存数量。腾讯旗下的拍拍网站将购物车定义为"购物车是拍拍网提供的一种快捷购物工具",通过购物车,可以在拍拍网一次性批量购买多个商品,并可以通过财付通一次性完成付款。

通常,有"加购"行为的用户都具有一定的购买意向,是卖家需要重点关注和推广的对象。在一个实现成功购买的网购流程中,"加购"的下一个环节就是转化即下单,促成购买,因此若买家同时进行"加购"和收藏,"加购"的权重会更高,更加有利于提升转化率。卖家应该在提升转化率方面努力,通过优先发货、开展店铺活动以及送优惠券等促销方式,来刺激买家"加购"和下单。

4.4.2 用户加购的动机

用户加购行为受以下因素驱动。

(1)便于结算:消费者进行购物活动中,大多数情况下不可能仅仅只买一件商品就不再进行购买,很多时候会选择好几件物品一起购买,特别是一些小饰品、居家生活用品、书籍等,只要是同一个购物平台,无论是几家店铺的商品,进行一次结算就可以完成全部交易。这在很大程度上方便了消费者的结算支付。

(2)获得价格促销:大部分消费者都希望网络零售商能够提供一些促销活动,或者所卖商品价格比实体店低,但是快递费和服务费却增加了网络商品的消费成本。当网络零售商经常采取一些价格促销,如大促、包邮、7 天无理由退换货等,消费者更容易将物品加入购物车,从而增加产品的销售。在实际消费过程中,许多电商平台纷纷声明"购买 99元以上,免运费""单笔订单满 118 元,免运费"等等,通过包邮的优惠策略吸引顾客购买多件商品,从而实现价格促销。要想享有这个优惠政策,消费者必须使用购物车,一起购买结算才能形成一个订单,达到包邮条件。在同一家店铺购买多件物品,还会提高消费者议价水平,获得更高的折扣,这也需要通过购物车统一结算形成单笔订单,对卖家已经更改价格的订单进行付款。

(3)满足收藏心理需求:很多用户将加购作为一种娱乐方式,将物品放入他们的虚拟购物车是一件令人愉快的事情。对于那些喜欢进行网上购物的消费者来说,每一次进行商品浏览不只是为了购买特定的物品或者服务,而是将其作为一种娱乐方式进行消遣,从而享受购物过程中的查找、商品比较、与商家讨价还价等过程,以供其在无聊时浏览进行打发时间或是满足娱乐心理。

(4)便于比较:消费者使用购物车放置他们感兴趣的物品,在获得额外的信息前,缩小他们的选择范围。消费者可能在购物车中放置一份"心愿清单",这份"心愿清单"是他们感兴趣或者将来想要购买的物品列表,为此,有些电商平台专门开发了此项功能。商品信息是消费者决定在网上购买商品的一个关键性因素,消费者会比较这些"心愿清单"中的商品信息,通过对比研究,选择最想购买的物品。购物车可以帮助消费者缩小选择范围,途径是对比在购物车保存(加购)的商品信息。

4.4.3 购物车优化设计

当用户产生加购行为以后,虽然对购物车内商品的购买欲望相对强烈,但是"购物车放弃"现象也在困扰着各大电商平台的运营管理者。所谓"购物车放弃",是指产品经历了用户的层层筛选,被用户加入了自己的购物车,但却始终没有进行结账甚至还会被移出购物车。

对于广大消费者来说,这种现象是普遍存在的。线上商城不同于线下,面对着更加种类繁多的产品选择,以及更加方便地勾选心仪产品的方式,用户可以将更多有好感的商品加入购物车,纳入自己的考虑范围,再综合考虑各方面的因素,最终确定要购买的产品。一般来说,"购物车放弃"是由于以下影响因素。

(1)价格因素。如果消费者在某个电子商务平台选购好商品后发现,网上店铺提供的折扣还不如传统线下商店,同时还要支付高额的运费,抑或需要支付一定的税费,或者选购的商品价格总额超出了此次购物的预算,那么,消费者只有选择放弃购物。因此,当某个产品的购买费用超出消费者的心理预期时,购物车放弃行为就在所难免。

(2)结算过程烦琐。与传统的线下购物环节相比,网络购物省略了消费者卖场体验的过程,单纯在网上浏览资料做出购物决策,人机交流代替了人际沟通模式,因此,购物车的设计至关重要,购物车的位置、加购操作复杂与否、购物车界面的大小都会影响整个结算过程,进而影响用户购物时的心态。如果某次加购结算的过程过于烦琐,那么就很有可能导致用户的购物车放弃行为。

(3)支付安全问题。网络购物作为非面对面的商务交易形式,交易信息的安全问题一直是引起消费者焦虑的问题。对于消费者来说,将信用卡信息提交给一个陌生人,或者需要提供太多的个人信息,都是不太能接受的。

不过尽管用户当前没有对购物车内的商品进行结账,但是并不意味着他们对产品的需求就不存在。研究显示,在有过"购物车放弃"行为的用户中,75%的用户表示仍然会去购买购物车内的产品,只不过由于各种原因会选择去线下或者其他线上店铺购买。对于电商平台来说,这些订单并没有完全失去,需要采取一些方法提醒用户,留住订单。下面针对"购物车放弃"现象,提出几点建议。

①重视支付系统建设。很多电商平台的支付系统较为复杂,银联支付、微信支付、支付宝甚至商家还有自己的支付手段。因此,电商平台要整合常用的支付方式,并剔除一些

不必要的、只能由少数人或者少数区域内适用的支付方式。支付系统的优良与否关乎用户的购物安全，也关系到商家的成败。

②保持流程简单，便于操作。购物车系统作为一个便捷的购买工具，设计原则就是避免烦琐，如果在某个平台上觉得加购行为格外的不方便，那么消费者就很容易放弃这个行为。这对于企业的投入和客流量都是巨大的损失。

③提供适当折扣。要做好消费者需求的调查分析，深度理解数字消费者行为和消费习惯的变化，适当为购买意愿强烈的消费者发放运费券或者抵减券，促成这部分消费人群的转化。

4.5 用户浏览

4.5.1 用户浏览的内涵

信息用户的信息行为是用户为了满足信息需求而产生的行为。信息查寻是网络用户最为重要的信息活动，在网络环境中，浏览已经是一种与检索同等重要的信息查寻行为。

在数字消费者的众多信息行为中，用户浏览商品信息是其中一个重要步骤。用户浏览是购买过程的起点，是产生商品购买需求的前提条件。通过对用户浏览行为进行研究，可以直接了解用户进行网络购物时浏览商品信息的一些特征和习惯，从而根据这些特征和习惯对电商平台的系统界面和操作流程等进行改进，还可以根据用户浏览商品信息的特征预测用户的购买意向，有助于电商平台有针对性地提供服务或推荐商品，以提升用户网络购物的满意度和平台的转化率。

4.5.2 用户浏览的特征

一般来说，如果用户通过眼睛访问网站页面，网站中的按钮颜色或形状大小会吸引用户的注意，并将注意力集中在某个地方。除此之外，用户当时的情绪和个人经验也会影响用户对页面的访问。因此，用户浏览是一个随机和动态的过程。

当用户访问商品页面时，他们更多的是筛选内容，而不是花很多时间阅读内容，所以网站的文案，尽可能简单而清晰。用户在浏览商品内容时是随机的，通常要筛选。如果他们发现自己感兴趣的内容，他们会进行深入浏览，这将推动其他相关内容的浏览，并延长用户浏览的时间。

用户打开一个新的页面，扫视一些文字，并点击第一个引起他兴趣的链接。在这个过程中，页面上有大量的区域用户甚至完全没有认真看过。大部分用户在页面上寻找他感兴趣且可点击的内容，一旦发现目标，点击行为就会发生，但如果页面不符合期望，"后退"或"关闭"按钮也将马上被点击。

这就是用户浏览的主观偏好性，用户在选择浏览对象时，会有目标驱动，该目标或为兴趣爱好，或为学习需要，会指引着用户来获取自己想要浏览的信息。即使用户在刚开始浏览阶段并无明确目标导向，但随着浏览行为的深入，所浏览信息不断累积，最终会对信息产生主观选择，而不会一直无序随机地进行浏览。研究发现，即使是数码相机这样有标准配置的硬件产品，不同的用户在浏览过程中关注的重点也有所不同，有的消费者关注性能参数，有的消费者关注功能参数等。

4.5.3 用户浏览的分析及个性化推荐

当人们最初借助电脑终端访问网页的时候，许多人是不知道电脑屏幕是可以滚动的，直到 1997 年，长网页才开始普及。可是，那个时候虽然大家都知道可以滚动网页，但仍然不习惯这样的浏览方式。

时至今日，信息的无限加载成为常态，没有滚动网页的网站反倒非常罕见。甚至很多网站把首页当作封面，真正都内容在第二屏才开始。2010 年，尼尔森做了一个眼动实验，发现用户平均花费 80%的阅读时间在首屏。2018 年，尼尔森与诺曼创办的体验设计咨询公司又做了一次实验，发现最新数据与 8 年前有显著的变化：用户把大约 80%的时间花费在前三屏，其中首屏占了超过一半（57%），前两屏加起来占了 3/4（74%）。也就是 2010 年用户看完首屏的时间里，2018 年的用户已经看完第三屏了。如果单看首屏，2010 年用户把大部分时间（80%）花费在首屏，而 2018 年，用户在首屏花费的时间比例只比一半多一点（57%）而已。也就是说近年来用户会把将近一半的时间花费在首屏之外的区域。在搜索结果页用户对滚动网页更没耐心一些，可能是因为用户对搜索匹配有一定的预期，认为有用的信息应该已经被自动置顶，百度搜索的广告位排名就是一个显著的实例。

总的来说，近年来用户的聚焦点从网页顶部扩散开来，原因有两个方面：一是在接触了更多的长网页后，用户更加习惯滚动翻页了；二是网页设计更加进步，用户被吸引往下继续滚动翻页。整体设计过的普通网站的阅读时间分配更加平均一些，让用户感觉需要继续往下看才能浏览完整信息。

既然用户浏览最多的地方通常是用户眼睛注视时间最长的地方，那么作为电商平台，想要清楚了解用户感兴趣的商品类型，就需要获取用户在浏览商品时停留目光最久的商品有哪些，而测眼仪就是收集此类信息的工具。测眼仪是一种专门测试用户视线焦点的仪器，其原理与测试近视的仪器相似，能测试出视线的焦点停留在网站的哪个部分。

此外，还可以借助第三方软件对网站访客浏览行为进行分析，以类似视频的方式将访问者在网站上进行的操作全部记录下来，或者热力图（如鼠标滚动热力图、注意力热图）、转化漏斗、表单分析等，通过定量分析和定性分析相结合，更好地准确评估用户浏览过程中注意力的使用。

用户浏览与电商平台的个性化推荐机制密不可分。对于用户而言，从大量信息中找到自己感兴趣的信息越来越困难，对于商家而言，让自己的产品服务信息准确无误地投送到正确的用户面前，也很不容易。个性化推荐机制是根据用户的历史行为、社交关系、兴趣点、所处环境等信息去判断用户当前需要或者感兴趣的商品，它建立起用户与信息的连接，在这种机制下，用户会更容易看到自己想看的商品。它能够帮助消费者进行决策，发现消费者可能喜欢的新事物。而对于商家，个性化推荐机制可以提高用户信任度和黏性。

目前主流的 App 都采用了个性化推荐机制。例如，提供旅游出行产品的携程商务，针对用户特征推送个性化推荐的机票、酒店产品；提供外卖餐饮的美团、饿了么，会根据不同用户以往的点餐信息和喜好在主页推荐符合口味的不同餐馆，以供用户浏览点餐。在网购中，淘宝、京东这些平台都会推荐"可能喜欢"的商品。下面简要说明百度、抖音、淘宝，采用的个性化推荐机制。

1. 百度推荐

百度平台，作为一种搜索引擎，近年来也融入了推荐系统。百度推荐通过分析海量的用户行为和网站内容数据，识别出每个访客的兴趣，为每个访客推荐他们感兴趣的内容，优化推荐内容的点击，大幅提高网站的流量，已推出了几十种通用的推荐样式，满足不同类型站点需求，还在新闻、小说、电商等垂直行业上发布了专用的推荐样式，给消费者提供优质的访问体验。例如，当消费者搜索苹果手机时，旁边的页面会同时推荐其他品牌如华为、小米等手机以供浏览参考；在下方的相关搜索里，还有手机排行榜等信息供消费者选择。

2. 抖音推荐

抖音作为短视频平台，一般是通过好友推荐、地域推荐等方式向其他账号推送视频。其推荐算法机制是著名的信息流漏斗算法。每个视频，在经过机器检测与人工检测后，都会配备 200～300 名在线用户的冷启动流量，然后根据账号本身的质量和互动效果（如观看用户看完的比例、点赞率、评论率、转发率）进行叠加推荐，反馈效果好的会进入更高的流量池，优质的内容最多可以获得 8 次推荐。抖音通过这种算法，实现为用户提供大多数人都感兴趣的视频，激发用户的浏览意愿。

3. 淘宝推荐

从电商平台的角度来看，个性化推荐技术的本质是将当前最有可能成交的产品优先推荐给消费者，使流量得到更加充分的利用，最大限度地提高转化效率。而推荐技术也随着用户个人数据的不断丰富而逐渐升级，从最基础的千人一面，慢慢演化到千人千面。2019年，淘宝推出了新的产品：超级推荐。简单来说，超级推荐就是通过投放定向精准人群为产品完成主动推送，再搭配上优秀的图片获得大量的精准点击，从而取得效果的推广工具。超级推荐位于"猜你喜欢"这个部分，是由平台商家提交产品，然后根据系统算法去寻找感兴趣的用户。而淘宝之前的直通车，是通过用户搜索，在搜索结果页找到需求商品。两者互相配合，最大程度满足了用户需求。

京东商城的用户行为分析

京东作为传统电商巨头，京东商城与京东物流的发展相得益彰，然而各种新兴的电商模式，带来了千人千面的购物方式和电商平台更加激烈的竞争，电商平台发展初期的粗放式经营也转向了利用大数据和算法，基于用户行为的精细化营销。在京东的大数据精准营销架构中，通过对用户在网上留下的日志数据、交易相关数据和非交易相关数据进行用户数据收集，成为精准营销架构中的底层。然后进行用户行为建模，如用户属性识别、用户兴趣建模、用户关系建模、用户生命周期、用户信用模型等。在这些用户行为建模之上，对用户进行画像，来实现用户营销价值和完成用户风险等级评估，并且作为底层数据供应给各营销系统。基于大数据平台上的精准营销，营销方式是跨平台、跨终端和跨渠道的，具有实时、实地、精准和互动的营销特点。其中，用户画像是大数据精准营销实现的最重要的基础。用户画像是将海量的数据分析之后，用数据对用户个人进行描述，以此来作为销售或商品推荐的依据和预测，这也是把数据转换为商业价值的解决方案。

用户长期的页面浏览、购物等行为数据都积累成以 TB 计量的多维度庞大数据，这些构成了用户画像的基础数据，用户画像的数据大致可以分为三大部分：第一个是基本人口属性，包含了自然属性、社会属性，如年龄、性别、职业、收入、人生阶段等；第二个是行为偏好，这个数据主要以用户在浏览页面时的行为来推断出它的偏好，如个人的关注领域等；第三个是该用户购买的数据，购买的商品、单价、退货率以及评价反馈等。通常将用户的基本数据和行为偏好加以数据挖掘，贴以不同的标签。这些标签来刻画用户的个性化特征，此外还通过对同一标签的人群分析，或者以各种维度不同的业务场景中用户行为偏好特征进行聚合分析，将数据直接转换为用户形象。一个用户身上可能有 3000 多条的标签刻画，根据时间的变化、用户行为偏好的变化（如浏览美食、美妆、旅游、女性、教育等的类型和次数、购买次额变化），标签库不断更新，实现商品和用户之间的动态匹配，这些对随后的个性化推荐预测有着很重要的价值。从最初的对用户进行商品推荐，到当该用户对推荐的产品成功购买后，对产品进行评价反馈，证明推荐有效且成功，得到了检验后，再不断推荐给其他相同标签、群类的客户。此外，通过对大量用户的标签分布、比例进行协同过滤等的数据挖掘分析，找出相似人群和潜在客户，以人找人。京东基于大数据的精准营销方式，主要使用了搜索引擎、个性化推荐引擎、发送 E-mail、短信、优惠券等策略和方式，引导用户行为，从而获取巨大的商机。

资料来源：https://blog.csdn.net/m0_47283312/article/details/120444099

思考题

1. 用户信息行为有哪些主要类型？包括哪些具体的网络消费行为？
2. 试说明用户信息行为的主要分析方法。
3. 用户评论的有效性受哪些因素的影响？
4. 试分析产生"购物车放弃"的心理原因及应对措施。

案例 4-2：亚马逊的用户大数据分析在精准营销的应用

第 4 章扩展阅读

即测即练 自学自测 扫描此码

第 5 章

大数据识别用户偏好

【本章学习目标】

通过学习本章,学生应该能够掌握以下内容。
1. 掌握数字渠道与用户数据采集技术。
2. 了解用户画像、企业画像在用户行为分析中的应用。
3. 了解大数据客户管理的途径。

5.1 数字渠道与用户数据的获取

数字渠道,是指通过网络和数字的形式发布和接收来自目标客户的信息,常见的数字渠道包括搜索引擎、社交媒体、电子邮件、点击付费广告等。

互联网背景下,用户的信息是无处不在的,企业获取用户数据的来源多样且繁杂,对于用户数据实施有效的管理和利用也一直是企业运营的重点。新类型的用户数据不断涌现,它们可能是业务单元中的数据集市,或者是社交媒体或物联网的颗粒度更细的数据。尽管新型数据和数据来源的复杂性,以及数据的格式问题阻碍了我们对这些数据的利用,数据调查的方式可能变得越来越困难,但是这些新的数据来源为企业去获得更广阔的消费者洞察创造了机会。

一般来说,我们要了解一个用户做了些什么,在什么时间操作的,做了哪些操作,用户的基础信息等,我们需要掌握以下用户数据:用户的基本信息,用户性别、用户年龄、用户职业、联系方式、爱好等;用户常访问的页面,用户的访问足迹;用户经常使用功能或者工具;用户搜索的关键词汇;用户长期集中在哪些时间使用;用户从什么渠道进行网页操作或下载产品;用户购买了什么产品;用户的消费情况;用户长期浏览的内容哪种较多;用户的使用时长等。这些数据反映了网站、App、H5、小程序等线上平台,以及零售商铺、产品使用环境等所有场景下,用户与企业以及企业提供的产品的交互情况。

通常所说的用户行为分析,则指的是利用大数据分析方法,通过对用户线上行为数据、用户属性数据的收集、存储、分析,以找到相关规律,然后通过 A/B 测试等方式,探究有效方案的过程。常用的用户行为数据采集方式包括:推广链接添加 UTM 参数;可视化埋点(也称全埋点);代码埋点、软件开发工具包(software development kit,SDK)埋点,也分前端和后端两种方式;日志数据采集;服务器间数据传输等。

埋点分析，是指在需要采集数据的"操作节点"上将数据采集的程序代码附加在功能程序代码中，对操作节点上的用户行为或事件进行捕获、处理和发送相关技术及其实施过程。下面以微信业务为例，介绍埋点分析的流程以及常见的几种埋点方案的特点与应用场景。

1. 埋点的作用

微信指数中，埋点的搜索热度甚至超过了数据分析，主要原因是用户行为的数据分析必须要依赖埋点的数据采集。埋点对于产品运营的主要作用包括以下几个方面。

1）产品优化分析

粗放式运营时代，产品数据分析主要以宏观的日活跃用户数（daily active user，DAU）、月活跃用户数（monthly active user，MAU）、订单数、营收等宏观指标为主，只要能了解业务整体的经营状况就差不多了。而精细化运营时代，每一次产品的改版，每一个页面按钮的使用情况，都需要进行数据效果的分析。例如，通过漏斗分析，发现业务主路径用户流失的主要节点，针对流失严重的步骤，进行产品或运营策略的优化。

2）洞察用户行为

通过对每个页面或页面元素的埋点，将用户的行为路径串联起来，可以清晰地洞察用户在产品内的行为路径。对于有多业务板块、多流量入口的业务，用户进站后的行为路径复杂多样，通过对用户浏览轨迹的统计分析，发现不同用户群体的使用路径，从而针对不同的路径制定差异化的产品策略。

3）用户分群与精细化运营

根据用户属性、用户行为事件，实现用户的精细化分层能力，进一步对不同用户群体进行个性化的运营触达。例如，对浏览商品详情页多次但却未下单的用户，推送促销红包，刺激转化。

4）渠道策略优化

通过 App 的启动埋点，记录用户下载激活的渠道，通过站内的行为及转化数据，与站外广告投放归因数据结合，分析渠道的流量规模、渠道用户的质量（留存、客单价、复购力等），对流量大、质量高的渠道扩大投放量，反之则减少投入，提升营销的投资回报率（return on investment，ROI）。

2. 数据埋点

在用户行为分析数据埋点中，最常用的模型是事件模型，该模型包括事件（event）和用户（user）两个核心实体，同时还需要配合内容（item）实体，才能做更多维度的分析。

1）事件（event）

每一次浏览、页面按钮/元素的点击都是一个事件，管理事件时通常按照用户的行为路径以及业务流程，对事件进行分类管理，如分为浏览事件、点击事件、系统事件等类别。一次事件完整的数据结构包括：在什么时候，什么位置，做了哪些事情，使用产品为了达到什么目标，用户如何使用的等问题。在埋点开发时，要有能够标识唯一事件的 ID 标识、事件描述信息、事件的属性信息，事件的属性主要包括用户属性和内容属性。

2）用户（user）属性

每一次事件对应一个独立的用户实体，用户的画像（profile）信息构成了事件最重要的属性信息，如用户的设备属性、地域属性、性别、年龄等。

3）内容（item）属性

事件的操作实体一般是内容或内容的集合，如浏览某一页面，或某个商品，在埋点统计时，需要记录页面（page）、区块位置（block）、元素（item）。

4）埋点需求怎么提

例如，团购 APP 新上线了金刚位，来进行不同业务品类的流量分发。金刚位内容可能不同用户看到的是不一样的，在实际分析时，平台运营侧重于按照位置分析，看哪一个位置的点击效果好，而品类运营则会聚焦于哪一个品类的转化更好。埋点需求的关键要素包括：事件名、事件 ID、事件类型、页面、区域、元素、平台、应用版本、用户属性等。

以上仅为示例，实际上，每个公司的埋点模型定义的字段是不一样的，对于可以 SDK 默认收集的字段不需要提需求，对可以明确定义唯一事件的内容进行说明即可。

3. 常见的埋点方案对比分析

1）代码埋点

代码埋点是最早的埋点方式，根据业务的分析需求，将埋点的采集代码加入到应用端。按照埋点实施方，又分为前端（客户端）埋点和后端（服务端）埋点两种类型。

（1）客户端埋点。由前端开发手动定义数据采集时机、内容等，将数据采集的代码段加入到前端业务代码中，当用户在前端产生对应行为时，触发数据采集代码。

优点：按需埋点，采集数据更全面，几乎可覆盖所有数据采集场景；行为数据和业务数据可充分联合分析。

缺点：延迟上报，数据丢失率高（5%～10%）；需要客户端更新 App；埋点开发工作量大；埋点流程需要多方协作，容易漏埋、错埋。

适用场景：全面分析用户在客户端的操作行为，对于一些电商交易类的产品，需要把行为和业务数据充分结合分析。

（2）服务端埋点。由服务端开发将埋点采集代码加入到后端服务请求中，当用户前端操作请求服务端数据时，按照约定规则触发埋点代码。

优点：按需埋点，采集数据更全面，几乎可覆盖所有数据采集场景；行为数据和业务数据可充分联合分析；数据采集实时上报，准确性高，丢失率低；服务端更新，不需要客户端发版或用户更新版本。

缺点：纯前端操作不触发服务请求的点击按钮无法采集数据；埋点开发工作量大；埋点流程需要多方协作，容易漏埋、错埋。

适用场景：对于一些非点击、不可见的行为，或者要获取用户身份信息、更多的业务相关的属性信息，如果前后端都可以采集到，优先后端埋点。

2）全埋点

全埋点也称为无埋点或无痕埋点，主要是将埋点采集代码封装成标准的 SDK，应用端接入后，按照 SDK 的采集规则自动化地进行数据采集和上报。

优点：接入 SDK 后，可自动采集数据，无须按需开发，节省开发成本；页面可见元素均可自动采集，数据更全面；埋点流程简单，业务使用埋点系统自助定义事件，新增埋点需求无须业务开发参与。

缺点：动态页面或页面不可见行为数据无法采集；和业务强相关的属性信息采集困难；数据全部采集，数据存储压力大。

适用场景：业务场景简单，如工具、应用类的产品，或者业务发展初期，产品快速迭代需求比精细化分析优先级更高，只需要分析简单的页面浏览量（page view，PV）、独立访客（unique visitor，UV）。

3）可视化埋点

默认不采集数据，当数据分析人员通过设备连接用户行为分析工具的数据接入管理界面，在页面可视化定义需要采集的位点后下发采集请求，采集代码生效。

优点：默认不上报数据，可视化圈选才按需触发埋点，节约存储和传输成本；业务可视化圈选，埋点操作简单方便。

缺点：数据只在埋点圈选定之后才有，历史数据无法回溯；只能覆盖基本的点击、展示等用户行为，和业务强相关的属性信息采集困难。

适用场景：业务场景简单，如工具、应用类的产品，或者业务发展初期，产品快速迭代需求比精细化分析优先级更高，只需要分析简单的 PV、UV。

从上面几种埋点方案的对比可以发现，没有一种方案是可以完美解决所有问题的。因此在实际选择时，要结合业务形态（是强交易流程类还是内容娱乐消费类）、企业发展阶段（发展初期，产品迭代需求强于全面的精细化分析需求）多个方面因素综合考虑。

目前最常用的方案是"代码埋点+全埋点"组合使用。即用全埋点统计 App 内用户基础的行为事件的 PV/UV 等数据，用代码埋点补充全埋点无法覆盖的场景，最终实现全面的精细化用户行为分析。在数据产品方面，配套的还需要有埋点管理系统的支持，将埋点工作流转、埋点信息管理平台化。

5.2 用户画像

5.2.1 用户画像概述

用户画像这一概念最早源于交互设计/产品设计领域。交互设计之父艾伦·库珀较早提出了用户画像的概念，并指出用户画像是真实用户的虚拟代表，是建立在真实数据之上的目标用户模型。在交互设计/产品设计领域，通常将用户画像界定为针对产品/服务目标群体真实特征的勾勒，是一种勾画目标客户、联系客户诉求与设计方向的有效工具。借助用户画像手段，设计师将头脑中的主观想象具化为目标用户的轮廓特征，进而构造出设计原型或产品原型。近年来，随着互联网行业的蓬勃发展，为解决产品运营中的用户定位不精准、用户运营中的个性化服务不足的问题，将用户画像引入了用户行为分析。

从中文语意来说，用户画像与用户角色非常相近，是用来勾画用户（用户背景、特征、性格标签、行为场景等）和联系用户需求与产品设计的工具，旨在通过从海量用户行为数据中炼银挖金，尽可能全面细致地抽出一个用户的信息全貌，从而帮助解决如何把数据转化为商业价值的问题。从英文单词来看，用户画像（user portrait）、用户角色（user persona）、用户属性（user profile）这三个概念各有侧重：用户角色是业务系统中不同用户的角色区分，如学校教务管理系统，老师审核、设置选课，学生查看选课和成绩，老师、学生是不同的用户角色；用户画像是对同一类用户进行不同维度的刻画，如对同一个电商平台的买家进行用户画像设计，就是将买家进一步细分，如闲逛型用户、收藏型用户、比价型用户、购买型用户等；用户属性是对属性层面的刻画和描述，特别是基本属性的内涵居多，包括性别、年龄、地域等。

综上所述，用户画像，即用户信息标签化，通过收集用户的社会属性、消费习惯、偏好特征等各个维度的数据，进而对用户或者产品特征属性进行刻画，并对这些特征进行分析、统计，挖掘潜在价值信息，从而抽象出用户的信息全貌。用户画像是企业定向广告投放与个性化推荐的前置条件，为数据驱动运营奠定了基础。

消费者留在网络和各类服务器上的行为数据和数据库里的大量数据被分析和挖掘，最终被贴上一系列的"标签"，而"标签"是能表示用户某一维度特征的标识，主要用于企业业务的运营和数据分析。大数据时代，每个消费者的网络消费行为都会被记录下来，并汇聚形成一个全过程价值链的用户数据，这些数据包括浏览、交易、客服、配送和物流等所有相关数据。随着移动互联网的发展，利用移动支付入口还可以将地理位置信息、交通行为信息、酒店机票订单等线下商品购买和服务交易内容纳入用户数据，通过整合这些数据，就可以精确描绘用户的全方位特征，也就是精确的用户画像。

用户画像需要的海量数据分为静态信息数据和动态信息数据两大类。

静态信息数据是指用户固有的特征信息，主要包括人口属性、商业属性等信息。其中人口属性主要是指用户的年龄、性别、照片、昵称、所在的地区和城市、受教育程度、婚姻情况、生育情况、工作所在的行业和职业等。商业属性主要是指消费等级、消费周期等。

动态信息数据是指用户不断变化的行为数据，这类数据往往是用户在数字渠道留下的行为数据，如用户打开哪个网页、查看哪个产品、购买了哪个产品，是否分享了相关的产品，是否留下了相关的评价等。对商家来说，一方面要关注用户行为类型，如浏览、点赞、评论、回复、社交互动、购买决策等；另一方面要关注用户行为的变化，如消费者购买选择了哪个购物平台，购买决策具体发生在哪个网页等。

搭建用户画像方案通常需要考虑8个模块的建设。

（1）用户画像基础：需要了解、明确用户画像是什么，包含哪些模块，数据仓库架构是什么样子，开发流程，表结构设计，ETL设计等。这些都是框架，是大方向的规划，只有明确了方向后续才能做好项目的排期和人员投入预算。这对于评估每个开发阶段的重要指标和关键产出非常重要。

（2）数据指标体系：根据业务线梳理，包括用户属性、用户行为、用户消费、风险控制等维度的指标体系。

（3）标签数据存储：标签相关数据可存储在Hive、MySQL、HBase、Elasticsearch等数据库中，不同存储方式适用于不同的应用场景。

（4）标签数据开发：用户画像工程化的重点模块，包含统计类、规则类、挖掘类、流式计算类标签的开发,以及人群计算功能的开发,打通画像数据和各业务系统之间的通路,提供接口服务等开发内容。

(5)开发性能调优:标签加工、人群计算等脚本上线调度后,为了缩短调度时间、保障数据的稳定性等,需要对开发的脚本进行迭代重构、调优。

(6)作业流程调度:标签加工、人群计算、同步数据到业务系统、数据监控预等脚本开发完成后,需要调度工具把整套流程调度起来。

(7)用户画像产品化:为了能让用户数据更好地服务于业务方,需要以产品化的形态应用在业务上。产品化的模块主要包括标签视图、用户标签查询、用户分群、透视分析等。

(8)用户画像应用:画像的应用场景包括用户特征分析、短信、邮件、站内信、个性化推荐、客服针对用户的不同话术、针对高价值用户的极速退款等精准营销和服务的应用。

5.2.2 用户画像的构建

用户画像的构建包括4个步骤:设定目标、采集和分析用户信息、建立画像模型、系统可视化。

1. 设定目标

在建立用户画像前,首先需要明确用户画像是服务于企业的对象,根据业务方需求,确定未来产品建设目标和用户画像分析之后的预期效果。一般而言,用户画像的服务对象包括运营人员、数据分析人员。不同业务方对用户画像的需求有不同的侧重点,就运营人员来说,他们需要分析用户的特征、定位用户行为偏好,做商品或内容的个性化推荐以提高点击转化率,所以画像的侧重点落在用户个人行为偏好;就数据分析人员来说,他们需要分析用户行为特征,做好用户的流失预警工作,还可根据用户的消费偏好做出更有针对性的精准营销。

此外,不同类型的企业和行业提取的数据信息也不同。例如,以内容为主的媒体或阅读类网站、搜索引擎或通用导航类网站,往往会提取用户浏览内容的兴趣特征,如体育类、娱乐类、美食类、理财类、旅游类、房产类、汽车类等;社交网站的用户画像,则会提取用户的社交网络,从中可以发现关系紧密的用户群和在社群中起到意见领袖作用的明星节点;电商购物网站的用户画像,一般会提取用户的网购兴趣和消费能力等指标;金融领域的用户画像还会有风险画像,包括征信、违约、洗钱、还款能力、保险黑名单等。还可以加上用户的环境属性,如当前时间、访问地点特征、当地天气、节假日情况等。对于特定的网站或App,又有特殊关注的用户维度,因此需要把这些维度做到更加细化,从而能给用户提供更精准的个性化服务。总而言之,根据企业目标设定不同,与用户画像所选择的特征维度进行相应匹配。

2. 采集和分析用户信息

数据采集构建用户画像是为了还原用户本身的特征,因此数据来源于所有用户相关的数据。数据的获取方式有很多种,数据挖掘是最为常见也是较为精准的一种方式。如果数据有限,则需要定性与定量的方法相互结合补充。一般而言,定量分析的成本较高、相对更加准确,而定性研究则相对节省成本。定性方法如小组座谈会、深度访谈、日志法等,主要是通过开放性的问题了解用户真实的心理需求,具象用户特征;实证研究的方法是一种常见的定量研究方法,是通过测量项构成的问卷调研的方式进行,关键在于后期定量数据的建模与分析,目的是通过封闭性问题的回答,一方面对定性假设进行验证,另一方面获取市场的用户分布规律。用户数据划分为静态数据和动态数据两大类。静态数据相对稳定,主要包括用户的人口属性、商业属性、消费特征、生活形态、客户关系5个维度。动态数据则来源于用户不断变化的行为信息,如一位消费者打开某网站网页,买了一件商品;一位消费者下午3点登录某App,30分钟之后离开等。这些动态数据主要有场景、媒体和路径3个来源。场景是指消费者访问设备、访问时段和访问时长等;媒体是指消费者访问的媒体平台类型,如社交类、资讯类、游戏类、购物类等;路径是指消费者进入平台、使用平台和离开平台的轨迹。数据采集方法包括API、SDK和传感器采集等。

3. 建立画像模型

1)标签类型

用户画像建模就是对用户"打标签",一般分为3种类型:①统计类标签;②规则类标签;③机器学习挖掘类标签。下面分别介绍这3种类型的标签。

(1)统计类标签。这类标签是最为基础也最为常见的标签类型,主要通过对用户基础信息与行为日志聚合统计而来。例如,对于某个用户来说,其性别、年龄、城市、星座、近7日活跃时长、近7日活跃天数、近7日活跃次数等字段,可以从用户注册数据、用户访问、消费数据中统计得出。该类标签构成了用户画像的基础。

(2)规则类标签。该类标签基于用户行为及确定的规则生成。例如,对平台上"消费活跃"用户这一口径的定义为"近30天交易次数≥2"。在实际开发画像的过程中,由于运营人员对业务更为熟悉,而数据人员对数据的结构、分布、特征更为熟悉,因此规则类标签的规则由运营人员和数据人员共同协商确定。

(3)机器学习挖掘类标签。该类标签通过机器学习挖掘产生,用于对用户的某些属性或某些行为进行预测判断。例如,根据一个用户的行为习惯判断该用户是男性还是女性,根据一个用户的消费习惯判断其对某商品的偏好程度。该类标签需要通过算法挖掘产生。

一般来说,统计类和规则类的标签即可以满足应用需求,在开发中占有较大比例。机器学习挖掘类标签多用于预测场景,如判断用户性别、用户购买商品偏好、用户流失意向等,开发周期相对较长,开发成本较高。

2)标签计算

用户画像的建立就是通过算法模型进行标签计算来定义消费者分类特征,一个事件模型通常包括时间、地点、人物3个要素。每一次用户行为本质上是一次随机事件,可以详细描述为:什么用户,在什么时间,什么地点,做了什么。①用户:关键在于对用户的标识,用户标识的目的是区分用户、单点定位。②时间:包括两个重要信息,时间戳和时间长度。时间戳,为了标识用户行为的时间点;时间长度,为了标识用户在某一页面的停留时间。③地点:用户接触点,每个用户接触点包含了两层信息:网址和内容。网址:每一个链接(页面/屏幕),即定位了一个互联网页面地址,或者某个产品的特定页面。可以是个人计算机(personal computer,PC)上某电商网站的页面,也可以是手机上的抖音,微信等应用某个功能页面,或某款产品应用的特定画面。④内容:每个网址(页面/屏幕)中的内容。可以是单品的相关信息:类别、品牌、描述、属性、网站信息等,如红酒、长城、干红。对于每个互联网接触点,网址决定了权重,内容决定了标签。⑤行为类型:如浏览、添加购物车、搜索、评论、购买、点击赞、收藏等。综上,用户画像的数据模型,可以概括为"用户标识 + 时间 + 行为类型 + 接触点(网址 + 内容)",某用户会因在什么时间、地点、做了什么事而被打上标签。用户标签的权重可能随时间的增加而衰减,因此定义时间为衰减因子,行为类型、网址决定了权重,内容决定了标签,进一步转换为公式:标签权重 = 衰减因子 × 行为权重 × 网址子权重。

3)标签验证

建立画像模型之后还需要进行标签验证。第一,画像模型设计必须要与最初的目标设定相符,要适应特定的场景和行业。第二,用户画像的粒度要适中,就如市场细分一样,不是细分得越细越好。模型设计的标签过多覆盖的人群反而越少,表征能力越弱,不利于进行消费者洞察。第三,要明确消费者的特征维度会随着时间和场景的变化而变化,是一个动态的信息数据,因此,需要企业不断地更新该项工作,及时调整策略。

4. 系统可视化

通过可视化,可以更加清晰直观地展示用户画像的分析结果,不同标签的数据对比、趋势变化等,都需要可视化的形式来监控查看。用户画像的最终结果是为产品运营提供更好的决策依据,因此,需要利用数据可视化工具,将群体或个人用户的画像模型用清晰易懂的可视化方式呈现。例如,使用各类图表来展现,常用的表示类属的有饼图、堆叠横条图、矩形树图、马赛克图、旭日图、瀑布图等;时序数据可视化的条形图、折线图、散点图、点线图和径向分布图、日历等,空间数据可视化的位置图、统计图表、箱线图和子弹图等。除了一些具体的图表外,还可以将数据更加形象化表示,如淘宝发布的消费者年度淘宝账单等。

5.2.3 用户画像的应用

用户画像为精准营销提供坚实的信息基础。精准营销是企业不仅要知道产品的售卖对象是谁,还要知道哪些人可能会购买产品。通过实时收集消费者的行为数据,完善消费者的用户画像,可将用户群体切割成更细的粒度,实现个性化数据推送。同时也可以通过实时收集消费者的反馈信息,及时调整营销计划,指导企业制定更精准的营销策略。例如,施华蔻在发放男性洗发露的时候也对一小部分的女性用户进行了发放,其广告语是"将男士薄荷活力洗发露送给你最重要的男士"。

用户画像可以指导企业进行产品研发和用户体验优化。用户画像将消费者进行更细致的划分,并针对细分目标的市场需求,开发设计合适的产品,进行有效定位。同时根据用户画像的分析,评估目标消费群体的喜好、功能需求等,进一步优化消费和服务体验。例如,日用产品的广告投放渠道可以是流量较大的平台媒体,而专业设备的广告投放渠道应该是相应专业内容的网页。

用户画像是企业收集得到的数据仓库，这些数据与企业的各类数据库打通，进一步成为其他业务拓展的基础。比如，根据用户画像收集的消费者的性别、年龄、学历、兴趣偏好、手机等数据成为系统推送和投放广告的数据基础。下面分别介绍用户画像在搜索引擎、个性化推荐、业务定制与优化等领域的应用。

1. 搜索引擎

通过采集用户注册信息、访问日志及查询信息，我们可以构建用户画像。从而在提供搜索服务时，根据用户输入的搜索关键字及已构建的用户画像，猜测该用户可能想要得到的信息，从而将该用户最可能需要的信息显示在最前面，提高用户的搜索体验。例如，谷歌搜索将具有类似兴趣爱好的人归为一组，为属于不同组的用户给出不同排序的结果，同时还利用了 IP 地址等信息进行基于规则的过滤。

2. 个性化推荐

个性化推荐是用户画像的主要应用领域。例如，亚马逊通过记录用户在站点上的行为，包括购买物品、将物品加入收藏夹和心愿清单等，同时还提供了评分等用户反馈的方式，这些共同构成了用户画像的数据来源。根据不同数据反映的特征对它们进行处理，并针对不同类别为用户推送推荐，包括当日推荐、新品推荐、关联推荐、他人购买、浏览商品等。

3. 业务定制与优化

用户画像也常常应用在业务定制领域，如个性化阅读。新闻客户端根据用户画像，识别读者的行为习惯和阅读经历为其"定制"内容，为不同用户展示不同新闻，最大限度地满足用户的个性化阅读需求。这种机制还允许根据用户的实际行为来进行反馈调整，从而根据用户兴趣变化动态更新内容。

此外，由于用户画像提供了丰富的用户标签体系，可以为个人信用评级提供详细的数据参考。例如，根据用户的年龄、文化程度、职业、家庭状况、购买习惯、购买能力等，对用户信用进行全面了解和评估，进而应用于信贷评分，并进行相应程度的金融信贷支持。又例如，京东白条基于用户在京东信用体系评级而匹配额度，并为其他金融信贷业务提供信用评级这一重要参考。

5.3 企业画像

5.3.1 企业画像概述

企业用户画像与个人用户画像有很大区别。个人用户画像是根据用户社会属性、生活习惯和消费行为等主要信息数据而抽象出的一个标签化的用户模型。而企业没有这些特征，企业用户画像描述的则是企业基本情况、经营情况、消费决策和对产品的诉求等多维度企业商业信息数据，来帮助我们全面了解企业状况，为之后的合作找到切入点等。

企业画像（enterprise profile，EP），一般是指通过企业基本情况、经营情况、企业风险以及企业新闻舆情等多维度企业商业信息数据来全面了解企业状况。企业画像属性通常分为两类：企业自身属性，依赖于客户关系的画像。企业画像作为面向智慧城市、金融监管、企业情报、企业评估等场景的企业大数据综合服务平台，可构建亿级企业知识图谱，深度挖掘企业、高管、法人、产品、产业链间的复杂网络关系。为政府提供城市产业分析、区域宏观经济分析、招商引资推荐等服务，引导地方产业发展；为金融或监管机构监控目标企业发展态势，第一时间预警风险；为企业提供企业舆情、精准营销等多项综合服务。

企业画像能够描述企业间的各种关系，如投资、担保、质押、诉讼等，企业间通过这些关系互相影响。一方面，不同的关系对企业所产生的影响力不同；另一方面，不同业务场景下所关注的关系不同。比如，在对某公司的投资偏好进行分析时，更聚焦公司投资、股权关系，而不太会关注诉讼这类关系。

在用户画像的引导下，我们可以进行双向画像，不仅企业可以给用户画像，用户基于企业的数据也可以给企业进行画像。因此对于企业画像来说，就是把企业信息标签化，在一系列真实数据的基础上为企业建立标签模型体系，将企业的具体行为属性进行归类，最终形成一个多元化的企业标签对象。例如，某地国税部门利用大数据技术对税务系统、纳税人第三方的数据进行分析，为出口企业画像汇集了企业经营、诚信、风险和贡献等多个成像要素，并且以图文的形式来进行可视化呈现。

5.3.2 企业画像的构建

企业画像的构建过程大致可分为4个阶段。

1. 明确企业画像建立的目标

企业画像是在真实数据的基础上，对企业数据进行分类整理，帮助企业自身、政府、银行、券商、会计师、律师、投资方等用户计算企业全方位的信息，包括发现和挖掘企业之间的关联关系，找寻未知关系以促进企业合作；在企业征信中对其规模、信誉、风险能力进行评估，识别企业资本行为，构造企业风险评估模型等；在企业品牌构建、传播以及营销时提供了重要的数据支持；企业画像也给消费者和投资者提供了有利的数据参考。

2. 企业大数据采集

鉴于企业画像构建所需大数据信息与开展服务所需的行业信息资源存在一定的交叉重合，因此，可以一体化进行行业信息资源与企业大数据的采集。以此出发，资源采集过程中，需要在主题上全面涵盖行业技术信息、市场信息、产品信息、政策信息、监管信息，以及企业基本信息、知识产权信息、业务相关数据、客户评论信息、近期动态等；在资源类型上需要全面覆盖学术论文、标准、专利、报告、专著、报纸、网络信息资源等；在资源形态上需要全面覆盖视频、音频、图像、文本及数据等。同时，受行业信息资源分散分布的影响，需要从多个信息源进行所需信息的采集，包括行业网站、学术数据库、政府网站、企业网站、行业组织、图情机构、行业大数据企业等。显然，通过多个渠道获取的行业信息资源和企业大数据信息可能存在交叉重复、数据异构的现象，因此，在完成数据采集后，还需要对其进行规范化处理与整合，提升资源的可用性。值得指出的是，行业大数据企业已经通过多种渠道积累了海量企业数据和行业信息，并做了基本的预处理，通过该渠道常常可以获得其他渠道难以获取的规范化信息，既有助于提升资源采集的覆盖率，也有助于降低数据预处理难度，在实践中需要予以特别重视。

3. 基于多源数据的企业画像

具体来说，企业画像的实现过程就是按照画像要素体系框架的指引，综合采用多种技术手段从所采集的基础数据中提取企业特征的过程。鉴于企业画像要素体系框架的多维性，画像所需的基础数据也形态复杂，包括企业基本信息、企业产品/服务信息、企业知识产权信息、关键原材料/零部件信息、企业业务数据、消费者信息、客户评论信息，以及行业内其他企业的基本信息、产品/服务信息、销售信息等。显然，每一类信息只与企业画像中的某一个或几个要素有关联关系，因此，首先需要厘清基础大数据与企业画像要素间的映射关系，如注册地、办公地、企业规模、企业性质、所属行业等信息可以通过企业基本信息来获取；通过对客户评论信息的分析，有助于确定企业的主要竞争对手与产品等。在此基础上，还需要选择合适的技术手段进行处理，从中提取出所需的企业特征，并进行标签赋予，可能需要采用的技术方法主要包括信息抽取技术、统计分析技术、基于规则的提取技术、主题提取技术、相似度计算技术、机器学习技术、评论挖掘技术等。

标签是某一种特征的符号表示，每个标签都提供了一个观察、了解企业用户的角度。如采购需求大，合作稳定，结算周期短的企业用户，可贴一个"优质合作伙伴"的标签。构建标签体系流程：先对原始数据进行清洗、统计分析，得到事实标签；再进行建模分析，得到模型标签；最后进行模型预测，获得预测标签。

事实标签，是基础数据进行清洗、去重、去无效、去异常、整合提取特征的过程，也是对数据加深理解的过程，是为了模型标签的构建做准备。假设采集完 20 个企业用户的基础数据后，就可以提取共同特征，抽离出一个能适用于更多同类型企业用户的一个事实标签，那么它不是某一个企业用户的事实标签，而是共性特征的事实标签。

模型标签，由一个或多个事实标签的组合而成。如"企业用户价值等级"模型标签，由采购总数量、采购总金额、结算周期等事实标签组合而成。模型标签的颗粒度越粗，每个模型之间的特征就越模糊；模型标签的颗粒度越细，也会给产品定位和运营推广带来负担。所以颗粒度不仅需要定量的聚类来调整，还需要结合产品经验来验证。

预测标签，是根据已有事实数据和模型标签，来预测企业用户的行为偏好，在一定程度上反映企业用户的规律性。预测标签可以是简单的数据统计，也可以是复杂的数学预测模型。

标签的每一个层级是对上一层级标签的再次提炼。一般情况下，标签体系是开放和变化的，并不是一成不变。首先，由于企业用户的需求可能会随市场环境不断的变化，产品为了满足企业用户需求，也会不断的调整和完善；其次，每家供应商产品所面向的企业用户都各有特点，再加上原始数据的差异，灵活使用标签体系，才能获得更好的效果；此外，标签的颗粒度也要注意，颗粒度越粗，特征就越模糊，而颗粒度过细，则会导致标签体系过于复杂而不具有通用性。

4. 画像模型的可视化

借助大数据可视化技术，数字大屏、数据商业智能（business intelligence，BI）、可视化分析工具等，通过大屏展示视觉效果，呈现企业画像。

基于数据采集、特征提取、信息关联、机器学习和深度学习算法模型、自然语言处理文本分析等技术，通过企业竞争力评价模型、企业异动预警模型等模型体系和基于企业基本能力、创新能力、成长能力等大数据风控体系，清晰构建企业全维度动态画像。通过知识图谱结合机器学习的模式，以其灵活的扩展性以及网状关系穿透检索的能力，从数据中识别、发现和推断企业信息间的复杂关系。通过产业链知识图谱、事理图谱、企业关系图谱三谱融合技术，进行推理、挖掘、发现和关联，从显性关系中获取更多的隐性数据关联，完善企业画像，实现对企业的全流程态势感知、重点监控、异动提醒和风险预警。

与传统的静态可视化分析工具相比，当前正在兴起的动态数据可视化技术，其最大优点就是可以实现大数据量的动态展示，尤其是在时间维度、多品类维度下，动态可视化的优势尽显。为了满足大屏等场景下的动画及自动播放效果，动态可视化分析技术开发了扩展图表插件，既包含了一些展示动态效果的新图表类型，同时此插件将持续更新，确保扩展图表内容的丰富性，拓展图表在大屏场景下的应用范围。通过组件加载动效，让每个组件模块舞动起来，让整个大屏界面化静为动，更为重要的是，组件加载动效与监控刷新功能相结合。为了实现同一页面在线切换展示不同图表，使用轮播功能来切换查看不同的图表。图表监控刷新功能可实时监测后台数据变化，动态刷新图表数据。

全维度立体的精准企业画像呈现，可以理清企业轮廓和整体发展脉络，描述企业间的各种关系，在企业评估、产业分析、园区管理、智慧城市等不同应用场景中发挥重要作用。

5.3.3 企业画像的应用

企业画像是对企业数据进行分析处理，得到有价值的信息并以可视化的方式呈现出来，它的最终目的是应用于现实中。根据对企业数据分析的结果，我们可以把企业画像应用到政府的税务管理系统、企业品牌的营销决策、企业招聘管理以及证券行业、股票交易等与企业相关的事务处理中，进而提升企业的竞争力和政府的市场监控力度。

基于企业画像的行业信息精准服务的本质是通过企业画像精准分析企业信息需求，并进而通过优化资源组织、服务流程变革与服务功能创新实现行业信息资源与企业需求的精准匹配。为实现基于企业画像的行业信息精准服务，先需要具备两个方面的基础，一是能够实现企业画像的自动生成，以全面刻画企业特征，这一任务的实现既离不开企业大数据的采集、整合，也离不开基于多源数据的自动画像技术方案设计；二是需要具备开展行业信息精准服务的资源基础，包括行业信息资源的采集及面向行业信息精准服务的资源组织。在具备基础条件之后，还需要能够利用好企业画像支持精准服务功能的设计与实现，因此需要具备基于企业画像的信息需求分析能力，并基于用户需求进行行业信息精准服务功能的设计。

行业信息精准服务的关键是实现行业信息资源与企业用户的精准匹配，这除了要求精准分析企业需求与特征外，还需要在行业信息资源组织环节进行创新，揭示精准服务开展所需的资源特征，并全面、系统挖掘资源间的关联关系。首先，行业信息资源标注框架设计时需要将企业画像要素体系考虑在内，从而避免信息资源与企业用户精准匹配的线索特征被遗漏。其次，需要综合采用信息抽取、元数据映射、主题提取、规则挖掘、机器学习等信息技术，推进行业信息资源的语义标注，即除了提取出描述行业信息资源特征的词汇外，还需要能够明确揭示其背后的语义。再次，需要在细化关联关系类型的基础上，综合利用计量分析、社会网络分析、数据挖掘、语义计算、知识推理等信息技术，挖掘行业信息资源之间、行业信息资源与企业特征之间的细粒度关联关系，构建行业信息资源语义关联网络。最后，为提高行业信息资源组织的效率和质量，降低技术实现成本，需要充分发挥已有知识组织工具的作用，包括领域主题词表、领域本体、领域知识图谱等。

企业画像的主要价值是用于实现企业用户需求的精准分析，如市场信息分析中，需要通过产品/服务、客户区域特征、年龄特征、性别特征、职业特征等维度的画像特征，进一步明确其对市场信息的需求。在服务功能升级方面，基于企业画像可以实现的精准服务功能包括精准搜索、精准聚合、精准信息资源推荐、精准专家推荐、精准知识发现、精准问答、竞争对手精准跟踪等。精准搜索服务中，可以基于企业画像信息开展检索结果的排序优化，将与用户需求精准关联的信息排序到更靠前的位置；精准聚合服务中，可以基于企业画像精准确定企业感兴趣的信息类型与主题，并对相关资源进行分层分类聚合组织，形成具有企业特色的知识门户；精准信息推荐中，可以基于企业画像所反映的企业用户兴趣模型，向其推荐可能感兴趣的信息，包括市场信息、政策信息、技术信息等；精准专家推荐中，可以利用企业的产品、服务、关键技术信息，确定对专家专长的要求，向其推荐更可能开展合作的专家；精准知识发现服务中，可以将企业画像作为知识发现基础数据筛选的过滤条件，剔除无关的数据，从而改善知识发现的质量；精准问答服务中，可以将用户画像信息作为上下文情境信息输入，进而提升机器智能回答的质量；竞争对手竞争跟踪中，可以利用企业画像中已经确定的竞争对手及竞争产品，对其动态信息进行跟踪，并按主体或产品进行聚合推送。

5.4 用户管理

市场营销，从理解市场和客户需要出发，设计以客户需求为指引的市场营销策略，并制订市场营销计划，目标是为了建立有价值的客户关系。

客户关系管理可以广义地理解为通过传递卓越的客户价值和满意，来建立和维持营利性的客户关系的整个过程。它涉及获得、维持和发展客户的完整流程。客户管理是企业从"以产品为中心模式"向"以客户为中心模式"转移的必然结果。客户管理的目标是一方面通过提供更快捷、更周到的优质服务吸引和保持更多的客户，另一方面通过对业务流程的全面管理降低企业的成本。基于大数据技术的客户管理，充分发挥了大数据的商业价值，又使得企业了解了客户的需求，开拓了业务，改变传统的经营模式，使企业获得利润的持续增长。

1. 背景分析——概念描述

概念描述就是使用大数据对某类对象的内涵进行描述,并概括这类对象的有关特征。概念描述可分为特征性描述和区别性描述,前者描述某类对象的共同特征,后者描述同类对象之间的区别。概念描述不仅可用来对客户数据集进行描述,进行特征化,还可以进行比较,如买商品 A 的客户群和买商品 B 的客户群进行比较,这样就可以根据不同的主题在不同层次进行挖掘,从总体上把握,加快对客户群的理解。用户画像,即用户信息标签化,就是通过收集与分析消费者社会属性、生活习惯、消费行为等主要信息的数据之后,使用概念描述方法,抽象出一个用户的商业全貌。通俗地讲,就是通过用户个人的消费习惯或行为习惯等数据,为用户打上标签。企业根据客户的画像属性,有针对性地进行营销。例如,A 企业是健身器材店家,而 B 客户的画像是一个"健身达人",那么 A 企业便可向 B 客户发送一些折扣商品的链接,吸引其购买。另外,企业还可根据客户画像,在了解客户的年龄、爱好等信息后,判断产品定位是否准确、功能设计是否完善等。

2. 群体划分——聚类

聚类指的是数据库中的记录可被划分为一系列有意义的子集。聚类增强了人们对客观现实的认识,是概念描述和偏差分析的先决条件。聚类技术主要包括传统的模式识别方法和数学分类学,下面以某电信企业为例说明其使用方法。

激烈的市场竞争使得电信企业必须划分客户群体,并按照划分群体选取细分市场进行定位,从而更好地满足客户需求和提高客户满意度,最终取得更多的市场份额。某市电信运营商曾使用 K-means 法进行聚类分析,数据分析员从业务系统选取 100 000 条客户数据,经过一系列处理之后,得到基于客户价值行为的客户细分结果。

(1)第一类客户(大众稳定型客户):该类客户人均消费不高,客户数量占总体样本的 40.38%,是主要客户群体。该类客户的特征是漫游需求很少,以本地通话为主,入网时间比较长,有较高的忠诚度。

(2)第二类客户(商务型客户):该类客户人均消费远高于总体水平,客户数量占总体样本的 9.15%。该类客户的特征是漫游费和长途费都非常高,属于经常出差的商务型客户,是电信企业的高价值客户。

(3)第三类客户(短信型客户):该类客户的人均消费与总体消费水平接近。该类客户长途费、漫游费和市话费水平都比较低,短信和新业务上的消费比较高,客户数量占总体样本的 19.53%。该类客户主要是以年轻人为主,对电信运营商推出的新增值业务比较关注。

(4)第四类客户(节俭型客户):该类客户的人均消费远低于总体水平,客户数量占总体样本的 16.24%。特点是各项业务费用都很少,以本地被叫居多,入网时间也比较短,不关心新技术和新业务,对运营商收入的贡献度最低。

(5)第五类客户(本地优质型客户):该类客户人均话费远高于总体水平,客户数量占总体样本的 14.70%。该类客户的特征是本地通话和长途通话都较多,各项消费都很高。

3. 购买行为预测——趋势分析

大数据技术帮助企业对用户消费行为进行合理的预测。虽然大数据更关心数据之间的相关性而非因果性，但消费行为模型的建立在一定程度上也可以利用因果关联，用数据进行判断分析，从而预测行为是否会发生、如何发生，以及相关的行为结果。以往需要进行大量人工分析的问题，如今可以迅速直接由数据本身得出结论。

例如，每年"双十一"的销售数据，可以根据当年日均交易额、当日历史数据、实时交易数据3种方法进行预测。此外，还可以利用购物车的大数据，因为"双十一"前很多消费者都会计划性地购买，早早把商品纳入购物车，然后等促销时下单。因此，依托购物车数据也可以对未来的购买行为进行合理预测。

有了对消费者未来购买行为的合理预判，对企业而言，就可以更好地准备生产、调整库存和安排物流配送等，从而实现对消费者需求的积极合理的响应。

4. 价值分析

基于大数据的客户关系管理，要抓住关键数据指标。以 RFM 模型为例，该模型有 3 个关键指标。

（1）最近一次消费（recency）：表示客户最近一次购买的时间（新近），一般而言，距离上一次消费时间越近的客户与企业的关系相对更紧密，对他们提供后续的商品或服务也最有可能会有反应。

（2）消费频率（frequency）：消费频率是客户在限定的期间（最近一段时间）内所购买的次数。消费频率越高，极有可能是满意度高、忠诚度高的客户。

（3）消费金额（monetary）：客户在最近一段时间内购买的金额。根据"帕雷托法则"，交易金额越大的客户，是越需要企业重点关注的客户。

也就是可以通过一个客户的近期购买行为、购买的总体频率以及花了多少钱3项指标来描述该客户的价值状况。

5. 流失分析

大数据中常会有一些异常记录，从数据库中检测出这些偏差很有意义。偏差包括很多潜在的问题，如分类中的反常实例、不满足规则的特例、观测结果与模型预测值的偏差、量值随时间的变化等。偏差检测的基本方法是寻找观测结果与参照值之间有意义的差别。比如，传统的客户流失分析一般是通过销售员对客户交易进行检测来实现的，这种方法很大程度上依赖于执行检测的销售员的个人因素，而大数据技术则可以帮助企业提高流失客户的判别效率。企业可先根据一般分类客户的正常交易数据进行初步的主动判断，再针对那些被认定为有流失倾向的客户进行深入分析，从而预见性地得到客观的数据结果。

 5-1

北京银行数字化客户标签体系创新

伴随着数字经济的迅猛发展，银行业数字化转型已成为顺应时代潮流、实现高质量发展的必由之路。北京银行把数字化转型作为全行转型发展的核心战略，在数字化转型核心战略指导下，制定了全行客户标签"数据＋平台"数字化转型体系，搭建全行统一客户标签体系，依托标签管理平台提供综合数据应用服务，使数据在业务流转中发挥精准性、完整性、规范性、实效性的业务价值。

为更好地解决全行客户标签数据分散、无法进行有效的数据汇聚整合、难以开展数据分析挖掘的问题，北京银行从客户标签体系建设出发，整合行内客户数据，以形成标签库、客户分群管理的方法，建立一套完整的标签管理方案。此方案搭建了规范灵活的客户基础标签体系，实现标签全生命周期管理和动态维护，支持角色授权、统计分析、画像展示等。同时，此方案支持客户画像应用，为客户分析提供基础画像和标签体系支持，生成标签信息通过数据服务的方式对外提供客户画像、客群分析、组合查询等服务。

标签管理平台的整体核心是针对"精细化标签管理+场景化客户画像+量化标签价值+做强客群分析+提高数据效能"5个业务目标，围绕银行所能提供的核心业务，打造灵活发展的业务形态和标签画像场景数据的持续支撑。具体如下。

一是精细化标签管理，从标签建设、使用、评价、变更到停用的整个生命周期管理过程，从源端提升标签需求质量，形成统一完善口径，促进数据共享性。同时标签的精细化管理也为行内标签体系带来完整的数据管理流程，平台可通过数据权限控制等场景有效的隔离或共享标签画像数据，实现标签画像数据的可管、可控。

二是场景化客户画像，标签管理平台针对不同的应用场景建立不同的客户细分标签画像，更有针对性地提供差异化产品和服务，在日渐复杂的金融场景下，单一画像已无法满足业务需求，平台提供灵活可配置的多场景画像集，实现不同场景下的画像应用，提升行内客户精细化管理、客户智能化精准营销等多场景下的业务处理能力。

三是量化标签价值，平台具有多种提供标签画像服务的方式和能力，系统会记录标签画像使用的情况，其中包括客群圈选、客群订阅、接口服务、批量服务等都会记录使用痕迹，通过标签热点排名、标签视图、覆盖客户情况、空置率、统计报表等功能多维度量化标签的价值。

四是做强客群分析，标签管理平台汇聚了全行客户的各类标签画像信息，系统具有高效的数据处理、数据检索、客群分析的能力，还具有客群动态分析、客群对比、客群追踪、客群订阅等多种敏捷功能，为全行总、分机构提供完整、高效的客群数据服务。

五是提高数据效能，标签管理平台支持用户依托统一客户标签体系基础标签建设成果进行数据分析；平台提供实时接口和点对点订阅方式为其他系统提供数据服务，实现营销活动的客群圈选、场景识客、客群分析等业务场景，极大地提高了标签画像的数据效能，提升了各级机构在客户和客群维度的数据获取能力。

北京银行"标签管理平台"项目促进行内客户标签体系的数字化、智能化转型，同时提高行内的客户标签数据分析能力。具体如下。

一是标签库，依托统一数据底座，依据客户基础属性、特征分类等维度，以行内关键业务系统应用为重心，实现基础标签与关联应用项目的联动，分层设计并建立我行客户标签库，标签类型主要包括基础标签、衍生标签、手工标签等，零售标签主要包括基本信息、客户价值、产品持有、交易行为、线上行为、客户偏好、潜在需求、风险信息、客户关系，对公标签主要包括关联关系、基础信息、经营状况、客户价值、客户潜力、信用与风险，标签数量2000余个。

二是标签客户画像，行内所有标签统一维护进入标签管理平台并实现场景化运用，根据标签库成果形成客户画像分析报告。

三是客群分析管理，行内客户按照与标签的关联关系，实现客群圈选、客群分析跟踪功能。业务人员使用灵活查询功能，可以拖拽标签、自由组合操作符进而生成对应的客群。标签管理平台支持查看生成客群的分析视图，对于固化客群，更是提供了客群跟踪功能，方便业务人员洞察客群标签变化，调高标签应用效率和效果。

四是客群数据订阅，为进一步满足多种业务场景应用诉求，标签管理平台支持以点对点灵活推送方式向外围系统提供数据产品，业务人员在标签管理平台圈选客群并发起数据订阅任务，依据客户名单即可定时推送至指定系统，提高了数据对应用场景的契合度和响应效率。数字化时代，用户运营更加讲究精准与高效。为凸显数据驱动业务发展能力、全面掌握多渠道用户行为，北京银行与神策数据合作研发了北京银行行为数据分析系统，将行为数据与交易数据融合，以实现更全面、更精准了解客户的目标。

在历时两个月完成系统搭建后，北京银行从客户行为分析、客群运营数字化、业务运营数字化3方面实现了行为数据采集、定性定量分析以及产出精准标签，为完善客户画像、客户圈层等打下坚实的基础。

资料来源：https://baijiahao.baidu.com/s?id=1757255792401602873&wfr=spider&for=pc

思考题

1. 什么是埋点分析？埋点对于产品运营的主要作用有哪些？
2. 试举例说明用户画像需要的海量数据类型。
3. 企业画像与用户画像有何不同？
4. 试阐述RFM模型的3个关键指标。

案例5-2：企业画像

助力国资国企实时在线监管

第5章扩展阅读

即测即练

第 6 章

大数据改善用户体验

【本章学习目标】

通过学习本章,学生应该能够掌握以下内容。
1. 掌握什么是用户体验,了解用户体验度量方法。
2. 了解内容定制的含义。
3. 掌握客户旅程设计方法。
4. 了解大数据在产品设计的应用。

6.1 用户体验及其度量方法

产品是有形的,服务是无形的,但其所创造出的体验却是令人难以忘怀的。在以用户为中心的时代,仅仅有良好的产品和服务还远远不够,还需要有良好的用户体验去建立长期与用户间的关系和维持较高的用户忠诚度。

要对"用户体验"下一个定义,我们可以先对这个词进行拆分,以便更好地理解。"用户"可以被理解为这是以人为中心的设计,而"体验"则没有这么容易解释。体验一词最早是从哲学、心理学、美学等社会科学发展而来,在《汉典》中,"体验"有两重意思,"一指在实践中认识事物,亲身经历体验生活;二指体察,考察"。因此,"体验"可以被理解为亲自验证后获得知识经验的过程。

6.1.1 什么是用户体验

2019 年,国际标准化组织发布了两个关于用户体验的标准:ISO 9241-210:2019-human-centred design for interactive systems(以人为本设计的交互系统)和 ISO 9241-220:2019-processes for enabling, executing and assessing human-centered design within organizations(以人为本设计在组织内的实现、执行和评估过程)。

用户体验是用户在使用产品过程中建立起来的一种纯主观感受。但是对于一个界定明确的用户群体来讲,其用户体验的共性是能够经由良好设计实验来认知。计算机技术和互联网的发展,使技术创新形态正在发生转变,以用户为中心、以人为本越来越得到重视,用户体验也因此被称作创新 2.0 模式的精髓。在中国面向知识社会的创新 2.0——应用创新园区模式探索中,更将用户体验作为"三验"(体验、试验、检验)创新机制之首。

ISO 9241-210 标准将用户体验定义为,"用户在使用或预计要使用某产品、系统及服务时,产生的主观感受和反应。"通俗来讲就是"这个东西好不好用,用起来方不方便"。因此,用户体验是主观的,且其注重实际应用时的产生的效果。ISO 定义的补充说明有着如下解释:用户体验,即用户在使用一个产品或系统之前、使用期间和使用之后的全部感受,包括情感、信仰、喜好、认知印象、生理和心理反应、行为和成就等各个方面。该说明还列出 3 个影响用户体验的因素:系统,用户和使用环境。

近些年来,计算机技术在移动和图形技术等方面取得的进展已经使得人机交互技术渗透到人类活动的几乎所有领域。这导致了产品的评价指标从单纯的可用性,扩展到范围更丰富的用户体验。与用户的主观感受、动机、价值观等方面相关的用户体验,在人机交互技术发展过程中受到了相当大的重视。

在网站设计的过程中,要结合不同利益相关者的利益——市场营销,品牌,视觉设计和可用性等各个方面。市场营销和品牌推广人员必须融入"互动的世界",在这一世界里,实用性是最重要的。这就需要人们在设计网站的时候必须同时考虑到市场营销,品牌推广,和审美需求三个方面的因素。用户体验就是提供了这样一个平台,以期覆盖所有利益相关者的利益——使网站容易使用、有价值,并且能够使浏览者乐在其中。这就是为什么早期的用户体验著作都集中于网站用户体验的原因。

6.1.2 用户体验度量方法

1. 用户体验度量的内涵

度量(metrics)是一种测量或评价特定现象或事物的方法。我们可以说某个东西较远、较高或较快,因为我们能够测量或量化它的某些属性,如距离、高度或速度。这需要一个稳定可靠的测量方法。1 厘米,不管谁来测量,都是一样的长度;1 秒,无论是什么时间计时器,记录的都是相同的时间。每个测量都有 1 个标准的定义作为依据。

度量存在于我们生活的许多领域,如时间、距离、重量、高度、速度、温度、体积等,每一个行业、活动和文化都有自身的一系列度量。与其他所有的度量一样,用户体验度量建立在一套可靠的测量体系上,所有的用户体验度量都可以通过直接或间接的方式观测。用户体验度量是可量化的,要求被测对象应能代表用户体验的某些方面,并以数字形式表示出来。比如,一个用户体验度量可以说明 90%的用户能够在 1 分钟内完成一组任务,或者 50%的用户没有成功发现界面上的关键元素。

用户体验度量揭示的是用户使用产品或系统时的个人体验,它反映的是用户和产品之间的交互有效性、效率、满意度。用户体验度量和其他度量之间的区别在于用户体验度量测量的内容与人及其行为或态度有关,因此用户体验度量往往会讨论置信区间以体现数据的效度。此外,还讨论在特定情境中哪种度量方式更适用或不适用。

用户体验度量在产品体验设计的循环迭代中属于承上启下的连接环节,通过对真实用户的体验反馈来对上一次迭代设计的结果进行验证,也是对下一步设计进行启发和指导。用户体验度量结构化了设计和评价的过程,能对结果有更加深入的洞察,同时也提供了重要的信息,使得产品的决策者能制定更加准确的策略。

综上，用户体验度量的主要目的是：验证设计的有效性，即是否真正提高了产品迭代后的用户体验；计算设计为业务带来的盈利，包括新增收入/减少支出；揭示低效事例，理解用户行为；建立度量基线作为产品体验的参照基准，用于产品迭代的目标制定，并长期监测产品发展。

2. 用户体验度量方法

为了提升用户体验，企业及其设计团队需要能够有效测量用户体验，理解客户的根本需求并实施必要的有针对性的投资和行动来优化用户体验。关于用户体验度量的代表性研究包括：操作绩效（正确率等）、可用性问题（频率和严重程度）、各种类型的满意度数据及生理/行为数据（如眼动追踪）等用户体验度量数据；可用性、易用性、满意度这几个维度是用户体验度量的普适维度，可以作为度量模型的底层基础；谷歌提出的用户体验度量框架 HEART 模型，包含 5 个维度，分别是：愉悦度（happiness）、参与度（engagement）、接受度（adoption）、留存率（retention）、任务完成度（task success）。结合学界的研究，在大数据分析视角下，用户数字消费体验的度量归纳为以下五个指标。

接受度：用户对产品与服务的认识及接受程度，表现为新用户对产品与服务的初次印象，度量范围包括用户生命周期中的认知、互动、同意、获得阶段。

完成度：描述用户完成网上支付及对所购产品与服务操作使用和反馈的时间、错误及退出率等指标，表现为用户对购买、使用及反馈产品与服务的操作体验，度量范围包括了消费和支持阶段。

愉悦度：主要与用户体验的整体满意度有关，涉及用户美感和易用性感知等因素，表现为用户对购买、使用及反馈产品与服务的主观感受，度量范围包括了消费和支持阶段。

忠诚度：体现为用户对品牌及产品与服务的偏向性行为反应，表现为老用户对品牌产品反复购买及对产品与服务持续活跃使用的行为，度量范围包括了同意、获得、消费、支持和酬谢阶段。

推荐度：被用于评估用户将要推荐某一产品或服务的可能性指数，表现为用户对所喜爱的产品或服务自发地进行积极推广，从而形成强大的品牌归属感避免用户生命周期进入离开阶段。

此外，由于大数据分析存在描述和预测两种类型。在以上指标体系中，展示新用户对产品与服务初次印象的接受度和表现用户操作体验的完成度以描述型分析为主，目的是总结用户在这两个度量指标中的状态，为后续的原因分析和体验设计提供分析基础。愉悦度和忠诚度则包含描述和预测两类分析，通过描述型分析归纳用户对产品与服务的满意度和偏向性行为反应，并以此为基础断定用户的偏好和习惯，预测用户预期行为，指导企业做出相关反应。例如，在用户获取阶段，依据用户的偏好与习惯，推送促销商品和优惠计划；在用户流失阶段，利用用户流失模型来发现最有可能流失的用户，从而及早采取措施来挽留这些用户；推荐度因其具有对用户情感因素的预测，属于预测分析的范畴。

6.1.3 用户体验度量的新技术

用户体验度量广泛适用于各种产品、设计和技术，日益发展的新技术有助于企业能够更好地收集和分析用户体验数据。下面分别介绍几种新技术在用户体验度量领域的应用。

首先是眼动追踪技术。早期眼动追踪技术主要分为观察法、机械记录法、眼电记录法和电磁感应法，后来随着摄像技术、红外技术和计算机技术的发展，科学家就尝试使用基于视频的眼动追踪方法，推动了基于红外高精度眼动仪的研发，非侵入式眼动技术主要采用的追踪方法有巩膜-虹膜边缘法、瞳孔追踪方法、瞳孔-角膜反射法，利用红外光捕捉眼球运动，更加方便易用。

近年来，眼动追踪技术的复杂性和可访问性的提高引起了商业部门的极大兴趣。一般来说，商业眼球追踪研究的功能是向消费者样本呈现目标刺激，同时眼球追踪器记录眼球活动。目标刺激的例子可能包括网站、电视节目、体育赛事、电影和广告、杂志和报纸、包裹、货架展示、消费者系统（自动售货机、结账系统、信息亭等）和软件。可以对所得数据进行统计分析并以图形方式呈现，以提供特定视觉模式的证据。通过检查注视、眼跳、瞳孔扩张、眨眼和各种其他行为，研究人员可以在很大程度上确定给定介质或产品的有效性。眼动追踪提供了分析点击之间的用户交互以及用户在点击之间花费的时间的能力，从而提供关于哪些功能最有用的宝贵见解引人注目，哪些功能会引起混淆，哪些会被完全忽略等宝贵建议。具体来说，眼球追踪可用于评估搜索效率、品牌、在线广告、导航可用性、整体设计和许多其他网站组件。除了主要客户站点之外，分析还可以针对原型站点或竞争对手站点。

眼球追踪通常用于各种不同的广告媒体。商业广告、平面广告、在线广告和赞助节目都可以使用当前的眼动追踪技术进行分析。一个例子是分析黄页中广告的眼球运动，研究重点关注哪些特定功能会导致人们注意到广告、他们是否以特定顺序查看广告以及查看时间如何变化。研究表明，广告尺寸、图形、颜色和文案都会影响对广告的关注。了解这一点后，研究人员可以非常详细地评估消费者样本关注目标徽标、产品或广告的频率。因此，广告商可以根据实际视觉注意力来量化给定活动。

除此之外，情感计算技术在用户体验度量领域也受到广泛关注。当代的认知科学家们把情感与知觉、学习、记忆、言语等经典认知过程相提并论，关于情感本身及情感与其他认知过程间相互作用的研究成为当代认知科学的研究热点，情感计算（affective computing）也成为一个新兴研究领域。从感知信号中提取情感特征，分析人的情感与各种感知信号的关联，是国际上近几年刚刚兴起的研究方向。

确定情感维度对情感测量有重要意义，因为只有确定了情感维度，才能对情感体验做出较为准确的评估。情感维度具有两极性。例如，情感的激动性可分为激动和平静两极，激动指的是一种强烈的、外显的情感状态，而平静指的是一种平稳安静的情感状态。情感的二维理论认为，情感有两个重要维度：①愉悦度（也有人提出用趋近—逃避来代替愉悦度）；②激活度，即与情感状态相联系的机体能量的程度。研究发现，惊反射可用作测量愉悦度的生理指标，而皮肤电反应可用作测量唤醒度的生理指标。

在人机交互研究中已使用过很多种生理指标。例如，皮质醇水平、心率、血压、呼吸、皮肤电活动、掌汗、瞳孔直径、事件相关电位、脑电波（electroencephalogram，EEG）等。生理指标的记录需要特定的设备和技术，在进行测量时，研究者有时很难分离各种混淆因素对所记录的生理指标的影响。情感计算研究的内容包括三维空间中动态情感信息的实时获取与建模,基于多模态和动态时序特征的情感识别与理解,及其信息融合的理论与方法,情感的自动生成理论及面向多模态的情感表达,以及基于生理和行为特征的大规模动态情感数据资源库的建立等。

情感交流是一个复杂的过程,不仅受时间、地点、环境、人物对象和经历的影响,而且有表情、语言、动作或身体的接触。在人机交互中,计算机需要捕捉关键信息,觉察人的情感变化,形成预期,进行调整,并做出反应。例如,通过对不同类型的用户建模(如操作方式、表情特点、态度喜好、认知风格、知识背景等),以识别用户的情感状态,利用有效的线索选择合适的用户模型(例如,根据可能的用户模型主动提供相应有效信息的预期),并以适合当前类型用户的方式呈现信息(如呈现方式、操作方式、与知识背景有关的决策支持等);在对当前的操作做出即时反馈的同时,还要对情感变化背后的意图形成新的预期,并激活相应的数据库,及时主动地提供用户需要的新信息。

目前人工智能的研究发展已经达到了较高的水平,同时它的研究内容也在逐步扩展和延伸。对人的情感和认知的研究是人工智能的高级阶段,在这个领域的研究中主要包括情感计算(affective computing)、人工心理(artificail psychology)和感性工学(kansei engineering)等。该领域的研究将会大大促进拟人控制理论、情感机器人、人性化的商品设计和市场开发等方面的进展,为最终营造一个人与人、人与机器和谐的社会环境做出贡献。

6.2 内容定制

内容是包含在产品和服务内部的信息,如文字标识、注释、新闻和图片等。在传统技术环境下,内容高度依赖于其载体,必须依附一定载体才能传送,受到很大限制。例如,文章内容的转移,要么是言传身教,要么是抄录;即便是随后出现了复印、传真、照相和扫描等方法,操作起来都比较麻烦,此时的内容难以个性化。数字技术和网络技术克服了内容传播的瓶颈,所有产品都可以变得数字化,这就大大降低内容对具体载体的依赖程度,数字化的内容通过网络在不同空间范围的不同载体间快捷地流转,为内容个性化的实现提供了便利条件。

在内容定制领域,大数据技术已经得到广泛运用,通过使用一定的运算方法和数理模型对大数据进行分析,可以强化对用户行为的准确判断、对用户选择的预测分析,重新建构内容产品和营销方式,并更好地满足用户的定制要求。

6.2.1 内容产品定制

大数据时代的企业,面对用户的多样化需求,将会有更多的机会去了解顾客,甚至可能比顾客自己还要了解他们的需求,庞大数据的支持让服务有了更好的延伸和更大的价值。

在大数据技术应用之前,人们听到最多的就是标准化服务或人性化服务。比如餐饮、酒店、旅游等，不管是标准化服务还是人性化服务，消费者享受的服务经过标准限制，对企业来说很大程度地降低了采购、人力、服务等管理成本。但随着产品和服务越来越丰富，不同消费者在实际体验上没有差别，始终遵循标准化服务的商家会发现他们的顾客在逐渐流失，所以产品/服务个性化定制逐渐占领市场。

一般来说，内容型产品是指以图文、视频/直播、音频等形式提供服务的产品形态，如抖音、快手、微博、今日头条、知乎、得到等。个性化定制是根据用户的设定来实现，依据各种渠道对数据资源进行收集、整理和分类，向用户提供和推荐相关信息，以满足用户的需求。个性化服务打破了传统的被动服务模式，能够充分利用各种资源优势，主动开展以满足用户个性化需求为目的的全方位服务。内容产品的个性化定制包括以下内容。

了解用户个性。了解用户个性就是找出客户最需要什么样的产品功能或服务，主要分三步：首先提取海量基础数据，从企业拥有的大数据中提取出最基础、有用的数据；其次，挖掘有用的核心数据，从基础数据中提炼有用的数据进行整理与匹配；最后，根据提取的核心数据，对客户的个性进行全方位分析，为个性化定制打下基础。

掌控个性化服务。一个客户群可能会分析出不同的个性化需求，宏观上，这是客户群共同的个性化需求特征，微观上，这是每一个客户的个性化需求特征。而过于分散的个性化服务无疑会增加企业的服务成本和管理的复杂程度，所以要根据企业的实际情况，合理设计个性化服务的方案。

设计个性化服务方案。即使上面两个步骤都很顺利地完成了，设计个性化服务时仍有许多问题要考虑。一方面，考虑是否将提供的所有数据都转化为服务。因为个性化服务还是要从企业自身的利益出发，目标客户及其需求应根据企业的实际情况有所取舍。另一方面，所增加的成本和实际收益是否成正比。个性化服务将耗费更多的成本，这是毫无疑问的，如果客户提出的个性化需求需要花费大量精力完成，而且所花费的成本在短时间内无法收回，那么这类客户也不在考虑的范围。

个性化服务设计的出发点就是对关键数据的分析，如果数据筛选和分析有误，那结果可想而知。所以只有收集到精准的消费者信息，才可以为他们定制更加个性化的服务和产品。

6.2.2 营销方式定制

广告是市场营销的四大手段之一，接下来以广告为例叙述定制化的营销方式。传统广告是以付费形式借用传统媒体进行单项传播的一种产品宣传形式。现代广告是指在互联网技术和大数据的推广应用下的借助新媒体而进行的产品传播。其呈现与传统广告有不同的特点：传播面广、不受时空限制、双向互动、定向选择、精准服务等。现代广告最凸显的特征是定制。"个性化定制"这一名词最早起源于法国的高端服装行业，是在当时特定市场环境中孕育出来的一种生产方式，即根据每个个体的需求设计独特性、专属性的服装，这种模式受到人们的广泛欢迎。个性化定制广告，是针对每一个潜在消费者的不同消费心理、兴趣爱好、生活方式等设计专属于每一位消费者的带有个人色彩的广告。定制化广告成为连接目标消费者和品牌的最佳服务方式。

随着互联网产业的日新月异，超大规模数据平台逐步形成，基于大数据基础上的精准广告数量陡增，它以全新的面貌引领广告业的革新和发展，不断突破传统的传播策略模式，形成新的广告传播态势。大数据时代数据的深度和广度为广告业注入了全新的生机和活力，借助大数据技术能够通过整合用户的基本属性、兴趣爱好、生活状态等基本信息，从而深层次分析其消费行为、消费情境，进一步获得受众的需求，实现精准个性化的广告信息的投放，提高广告主工作效率并节省其广告费用，满足受众个性化需求，提升广告时效性。

6.3 客户旅程设计

"客户体验是下一个竞争战场"，戴尔公司前首席信息官杰里·格雷戈勒如是说。今天，尽管许多企业都认识到了客户体验的重要性，但是仍有管理者局限于把客户体验理解为彬彬有礼的员工向客户提供人性化的服务。客户体验不是一个单点的感受，而是"客户对产品或公司全面体验的过程"。

6.3.1 客户旅程

客户体验就像是一个旅程。客户从产生想法到参与和购买，会跨越各种各样的接触点，因此客户体验是客户跨渠道、全流程、全接触点与企业互动后形成的整体感量，除非有设计完善的流程和技术支持，否则再能干的员工也不可能提供优质的、端到端的用户体验。优秀的企业需要专注于开发无缝体验，确保每个接触点互连。当我们以企业、卖方的角度去思考时，很难发现客户体验中的痛点，只有以客户的身份走完整个旅程，才会理解其中的成功和不足之处。在今天的数字化时代，企业和客户之间的接触点呈现爆发式的增长，要为客户提供高水平的、一对一的客户体验，就需要对客户旅程进行管理，确保客户与企业在线上线下的一系列接触点上成功地交互。

随着企业的视线开始从产品走向客户体验，客户旅程就成为了最核心的要素，对客户旅程的管理能力成为企业客户体验管理能力的衡量标准。当企业开始重视客户旅程，就会带来一系列的重大改变，如投资决定、业务优先级、客户参与度及量化标准等。特别是对于那些不直接和消费者打交道的企业，如消费品制造商和企业对企业（business-to-business，B2B），需要从根本上掌握新技术和新架构，用于搜集和分析客户信息同时和客户互动，并在设计产品时考虑客户体验。

客户旅程关注的是客户从最初访问到目标达成的全过程，而不仅仅关注某一个环节。通过分析完全从客户角度进行的旅程，能够找出企业的产品和服务在各个环节的优势和劣势。因为要触及成千上万客户的体验，所以技术对于客户旅程分析的重要性正在提升，行业的领先者们已经搭建起有效的数据管理平台，包括客户关系管理和分析技术的应用。在智能技术的支持下，支离破碎的客户旅程行为被重新关联起来，从前难以理解的一些客户行为可以很好地得到理解。

6.3.2 客户旅程地图

客户旅程地图（customer journey maps），是服务设计的一种工具，通常以消费者与服务互动的接触点作为旅程的架构，以消费者体验的内容构建故事，以用户的需求为导向，对不同服务接触点的用户行为和情绪进行分析解读，帮助设计者明确目标用户的痛点，定义产品的机会点，全面提升客户满意度和留存率。

过去的经验发现，许多企业无法在客户体验上有所突破，是因为他们惯用"从内到外"的思维方式，在研发和营销中，没有真正地做到以客户为导向。客户旅程地图可以帮助企业切换关注视角，重新从客户的思考、行为和情感角度出发，聚焦于真实的客户体验，找到实现客户体验升级的突破口。客户旅程地图一般包括用户角色、时间轴、接触点、用户体验4个主要部分，其设计步骤如下。

1. 确定目标

首先，需要先明确自身的业务目标。无论是想更好地协调销售和市场部门之间的工作，还是想提升客服部门的服务质量，明确的目标可以有助于创建与目标相匹配的旅程图，而与业务目标一致的客户旅程地图将会为企业带来深刻洞察。

2. 选择合适的客户旅程地图

常见的客户旅程地图可以分为3种类型，它们分别是当前状态地图、未来状态地图和日常生活地图。

当前状态地图："当前状态"是基于客户数据和观察研究，描绘了客户在与企业互动时所产生的想法、心情和行动，有助于企业了解当前体验中的缺陷和痛点，优化客户旅程，提升客户体验。

未来状态地图："未来状态"是基于企业的预测，把客户在未来与企业互动时所产生的想法、心情和行动可视化。它可以帮助企业拓宽视野，为搭建"完美"的客户旅程，明确业务目标和方向。

日常生活地图："日常生活"展现了客户日常生活中的经历、行为、想法和情绪。这类图可以帮助企业了解客户的生活，发现他们现实生活中的痛点，找到未被满足的客户需求。

通常会把"当前状态"和"未来状态"结合使用。先创建出"当前状态"，用于评估当前的业务和体验流程，找出痛点和服务缺口。再创建出"未来状态"，明确需要改进的领域和优化的方向。如果想深入挖掘客户需求，获得创新客户体验的启示，可以选择"日常生活"地图。

3. 数据收集和整合

创建客户旅程地图需要真实的数据做参考。所以，收集和整合各个渠道的客户数据是前期的准备工作之一。如果已经积累了很多的客户数据，可以直接使用这些现有的数据，也可以通过问卷调查、定性访谈、情景调查、访问数据库等方式来获取新的客户体验数据和行为数据。要发现客户的真实旅程，就需要从各种来源收集实际客户数据，如网站、移动 App 数据仓库、呼叫中心、电子商务平台和收银系统等，跟踪客户实际发生的交互。客户旅程地图通常只传达了一些少数的、具有代表性的旅程。但实际上，每个客户都会拥有自己独特的旅程，它们可能与企业设计的原型旅程相似，也可能完全不同。客户旅程分析可以通过揭示一段时间内，不同渠道之间各种不同的真实旅程，根据企业选择的测量指标（如转化率、重复购买率、忠诚度等）甄别出最重要的旅程。

4. 塑造人物角色

待数据收集和整合完成之后，企业需要经过数据分析和提炼，塑造出合适的人物角色。人物角色代表着某一类客户群体，是一个拥有共同特征和特性的虚拟形象。与数据相比，它更加鲜活，能够充分地还原一个人的想法、动机、情绪和行为方式，帮助企业了解其核心人群。

在塑造人物角色的时候，应该由浅入深，先整理出年龄、性别、感情状况、子女、居住地点等基本信息，再描绘出兴趣爱好、消费特征和生活习惯等，人物越形象越具有参考价值。

5. 梳理接触点

在绘制客户旅程地图的过程中，梳理接触点是十分关键的一步。因为客户旅程地图就是由一系列接触点组成，所以只有梳理好了接触点，才能画出一个完善的旅程图。梳理接触点的几个关键步骤：罗列出客户当前使用的接触点，以及企业希望客户使用的接触点；确定各个接触点的负责部门、区域和人员；梳理各个触点之间的联系，明确每个触点所能满足的客户需求；根据重要性对所有触点进行排序分级；衡量各部门在各个触点的表现，通过"增加"或"减少"触点，优化客户旅程。

6. 标注资源

绘制完地图后，需要在图中的各个触点上清楚地标出，哪些资源是已拥有的、可以用来优化客户体验的，哪些是目前没有但是未来需要的。例如，客户旅程地图显示，客服服务中存在一些缺陷。通过旅程图发现，是因为团队没有合适的工具对客户进行跟进，那么就可以建议管理层投资一些客户服务工具，帮助客服团队更高效地管理客户需求。这样可以清楚地看到现有资源的配置情况和每个接触点的资源需求情况，让企业能够有效地利用资源，用最少的资源耗费，提供高质量的服务，最大化地提升客户体验。

7. 亲自体验顾客旅程

客户旅程地图绘制完成后，可以把自己带入人物角色，亲身体验整个客户旅程。这样做能够帮助发现旅程图中不切实际的接触点、渠道或是交互方式。然后通过不断试验和修正，得到最贴近真实的客户旅程地图。

优化客户旅程是成功的关键。麦肯锡的研究表明，如果一个企业能尽力优化客户旅程，企业的客户满意度平均可以提高 15%，客户服务成本可以降低 20%，企业收入可以提升 15%。有了客户旅程地图的绘制和客户旅程分析，接下来给出更准确的行为预测，并通过旅程的编排或者设计新的旅程等更丰富的手段来优化客户旅程的体验，从而提高转化率。

综上，要实现灵活的客户旅程编排和触发，需要企业具备良好的数字化基础，包括业务能力、营销能力、服务能力等均实现模块化和数字化。这对于传统企业而言，是一个相当大的挑战。

6.3.3　客户旅程映射至企业生态

在体验经济时代，营销的任务就是为客户提供成功的客户体验，而这个体验的核心就是客户旅程。如果客户旅程不与真实的业务融合，那它就是一幅纸上谈兵的地图，而要真正实现成功的客户体验，就需要关注每个接触点，把客户旅程映射至企业生态，确保从售前、售中到售后，为客户提供全渠道、全流程、全接触点、一致性的愉悦体验。

1. 接触点管理

客户接触点管理的核心是企业如何在正确的接触点以正确的方式向正确的客户提供正确的产品和服务。信息技术进步带来的服务营销虚拟化，使得企业和客户之间的营销互动与信息交换模式永久改进，并创造出多种服务营销渠道和客户接触点。客户接触点管理变得比以往任何时候都更复杂，也更加重要。客户旅程是由多个接触点构成的，如实体店、工作人员、产品、企业官网、公众号、App 应用程序、客服等。在服务的每个阶段，客户都可以通过各种线上线下的触点与企业进行交互，并且不同接触点之间也不是单向线性的，可能会往返和迂回。真实的客户旅程往往比我们想象的还要复杂，据统计，一个省级电信运营商的各级线上接触点有 300～600 个，线下接触点则高达 1000～3000 个。要提升客户体验，需要找到关键接触点，并采取措施进行改善或优化。一般可以通过如下几个步骤进行：明确所有存在的潜在接触点；评估接触点体验；确定每个接触点对客户决策和态度的影响；确定优先次序；建立行动方案。

多接触点策略是企业深入推进分级服务分类营销的理想选择，但在多个客户接触渠道中保持一致的信息和服务水平是一项管理挑战。企业需要精心设计并在各接触点上准确提供一致的信息，防止造成客户的困惑与负面体验。例如，建立于 1765 年的劳埃德银行是英国四大私营银行之一。劳埃德银行通过与咨询公司合作，共同梳理出了 30 个关键客户旅程，以"评估新客户"和"企业抵押贷款"两个客户旅程作试点，并先后进行了 10 个核心旅程的优化。同时，劳埃德银行还构建了基于客户价值的运营体系，通过组织跨职能团队、建立客户旅程实验室、使用专有预算和重建关键绩效指标等一系列举措，推动数字化转型的实践。

2. 改善触点

改进每个接触点体验是建立和夯实好的客户体验的有效方式。然而，更重要的是考察客户的全程体验，只有进行全渠道、全流程的接触点优化，才能激励客户最终完成任务或解决问题。这个工作可以从客户全流程中的"关键接触点"开始，通过基于运营数据和客户调研的分析，找出客户在体验中的痛点，并将这些痛点进行优先级排序，优先改进那些影响关键业务环节的体验。同时，还需要在客户旅程的关键时刻创造一个或多个客户"真实瞬间"，以带来更好的客户体验，创造口碑传播的积极元素。

要打造优秀的客户体验,还需要构建积极的客户体验生态圈,打通企业内外部的生态体系。内部的生态体系包含客户可见的销售人员、客服人员、企业网站、企业App、微博和微信等自媒体渠道,以及客户不可见的,如法务、财务、人事、风控,甚至保洁员等。例如,在私立医院、中高端酒店等,一个保洁员的工作成果甚至会成为客户最终是否选择停留和购买的关键。而外部的生态体系包括材料供应商、技术服务商、代理商、经销商、仓储物流,以及合作的猎头、广告、公关公司等合作伙伴。

能否将客户旅程有效映射至企业的生态战略布局上,将成为未来企业进行客户体验管理的成败关键。每个企业必须将客户的生态价值链映射至企业的业务系统上,关注客户价值和情感,持续不断地为客户创造完美的体验。

6.4 大数据在产品设计中的应用

信息技术创新是设计发展的基本动力。在现代数字信息技术条件下,大数据将海量信息高速集合,为社会及行业活动提供可借鉴的素材和习惯,以及更强的分析判断力、创新能力和流程优化能力。在产品设计领域,大数据平台将海量的设计信息由传统的碎片化和无序化转变为更高效更智能的信息筛选与提供,不仅是数据自身的完善,更为应用提供了极大的便利。

6.4.1 产品层次分析

产品是指能够为市场提供的,引起消费者或用户的需求和欲望的任何东西。产品不仅包括有形物品,如电视机和手机,还包括无形物品,如服务、观念等。产品层次理论将产品分为以下5个层次。

(1)核心利益层次,是指产品能够提供给消费者的基本效用或益处,是消费者真正想要购买的基本效用或益处。

(2)有形产品层次,是产品在市场上出现时的具体物质形态,主要表现在品质、特征、式样、商标、包装等方面,是核心利益的物质载体。

(3)期望产品层次,就是顾客在购买产品前对所购产品的质量、使用方便程度、特点等方面的期望值。

(4)延伸产品层次,是指由产品的生产者或经营者提供的购买者有需求的产品层次,主要是帮助用户更好地使用核心利益和服务。

(5)潜在产品层次,是在延伸产品层次之外,由企业提供能满足顾客潜在需求的产品层次,它主要是产品的一种增值服务。

随着科学技术的进步和生产力水平的提高,人们的消费需求日益多样化,在这个竞争激烈的时代除了消费者需求的核心产品和形式产品,还需要提供更多的延伸产品,企业如果明确了产品的各个层次,在设计新产品、优化现有产品等方面就容易有新的思路和方向,这有利于企业产品形成自己的特色。随着大数据的兴起,企业可以依据大数据技术更好地对产品层次进行划分,从而实现产品的差异化。

一般认为，核心产品确定了不同产品所属的细分行业。例如，对于消费者来说，高端服装产品的核心产品是在舒适的购物环境购买到品质好且适合自己的衣服，除此之外还有可能得到导购员的个性化穿搭服务。而普通服装产品的核心产品是购买到合身的衣服。虽然这两个产品都归属于服装行业，但是若将行业细分，它们在其细分领域是有明显区别的。

随着人们生活水平的提高，他们的需求在不断变化的同时也更加多元和细化。大数据使得细分行业的再次细分成为可能。使用大数据可以更深入细致地了解每一个客户的需求，然后根据其需求构建不同的细分领域。在确定了行业的细分领域后，就需要为这些领域提供不同的产品来满足市场需求。大数据可以帮助企业确定产品的具体形式，如产品样式、包装、颜色等。

使用大数据技术可以精准判断产品能够满足消费者需求的程度，界定用户对某一需求的最低要求，如果达到这些要求，就获得了顾客忠诚度。例如，用户在购买冲锋衣时期望其防水、保暖、透气性好、外罩可脱卸等，如果企业能提供期望产品，就在一定程度上满足了消费者的需求。这有利于企业以较小的投入获得较大的客户满意度。

随着市场经济的不断发展，市场竞争日益激烈，用户对于期望产品的要求也随之增加。例如，用户购买的华为折叠屏手机，其延伸产品（企业承诺免费送上门，如果一个月内产品有问题，无理由退换，适当的质保期等）会逐渐演变为期望产品。为保持竞争优势，企业须使用大数据技术随时监测市场动态，并预测行业产品未来的发展方向。

6.4.2 大数据开发新产品

1. 大数据开发新产品的特征

新产品开发是企业商业活动中一个非常重要的环节。传统的产品开发思维是相对固态、封闭的，更多的是策划人思维，具有很强的主观性。但是在大数据时代，使用大数据新处理及分析技术，企业可根据更客观、高效的数据对用户的需求进行分析和预测，开发出更适用户和市场需求的新产品。基于大数据的产品开发思维具有以下5个方面的特征。

1）提供更客观的判断依据

大数据来源广泛，数据量巨大，获取数据时往往是在用户无意识状态下进行的，避免了刻意隐瞒的情况，因此其数据的真实性更高。企业根据这些数据对消费者的潜在需求进行判断、对产品未来的发展趋势做出预测，其结论就会更加真实、可靠。

2）更强的时效性、动态性

一方面，企业可以通过大数据的监测功能随时获得消费者需求及其变化的信息；另一方面，计算机处理和分析信息的速度明显高于人工，这样获得的新产品创意时效性较强。此外，大数据背景下的新产品开发是一个系统过程，整个过程在企业内部具有公开性，沟通流畅，可以极大地节省新产品开发的时间，有利于企业更快地提供新产品投放市场。

3）更清晰的产品、用户定位

产品的精准定位是一款产品成功的重要因素，这取决于企业对市场整体状况的准确判断。基于大数据的处理分析，产品在市场中所处的层次、需求量多少、与同类产品相比较的优劣势、哪些人将会是潜在的用户群体、用户的消费特点及行为方式等因素会以智能、动态的方式呈现出来，开发者能够对产品和用户进行更精准的定位。

4) 以更长的产品生命周期为目标

越是符合消费者需求、利益的产品，其生命周期就越长，为企业带来的利润增长也就越持久。通过大数据的分析，企业能够以较低的成本获取消费者的实时反馈，高效地对产品进行改良创新和升级换代，从而紧紧抓住消费者的心，有效地延长产品生命周期。

5) 资源整合式的整体思路

产品开发是一种资源整合行为，在传统的开发设计过程中，企业受限于行业间的封闭性以及信息互通的迟滞，常常无法高效地找到自己所需的资源，致使开发过程缓慢。通过大数据提供的海量信息，开发者能够迅速地搜寻到与自身需求相匹配的资源，并迅速将产品开发的上下游连接起来，组成有针对性的、灵活的开发链条，从而更高效地开展产品开发活动。

2. 大数据开发新产品的流程

传统新产品开发的流程大致经过以下 6 个阶段：产品构思的形成和筛选、形成产品概念、可行性及商业效应分析、产品研发试制、产品市场试销、正式投产上市。在大数据背景下，传统"并行"与"串行"的开发方式都显示出其不足之处。第一，各部门之间的信息不能实时同步，人员沟通困难，开发时间长，开发成本高。第二，开发流程可逆性较差。而大数据可以有效解决上述问题，利用大数据开发新产品大致分为以下 4 个阶段。

1) 需求信息收集及新产品立项阶段

用户信息以及材料供应商信息需要经过收集、加工和处理后储存在数据平台中才可以使用。数据收集和处理的主要过程如下：互联网与各式传感设备产生的数据经过抓取和存储形成初步的数据库，通过限制条件筛选形成目标数据库，再通过进一步筛选生成有效数据库，即形成数据平台。各类外部数据平台通过接入企业内部信息系统，企业内部各部门员工即可获得相应的权限访问数据。通过相关类别大数据的收集及分析，企业可以更加客观地对消费者需求及市场趋势进行准确的判断与预测，从而避免主观失误带来的误判，增加新产品概念的可行性，使新产品立项更加科学化。

2) 新产品设计及生产调试阶段

大数据背景下的新产品设计是一个企业内部信息互动的详细设计。在设计阶段，参与开发的各部门在合理的组织框架下，实时共享进程数据，减少因信息不对称造成的设计指标模糊不清，使开发方向始终保持明确。同时，也可使开发部门通过大数据实时掌握消费者的最新动态及预期，适时地对开发思路做出调整。依靠大数据技术，通过情感分析、语义分析，分析用户喜好，把握个性化需求，从而有针对性地制定产品方案和决策。另外，在生产调试阶段，通过大数据分析可以更快地找出生产过程中有问题的因素，并以最快速度进行调整。

3) 小规模试销及反馈修改阶段

通过小规模销售试用及大数据分析，可以迅速地获取消费者的使用反馈信息，在产品大批量投入生产前就能够预判市场反应，从而减少不适销产品给企业带来的损失。企业根据试销反馈信息和大数据综合分析对产品进行调整，减少了设计返工带来的时间成本增加,使产品不会错失上市的最佳时机。

4)新产品量产上市及评估阶段

新产品通过试销及相应的反馈改进,如果经过大数据再次分析证明可以被市场大多数的消费者所接受,就应该大批量生产并适时投放市场。在大数据背景下,企业可以根据全面的市场信息快速做出决策。企业还可以利用大数据对目标用户的信息渠道、对营销手段的反应、交易行为、购买偏好进行分析并制定营销策略,同时也可以预测用户对营销措施的反应。

6.4.3 产品策略优化

1. 在产品生命周期管理中的应用

一般来说,产品生命周期可以分为以下 4 个阶段:导入期、成长期、成熟期和衰退期。在不同的生命周期阶段,产品的销售额、利润额以及市场占有率是不同的。

(1)销售增长率分析法,是以产品的销售额增减快慢的速度来判定、预测该产品处于生命周期具体阶段的方法。

$$销售增长率 = (当年销售额 - 上年销售额) / 上年销售额 \times 100\%$$

当销售增长率小于 10% 且不稳定时为导入期;销售增长率大于 10% 时为成长期;销售增长率小于 10% 且稳定时为成熟期;销售增长率小于 0 时为衰退期。

(2)产品普及率分析法,是根据产品在某一地区人口或家庭的平均普及率,来判断该产品处于生命周期具体阶段的方法。产品普及率有两种算法。一种是单位人口拥有产品的数量,另一种是单位家庭拥有产品的数量,根据产品类型的不同,可以采用不同的算法。

当产品普及率小于 5% 时为导入期;普及率在 5%~50% 时为成长期;普及率在 50%~90% 时为成熟期;普及率在 90% 以上时为衰退期。采用此方法,需要掌握大量的统计资料。

以上两种方法虽然可以大致地划分企业产品所处的生命周期,但是对大多数企业来讲,这些划分方法存在弊端。销售增长率分析法是以产品实时的销售状况进行分析并划分生命周期阶段的,这种方法存在天然的滞后性;产品普及率分析法则需要在大量的统计数据的基础上才能相对准确地划分生命周期的不同阶段,而且这种方法很难适用于单个企业的产品。此外,这两种分析方法指标选取相对单一,不能够准确地判断或是预测产品正确的生命周期阶段,为企业制定营销策略提供依据。

在大数据背景下,企业可以获得较为全面的市场信息,利用多种类型的信息进行产品生命周期阶段的划分,还可以结合内部同类产品相关数据以及行业同类产品数据对新上市产品进行生命周期的预测。根据这些数据建立分析模型,通过分析模型预测出最佳的生命周期曲线,并明确地划分出不同的阶段。大数据分析可以通过代入不同变量,如销售额、销售额增长率、成本、市场占有率、现有消费者数量及使用者类型等,拟合产品生命周期曲线,并能判断各个阶段持续的大概时间。

通过大数据预测新产品的生命周期及其各个阶段,有利于企业从整体上对新产品上市后的整个过程的营销策略进行统一的规划和效果模拟预测。例如,在产品导入期,企业可以利用大数据对以往同类产品上市后采用的营销策略和手段进行类别和效果分析,并结合企业的目标、资源等条件选择一些恰当的策略和手段,随后利用大数据分析平台模拟用户反馈，判断这些营销策略和手段能否实现导入期的目标。如果模拟效果良好，则可以在新产品上市后正式投入使用。在整个导入期，企业需要时刻关注产品的销售情况，消费者对产品的认知情况，充分发挥大数据的监测和分析功能，一旦确定产品进入成长期，就要立刻采取相应的营销策略和手段。

总之，用大数据分析制定不同产品生命周期的营销策略，就是首先根据历史数据对同类产品的生命周期进行预测，同时辅以多种变量，如消费者购买行为特征等进行调整，然后对不同生命周期的营销策略进行规划并模拟消费者反映进行效果评估。在产品正式上市以后，结合产品销售的实际情况对大数据的预测结果进行持续的动态修正，并时刻监控消费者需求的变动趋势，持续改进和研发新产品。

2. 产品组合的动态优化

产品组合，是指一个企业在一定时期内生产经营的各种不同产品、产品项目的组合。它包括厂家生产的所有的产品系列或商业部门经销的所有产品系列，也是指一个企业所经营的全部产品组合方式。产品组合包括4个因素：产品系列的宽度、长度、产品系列的深度和产品系列的关联性。这4个因素的不同，构成了不同的产品组合。产品组合的4个因素和促进销售、增加利润都有密切的关系。一般来说，拓宽、增加产品线有利于发挥企业的潜力、开拓新的市场；延长或加深产品线可以适合更多的特殊需要；加强产品线之间的一致性，可以提高企业的市场地位，发挥和提升企业在有关专业上的能力。

企业最初确定的产品组合并不是一成不变的，而是需要定期对现有产品组合进行分析和评估，并决定是否增加或减少某些产品线或产品项目，是否深化产品项目的开发程度，从而对现有产品组合进行优化。传统的分析评价方法有很多，如波士顿矩阵法、GE矩阵法、产品项目分析法、产品定位图分析法等。在大数据的背景下，这些分析方法在极大程度上得到了深化和升华，企业能够利用更多种类型的数据去分析其产品组合。

由于市场需求和竞争形势的变化，产品组合中的每个项目，必然会在变化的市场环境下发生分化，一部分产品获得较快的成长，一部分产品继续取得较高的利润，另有一部分产品则趋于衰落。企业如果不重视新产品的开发和衰退产品的剔除，则必将逐渐出现不健全的、不平衡的产品组合。

为此，企业需要经常分析产品组合中各个产品项目或产品线的销售成长率、利润率和市场占有率，判断各产品项目或产品线销售成长上的潜力或发展趋势，以确定企业资金的运用方向，做出开发新产品和剔除衰退产品的决策，以调整其产品组合。

所以，所谓产品组合的动态平衡是指企业根据市场环境和资源条件变动的前景，适时增加应开发的新产品和淘汰应退出的衰退产品，从而随着时间的推移，企业仍能维持住最大利润的产品组合。可见，及时调整产品组合是保持产品组合动态平衡的条件。动态平衡的产品组合亦称最佳产品组合。

产品组合的动态平衡，实际上是产品组合动态优化的问题，只能通过不断开发新产品和淘汰衰退产品来实现。产品组合动态平衡的形成需要综合性地研究企业资源和市场环境可能发生的变化，各产品项目或产品线的成长率、利润率、市场占有率将会发生的变化，以及这些变化对企业总利润率所起的影响。对一个产品项目或产品线众多的企业来说这是一个非常复杂的问题,大数据分析技术的采用,为解决产品组合的动态优化问题提供了良好的前景。

企业在进行产品线分析时可以用多个变量同时分析一条产品线,如产品线发展前景、产品生命周期阶段、客户满意度、客户忠诚度、销售额、利润、市场份额等。这些变量信息有些是定量的,而更多的是定性的文字评论、图片或是半定量的点击量、搜索指数、转化率等。产品线上的每个产品项目对总销售额和利润的贡献是不同的。企业可以利用大数据选择恰当的模型分析不同产品项目的市场地位、产品项目开发程度、搜索指数、评价内容、投诉内容和数量、客户忠诚度、客户满意度等,从而确定某一产品项目是否需要被剔除;企业对其产品组合中各个产品线、产品项目进行了深度的分析之后,可根据其自身资源条件、市场状况和竞争态势对产品组合决策进行优化。常见的产品组合决策主要有产品线延伸策略、扩大产品组合策略、缩减产品组合策略。

希音大数据赋能设计原创力

在全球新冠疫情下,一家快时尚跨境电商品牌正在海外迅速发展——在 YouTube、TikTok 和 Instagram 上,网红展示着来自希音(SHEIN)的服装和穿搭,年轻人可以边看直播边下单。可以说,主攻"Z世代"年轻消费群体的 SHEIN 已成为最受欢迎的快时尚品牌之一,以日上新量超过 3000 件的"快时尚"速度,迅速覆盖全球众多国家和地区。

2021 年 5 月,应用追踪公司 App Annie 和 Sensor Tower 数据显示,SHEIN 取代亚马逊成为美国 iOS 和 Android 平台下载量最多的购物应用。据《2022 年胡润全球独角兽榜》,SHEIN 以 4000 亿元人民币位列全球第五大独角兽企业,力压京东科技和菜鸟网络。

服装行业时尚的话语权以往被名流所掌控,从贵族服饰到时尚秀场、时尚杂志,在过去,时尚是小部分人的特权,但本质上,时尚是一种普遍的社会心理现象。随着互联网的发展,时尚行业的话语权被解构和下放,引导时尚的权威性人物变成社交软件意见领袖,他们所倡导的事物、观念、行为方式等对网民产生了影响,并被普遍接受、采用进而推广。

"时尚"是一个快时尚品牌不容忽视的核心竞争力,SHEIN 不断强化品牌的设计原创力,通过大数据驱动以及一系列市场活动来展现他们对时尚设计和原创力量的重视。与传统的时尚公司"猜测"趋势不同,SHEIN 顺应趋势,通过市场趋势变化来迅速响应用户时尚偏好,并以此设计匹配的时尚单品,SHEIN 在时尚网站抓取流行趋势,包括流行关键词、流行元素、流行面料等,从而发现主推款、热推款,并将商品的信息分类收集,作为设计师参考的基础。

SHEIN 的上百个设计师会将收集的信息进行评审、调整和改造,审版完成之后 SHEIN 便会快速地制作样衣并推进至生产环节。因此在捕捉时尚潮流助力产品设计这方面,SHEIN 可以说是真正地做到了数字驱动。SHEIN 推出多个年轻设计师孵化项目——首先,推出了全新的设计师联名计划"SHEIN X Designers",该计划的目的是通过平台向全球市场招募年轻的创意力量,包括且不限于时装设计师和艺术家,全年向外界开放申请,帮助小公司和新兴设计师发展自己的品牌。该联名每期会推出不少于 3 个月的限时联名系列商品，首批加入该联名计划的是 7 位来自北美市场的年轻设计师。这些设计师的作品在线上虚拟时装秀上即秀即买，设计比赛还被制作成视频内容，连续在 SHEIN App 和 YouTube 等多个社交媒体平台上进行播放。

作为出货量巨大的新创品牌，仅依靠内部的原创设计显然是无法满足日常发展需要的，而 SHEIN 也巧妙地通过联名合作等共创的方式，借力海外的创意人才，强化时尚设计的原创力。比如，本季巴黎时装周期间，SHEIN 就在其快闪店中展示了与法国网红史蒂芬妮·杜兰特的联名系列，史蒂芬妮在 Instagram 上有 300 多万名粉丝，也是法国环保配饰品牌 Asoli 的联合创始人。针对孕期中的史蒂芬妮，此次双方打造了一个专门服务于准妈妈的夏季系列。此外，还有与法国新生代 R&B 歌手韦德内的联名系列，该系列由韦德内在其 17 岁生日之际与史蒂芬妮共创，俘获了大批"Z 世代"。SHEIN 目前已经与 20 多名设计师推出过联名系列。

资料来源：https://export.shobserver.com/baijiahao/html/423066.html

思考题

1. 什么是用户体验？举例说明情感计算技术如何应用于用户体验度量。
2. 试阐述客户旅程地图的设计步骤。
3. 利用大数据开发新产品有哪些阶段？
4. 试说明如何利用大数据技术实现产品组合的动态优化。

案例 6-2：超市的客户旅程地图设计

第 6 章扩展阅读

即测即练

第 7 章

大数据计算广告

【本章学习目标】

通过学习本章，学生应该能够掌握以下内容。
1. 掌握原生广告的概念、特点及类型。
2. 掌握程序化广告及其交易模式。
3. 了解计算广告系统框架及核心技术。
4. 了解物联网广告的概念及商业模式。

在网络时代，广告主的营销理念已从"媒体导向"向"受众导向"转变。以往的营销活动须以媒体为导向，选择知名度高、浏览量大的媒体进行投放。如今，广告主完全以受众为导向进行广告营销，因为大数据技术可让他们知晓目标受众身处何方，关注着什么位置的什么屏幕。大数据技术可以做到当不同用户关注同一媒体的相同界面时，广告内容有所不同，大数据营销实现了对消费者的个性化营销。

7.1 原 生 广 告

7.1.1 什么是原生广告

科技的发展除了能够丰富人们电子设备的选择，也让生产者与消费者之间信息不对称的天平发生了根本性变化，特别是网络的存在，消费者由商品信息欠缺变成商品信息过剩的一方。在有限的屏幕空间中，那种常常打断人们正常浏览行为的传统展示型广告，如弹窗、横幅广告等形式越来越受用户厌恶。广告活动的传播逻辑应转变为剔除干扰人们正常浏览体验的过剩信息，确保消费者能从容获取真正需要的、有价值的信息，从而有效促进生产者与消费者之间的衔接。于是，原生广告应运而生。

"原生"概念诞生于 2011 年的广告领域，由联合广场风险投资公司的创始人弗雷德·威尔逊在 9 月 OMMA 全球会议上提出，并从 2012 年开始进入快速发展期。软文、搜索广告以及社交网络中的信息流广告都可以看作原生广告的起源。但目前尚没有人能给原生广告一个明确的定义。

Buzzfeed 公司的总裁乔恩·斯坦伯格认为，"当你用内容的形式并冠以该平台的版本，就是一种原生广告。例如，在推特里面，它会是一则推特，在脸书里面，它会是一则新的状态，在 Buzzfeed 里面，它会是一则报导。"

Deep Focus 公司的首席执行官（chief executive officer，CEO），伊恩·沙弗认为，"这是一种以消费者本身使用该媒体的方式，去接触消费者的广告方式。"

雅虎公司的销售副总裁帕特里克·阿尔巴诺，2013 年在亚特兰大举行的一场原生广告研讨会上分享，他认为原生广告形式更多元，可能是图片、影音、或是文字，只要是消费者体验的一种，它都可以被称为是原生广告的形式之一。

"原生广告（native advertising），它是一种让广告作为内容的一部分植入到实际页面设计中的广告形式。"Sharethrough 公司的 CEO 丹·格林伯格说。

Solve Media 给出的定义是："原生广告是指一种通过在信息流里发布具有相关性的内容产生价值，提升用户体验的特定商业模式。"

IDEAinside 给出的定义是：原生广告通过"和谐"的内容呈现品牌信息，不破坏用户的体验，为用户提供有价值的信息，让用户自然地接受信息。

可见，原生广告是与品牌整合相关的一种广告形式，它将营销内容融入用户体验，能够为用户提供有价值的信息，使其与平台上的其他内容更加契合，具有"原生性"。原生广告使广告和网站内容融在一起，使消费者根本没有发现正在阅读一篇广告。原生广告就如同有保护色的昆虫一般，在环境中不易被发现真实身份。它可能是微信公众号、朋友圈、微博、知乎等社交媒体上的一则分享，或者是品牌制作的视频、照片或网页，因为与平台的原生内容在形式和感觉上都很匹配，可以完美融入其中而不被察觉。

原生广告是从网站和 App 用户体验出发的盈利模式，由广告内容所驱动，并整合了网站和 App 本身的可视化设计。简单来说，就是融合了网站、App 本身的广告，这种广告会成为网站、App 内容的一部分，如百度搜索广告、脸书的 Sponsored Stories 以及微信朋友圈广告都属于这一范畴。

对原生广告而言，将广告"原生化"的直接目的是为了避免展示性广告为用户体验造成的负面影响，希望广告能在用户正常的内容消费中和谐地存在，从而达到良好的传播效果。

7.1.2 原生广告的特点

1. 内容原生，具有"去广告化"的形式

原生性是指广告由内容驱动，内容的呈现不会破坏媒体原来传播的内容。原生广告的内容不具有侵扰性，不会为了吸引消费者的注意力而突兀地呈现，力求融入原有的媒体内容，没有一个固定的广告形式，或者说，原生广告是可以根据媒体的不同而任意"变形"的。以微博为例，微博的信息流广告以"好友微博"的形式出现，用户在使用微博的同时会在形式上将其视作一条普通微博而不会对其产生排斥感。

2. 广告内容和传播均具有价值性

内容的价值性主要体现在信息性、趣味性和共鸣性三个方面。具有价值性的广告内容，通常更容易满足受众的社交需求，因此更有可能被用户所接受，甚至主动分享和传播，从

而产生良好的营销效果。原生广告最显著的特点就是内容具有价值性，除了展示广告信息之外，还向受众提供了满足其生活形态和生活方式的信息，甚至在情感层面与受众产生共鸣。例如，腾讯视频就曾携手大众途锐策划了一档"逐路远征之旅"的创新原生故事节目，邀请郎永淳驾车一路沿着中国的历史文化名城，寻找历史并且讲述自己的人生故事。以车践行，以行见人。该原生广告不仅让用户看到了产品和明星，还让用户在潜移默化中感受到了自己所认同的价值观。

3. 广告的投放更加精准

广告投放的精准性包括：内容的精准，即投放给有需要的用户；时机的精准，即在恰当的时间推送广告，或在不同的时间投放在不同的媒体；位置的精准，即根据用户的实际地理位置推送广告。原生广告主要采取信息流推送和用户搜索两种形式进行广告投放。在智能时代，基于大数据应用的媒体平台能够将原生广告准确地推送至相应的用户，而用户的搜索行为也会跳出基于数据检索匹配的广告。微博、微信等客户端软件将社交化、本地化、移动化结合在一起，通过媒体使用者的地址信息和签到信息来判断广告受众的爱好、习惯和需求，使得原生广告的投放更加精准。

4. 广告传播渠道多元化

形式的多变和内容的价值让原生广告具有较高的媒体适配性，可以在媒体平台中进行广泛传播，拥有多元化的传播渠道。其主要表现为多平台传播和多层级传播两个方面，即原生广告可以适配不同的媒体，并且易于获得二次传播、三次传播甚至多次传播，甚至形成裂变式传播。

7.1.3 原生广告的类型

如果要细分原生广告的类别，可分为内嵌品牌的内容广告、插播广告、激发互动广告以及可实现点击呼叫的搜索结果广告。从投放目的上可分为品牌类和效果类，而在效果类和品牌类投放中，效果最好的又属视频原生广告。

原生广告的形式不受标准限制，是随场景而变化的广告形式。视频类的原生广告可以是某个视频背景中的一个广告牌，也可以是视频人物手中拿的一个物品，也可以是视频暂停、加载、结束后弹出的广告插屏。主题类原生广告就是通过深度的植入，将广告信息制作成各种主题、皮肤等。信息流（Feeds）广告，如脸书、微信广告等在信息流中插入广告。原生信息流广告已经成为并将继续成为品牌主推广的高地，其中尤以原生视频广告最为突出。原生信息流广告投放的优势：广告投放关联企业号主页，可增加主页关注互动，用户与企业号互动性增强。信任感、多内容、长周期，是原生信息流广告重要的营销价值增量。下面是移动端原生广告的几种主要形式。

1. 视频类

在全屏和滚屏，视频原生广告和 H5 视频广告等几种广告投放形式中，滚屏是用户在投放选择时最少选用的，视频原生广告占比最大。

原生视频广告将广告融入手机应用或手机网页，为广告主提供有别于传统前贴片视频广告的方案，降低广告对用户的干扰，提升用户体验。原生视频广告展示信息更全，更容易吸引用户，用户在被内容吸引后的点击比误点转化率更高；图片或视频广告在移动设备屏幕上就是视觉中心，而动态展示的视频则是绝对的视觉焦点；多数视频原生广告会在广告结束后停留1秒或更长，以显示其产品LOGO、名称或跳转链接，给用户记住产品或下载时间，这恰恰抓住了用户在视频观看时的一系列心理反应。

视频类的原生广告，常见的多用在手机游戏里的插屏原生广告，是轻度手游产品的重要变现方式，放在游戏暂停、过关成功、失败等环节，进行定制投放。随着网络环境的改善，动图和视频也越来越被用户追捧，视频原生广告比原生静态广告的千次网页展示收入高出了300%~600%。可见，原生视频广告更能抓住用户，为用户所喜。

2. 应用开机和主题表情

应用"开机报头"：主题类原生广告就是通过深度的植入，将广告信息制作成各种主题、皮肤等。锁屏原生广告，与桌面图片融为一体，对同一用户多次曝光。

3. 桌面原生广告

这类广告通过在手机桌面、应用功能中设计高级编程语言（icon）按钮，点击后进入一个广告墙，点击按钮进入页面。原生广告插入，广告入口和桌面融为一体，点击率高，国内不少桌面应用在全球拥有大量用户。

4. 信息流（Feeds）广告

如脸书、新浪微博、微信广告等在信息流中插入广告，最常用也是使用最广泛，最具有变现能力的形式之一。信息流广告的优点是定位精准，部分可嵌入跳转链接（常见于linked in-feed ads）；缺点是以文字图片为主，常带有"推广"字样告诉用户为广告内容，用户浏览迅速，易被信息流覆盖。

5. 手机导航、搜索类

导航应用的功能就是帮助用户方便地找到喜欢的应用，是很好的分发平台。移动搜索原生广告常用于Yahoo、谷歌、Bing、Ask等。优点是，因为用户通过搜索了与产品/广告内容有关的关键字而跳转出来以静态图片形式出现在搜索结果界面下方，定位精准，且可嵌入跳转链接；缺点也是Banner图的一种，形式老旧，用户疲倦。

搜索广告的展示形式与自然搜索结果基本一致，也可以看成是存在于同一个信息流当中。因此，它的高变现能力也部分地源于这种原生的产品形式。另外，搜索广告的另一个特点，即用一个明确的查询来触发广告。搜索广告与内容的混合方式有两种，一种是将广告在固定的位置上展现，另一种是将广告与内容混合排列在一起。

6. 移动端应用浏览/推荐导航

一般出现在浏览器"热门应用""推荐导航""搜索风云榜"里，是为了抬高在用户心中的地位。Banner一直以来是移动广告最常见的展现形式，醒目的图片和附带的文字为用户提供有价值的信息以增强广告互动。推荐与搜索广告类似，常为购物平台所用，搜索一件商品时，广告平台会同时推荐某些特定品牌，如常植入在淘宝、拼多多购物平台，多数都会在广告商品的位置加注标识符。

同时,由于移动设备有丰富的用户行为、地理位置和传感器信息,使得通过数据推断用户场景成为可能。例如,每天上午 10 点检测用户所处的位置,如果统计发现每月有一定的天数且为工作日时间在同一个地点附近出现,那么可以推断这个地点就是该用户的上班地点。以后只要用户出现在这个地点就可以认为这个用户处在上班的场景,这为大数据广告投放提供了定制依据。

7.1.4 原生广告的程序化之路

随着机器学习和人工智能技术的发展,新的媒体环境对原生广告的互动性、精准性提出了更高要求。聚合了原生广告信息与内容高度融合和程序化广告精准推荐优势的程序化原生广告将内容、广告、用户和场景完美匹配,既能促使用户主动获取广告信息,又能达到贴合用户需求的营销效果,是原生广告未来发展的不二选择。但原生广告的程序化之路在现实中存在不小的困难。

第一,原生素材个性化需求多样与广告资源不足并存。不同媒体对同一广告素材的形状、字体、大小、颜色等属性有不同的需求,因此,广告交易平台需要根据各媒体平台的特定要求将各种类型的原生素材拼接到相应位置,建立个性化的原生素材库,这就意味着广告交易平台将面临不小的工作量。但是,原生广告的几个主要平台大都自己搭建了广告投放平台来内部消化原生广告,提供给公共市场的资源较少。

第二,各平台间数据流通不畅,对接存在困难。原生广告如果要与用户浏览的内容匹配,就要开放上下文数据,特别是能够提供用户画像,使广告以原生的形式展现给特定人群的用户属性参数。然而该参数一般由媒介平台控制并传输,媒体不会轻易将其传送到广告交易平台的服务器中,从而造成了数据流通的局限性。同时,如果要大规模投放原生广告就需要和海量平台对接,并且准备数目庞大且优质的广告素材,那么广告制作成本也会随之大幅上涨。

7.2 程序化广告

7.2.1 程序化广告的概念和特点

1. 概念

"程序化"是指通过编程建立规则或模型,使得计算集群能够对海量数据进行完全自动的实时分析和优化,该手段贯穿程序化广告的始终。程序化广告包括程序化(广告)购买、程序化(广告)交易和程序化(广告)投放 3 个主要环节,同时还包括购买前的洞察、创意和购买后的优化等,但目前尚未形成程序化广告的正式定义。

综合多方观点,可以将程序化广告视为"一个由数据驱动的系统,通过对数字展示广告的媒体库存进行实时竞价,以自动化的方式实现广告销售交易,向潜在消费者提供规模化、个性化的营销信息"。即通过程序化广告,卖家可以自定义购买对特定人群的媒体展示,也可以按用户的不同行为展现不同的广告,买家可以挑选他们需要的受众并进行竞价,竞价获胜者就可以将他们的广告在合适的时间推给合适的受众。程序化广告解放了人力,借助大数据技术解决了广告投放效率低的问题,实现了实时、精准的广告投放。

2. 特点

首先,与传统广告相比,程序化广告最显著的特点是投放目标更加精准,既可以帮助企业精准匹配广告信息与目标消费者,更能让不同的目标消费者在恰当的时间、场景中看到恰当的广告内容。在移动互联网时代,每一台智能终端设备就是一个人,营销环境呈现高度碎片化,如果只是对单一屏幕进行割裂分析已无法保证数据的精确性和沟通的效率。而程序化广告拥有强大的受众识别能力,可以通过海量的数据分析将人群标签化、数据化,精准地触达目标受众,在避免预算浪费的同时获得较高的转化率。此外,技术的进步已经使得跨屏身份识别成为可能,程序化广告可以通过对多屏幕下的同一个用户进行更加深入的分析,找到适合广告主的跨屏人群,从而实现营销活动的精准化。

其次,程序化广告的购买与传统广告的购买最大不同在于其可以实时调整。一方面,在注重"受众购买"的程序化营销中,技术与大数据的互联实现了广告内容与投放场景的互联互通,广告创意能够实现动态化产出,即同一品牌的不同目标消费者在不同时间、不同场合下所看到的广告内容也不同,推动营销传播效果的最大化。例如,某产品目标对象包括大学生、职场新人和奶妈奶爸等,而每一个簇群又可以根据性别、区域等再进一步细分,在程序化广告发布的时候,不仅不同目标对象看到的是不同的广告内容,而且同一对象中的男性和女性所接受的内容也不完全相同;再进一步,同一目标对象中的男性和女性在上午和下午、不同区域看到的广告内容亦不相同,系统可以根据不同的时间场景和地域特点,推出更有针对性的广告内容。另一方面,程序化广告购买可以让广告主实时通过不同的投放组合合理分配自己的预算,提升每一部分的贡献价值度,提高广告营销投资回报率。同时广告效果也是实时可见的,在许多数字信号处理(digital signal processing,DSP)系统中有多个报表维度,可以自由组合,广告主可以根据效果的好坏和竞争情况随时调整自己的出价,进行实时优化,整个广告的选择和投放都变得很可控。

最后,如果将广告投放比作捕鱼,那么传统广告就是在人工湖泊里打捞,而程序化广告则是在海洋里作业,资源海量且天然,而且方法更加科学有效。从对广告位的购买变成对受众的购买,从媒体投放变成采用广告交易所的方式投放,广告主及代理商从被动投放到主动选择,实现了媒体和广告主的双赢。同时,伴随消费者对程序化营销投放内容的点击、购买等行为轨迹,广告主也会相应获得更多消费者复杂行为数据,使下一轮广告营销更加精准有效,即程序化广告增强了广告流量的变现能力。

7.2.2 程序化广告的交易模式

以下是一些常见的广告交易模式以及其交易特点。

1. "传统排期"广告投放

通常互联网展示类广告都是以时间单位来计费的。大部分按天,也可以按周、按月、按季度，如一些软广植入合作，或者搜索专区等，因为单日流量较小且存在不确定性、通常选择周期性合作。单日合作也不一定是全包，一些大流量广告位也可以买轮播，分担成本。广告主可以根据平台规则自主选择广告位和推广时间，包期费用与广告点击量无关。网站所有者决定每个广告位的价格，广告主可以按照广告位所标定的价格自由选择购买的时间段。媒体一般每年会制定出不同点位的对外公开报价表（一般称为刊例表）。

这种"传统排期"广告投放（常规投放）的优点是：交易模式成熟，商业规则易约定及谈判，流量相对"清晰"；上下游各环节利益格局稳定；交易双方销售沟通成本低；卖方媒体资源售卖率有保证。缺点是：买方跨媒体流量利用效率低下（目标人群重复投放）；买方优化手段较单一（单媒体人群、行为分析等）；对于买方，数据反馈不及时、黑盒操作、无法积累数据资产；卖方售卖资源集中被争抢，剩余流量无法变现，只能配送。在这种模式下广告主会被迫买下很多非预期的用户流量，造成营销预算的浪费，无法做到"在合适的时间、合适的地点对合适的人传递合适的信息"。正是在这样强烈需求的推动下，广告主纷纷同媒体沟通探索改变的可能性。另外，媒体卖方角度也存在强烈的将"剩余流量"变现的需求。传统排期包段采买的模式下广告主一般都期望能买到"较好的位置"（例如首页、热播剧之类的点位）。这些"较好的位置"基本都供不应求，争抢严重，有的可能需要提前半年预定。但是媒体方有很多广告位流量同样也能有效地将信息传递给用户，只是因为位置非首页等显要位置，或深藏在某些专题内容页的位置等，往往无人问津。媒体方要么便宜贱卖，要么干脆打包配送出去，所以媒体卖方也在思考探索改变的方法。

2. 广告联盟

广告联盟是一种介于想出售广告的众多小网站与想在众多网站上刊登广告的广告主之间的平台。比较知名的大型广告网络有百度联盟等，其主要商业动机源自中间商或媒体出于自身业务的需要，先采购一批广告库存，然后将该广告库存通过某种方式售卖给广告主。

广告联盟常见商业模式如下：赚取低买高卖的差价；自身业务的有效延伸，如百度联盟是对自身搜索关键词业务的有效延伸；买方存在大量采购广告库存的需要，所以搭建一个广告联盟一方面可以以较低的价格采购流量，另一方面自己消耗不掉的广告流也可再做售卖进行变现；降低媒体成本、争取价格上的竞争优势、获取更多预算。

广告联盟模式的优点是：卖方聚合流量规模效应带来价格及利润的优势和空间；交易模式相对成熟，卖方可按媒体垂直分类打包售卖；卖方以卖媒体流量为主，按媒体属性分类。缺点是：售卖的长尾流量居多，不够高大上，尤其对于大品牌广告主；售卖的流量相对"模糊"；对于买方，数据反馈不够及时、黑盒操作、无法积累数据资产。

3. 实时竞价

对于受到迫于变现与业绩压力的媒体卖方（流量方）来说，如何商业变现利益最大化是时刻在思考的问题：卖方（媒体）黄金点位流量有限、长尾媒体资源较多；网络碎片化趋势导致卖方剩余广告库存增多；卖方不承诺流量；通过竞价模式产生更高溢价（交易价格不定）。买方（广告主需求方）出于提升媒介效率、提升营销投资回报率的诉求，在如下综合因素下促成了剩余流量实时竞价的交易模式：广告主需要跨媒体针对人进行广告采买；大数据概念与技术的强劲发展；市场与产业链形成。

实时竞价是程序化广告领域中很重要的一个概念，是程序化购买的关键。类似股票交易市场，卖方买方都到一个市场中进行交易。广告流量卖方通过程序化的方式将广告流量接入广告交易平台中，并设定底价，当用户浏览媒体内容页，有一个广告位需要展示广告时，卖方会将该广告曝光机会通过广告交易平台向各程序化买家发起竞价请求。各程序化买家根据对该广告曝光机会的评估背对背出价，广告交易平台收到各个程序化买家的出价后，进行比价，找出出价最高的买家，将出价最高的买家的广告素材给到媒体进行展示，同时将竞价成功的结果返回给到胜出的程序化买家，整个过程都是通过程序化的方式在100毫秒以内完成的。实时竞价与传统广告投放的区别在于：通过程序化方式采买、投放、优化，实时管理媒体数字广告流量的每一次曝光机会，带来了"更接近真实"的精准营销，在对的时间点对目标受众传递合适的广告内容。

实时竞价的交易模式优点在于：卖方可实现剩余流量变现，也可采用竞价方式售卖；买方可跨媒体针对人群投放，流量可管理；买方可买人，而不是买流量，最大化投放效率；买方可重点关注效果；买方可根据实时反馈的数据闭环优化广告投放；利于买方数据积累。缺点是：售卖的流量不够高大上，尤其对于高大上的品牌广告主；售卖的剩余流量质量参差不齐，流量相对"不清晰"；公开竞价方式的问题在于，广告位资源和价格都无法预知，造成了投放广告不确定性的增加；"老板"看不到广告。

4. 程序化直采模式

对于大品牌广告主来说，他们更注重品牌形象，预算充足，有足够的商务能力采买黄金媒体点位的流量，内部提升广告投放效率诉求强烈，如降低单人覆盖成本、流量筛选、针对目标人群投放、降低频次、扩大受众、降低广告对潜在目标用户单次有效推送成本等，这些大品牌广告主十分希望能通过程序化的手段对自己包段的黄金资源的流量进行程序化广告投放从而提升广告投放效率。这样就催生了介于传统排期和实时竞价之间的变通模式——程序化直采模式。

这种模式是传统排期采买模式的简单升级，采买的流程和环节并没有变化，仅对广告主包段的黄金资源流量运用程序化广告的手段进行管理，在一定的限制条件下做到在合适的时间、合适的地点对合适的人展示合适的广告。这种模式也是很多业内人士俗称的保价保量模式，按照传统采买模式依据第三方监测的数据来结算。基于该模式广告主可得到：创意投放规则按广告主业务需要自由设定，如创意简单轮播，新品上市时段利用广告投放进行配合，锁定地域对某套创意进行轰炸投放，向特定人群投放某套创意（首次曝光锁定），媒体属性分类的定向投放（门户首页/内文、垂直媒体首页/内文、专属类型栏目）等；目标人群广告目标受众（target audience，TA）投放；根据行为数据优化（点击、到达、转化）；数据及时，可实时根据反馈的数据闭环优化广告投放；跨媒体联合频控（商务上会有退量的需求）；多子品牌预算、曝光、点击、UV控制；配合营销活动执行各种复杂的投放规则，如时段、地域、UV第一次曝光、流量占比等。然而，此模式门槛太高，一般的广告主若年预算没有亿元级规模很难玩转该模式。同时"保价保量"对流量的筛选还是不能100%退量，无法做到极致。

5. 优先交易模式

对于流量卖方来说，媒体每天的流量实际是波动的，尤其对于排期售卖的点位，排期预订之外的流量会随着这个流量波动而出现"剩余"，而这些流量质量也相对较好，之前很多媒体会寻找一些打底的广告主以稍低的价格把这些流量卖出去。由此，买卖双方的需求再次契合，就产生了优先交易模式：流量卖方会为卖方定一个相对较高的固定价格，广告请求来的时候若程序化买家判定这个流量是自己想通过优先交易模式的优先权来获取的，那么其会返回索要响应。该广告曝光机会就会优先展示该广告主的广告。这种模式也是买方卖方双方事前一对一约定的，只是卖方的库存是不保证的，价格是事前约定好且固定的。该模式广告资源具有一定的不确定性。这个不确定性并不是指广告位不能被锁定，也不是指广告的价格不能预先谈好，而是指广告位的展示量不能预先保证，意味着广告主在某个广告位上的预算不能精确预知。

优先交易模式的好处是：作为品牌主，无须向媒体承诺投放量。当用户访问媒体时，品牌主会根据用户标签进行选择是否向该用户展示自己的产品，如果该用户不符合产品定位，可以选择不投放，这样就避免了因投放过多而造成的浪费。缺点是：资源具有一定的不确定性。这个不确定性并不是指资源位或价格的不确定，而是展示量不能预先保证。尽管品牌主事先与媒体就某个资源位谈好了价格，但由于展示量没有预先被保证，品牌主无法确定自己的产品到底会被播放几次。这种模式，买卖双方不承诺量，按实际消耗结算。媒体卖方流量处理优先级低于库存预留，高于剩余流量，买方拥有一定流量优先筛选交易的能力。

6. 私有竞价

是一种程序化广告购买的典型模式，流量卖方对于相对好一些的流量希望能卖一个好点的价钱，同时也希望对优质广告主进行投放，那么就会安排一些符合条件的优质广告主组成一个竞价俱乐部。优质的广告主同台竞争较为优质的流量资源。这种模式也是存在竞价环节的，买方有多个，只是买方相对公开竞价少了一些，锁定为只有俱乐部成员才有的权利。

私有竞价模式也属于实时竞价范畴，竞价投放模式有以下特点：成交价不固定，竞价底价高、入场买家需要提前申请交易预订身份；买卖双方不承诺量，按实际消耗结算；对于媒体卖方，流量处理优先级略高于剩余流量，买方拥有一点优先权。

7. 交易平台

交易平台是执行程序化购买、下单的一站式交易操作台。随着分工不断精细化及专业化，大大增加了程序化广告下单执行及监控数据的复杂度，因此广告主（或代理公司）希望能一站式操控程序化广告交易。交易平台模式就是基于广告主这一需求出现的，其主要功能包括排期、下单、投放数据回收、报表展示等。该模式按照使用方的不同可分为代理商、广告主内部、独立三种：一是代理商模式，广告代理公司内部专门为多个广告主提供服务，负责程序化广告购买投放的部门即为交易平台；二是广告主内部建立并使用自己的交易平台来管理自己的广告投放；三是独立交易平台，主要是提供技术服务给广告公司或广告主。

7.2.3 程序化广告的参与者

一般而言,程序化广告的投放需要先由需求方通过需求方平台或和采购交易平台预先设定好自己的广告信息、目标受众、愿意为广告支付的价格等,然后在供应方平台(supply side platform,SSP)或广告交易平台(AD exchange,AdX)进行交易,通过实时竞价和非实时竞价两种方式进行竞价。当供应方平台或广告交易平台中含有符合条件的媒体时,广告主的广告就自动出现在该媒体的某个广告位上,如果不符合条件,广告就不展示。并且在整个程序化购买的过程中,可以根据广告投放的效果对广告进行适时修改,不断完善广告投放效果。

程序化广告的参与者和服务主要涉及:一是广告的需求方,包括广告主或代理商;二是需求方服务,包括需求方平台和采购交易平台,主要提供精准的广告投放和管理服务;三是流量供应方,包括媒体网站或App、广告网盟(AD network)等;四是流量方服务,包括广告交易平台和供应方平台,主要用于整合市场流量;五是广告服务和数据管理,包括程序化创意平台(programmatic creative platform,PCP)、广告验证平台(advertisement verification platform,AVP)、数据管理平台(data management platform,DMP)、测量分析平台(measurement and analytics platform,MAP),它们为广告投放策略优化提供数据支持,以及为品牌安全提供保驾护航等服务。

1. 需求方

需求方即广告主(advertiser)或代理商(agency),为广告主的业务代理人,是广告的发布者和广告需求的主体,一般分为效果类和品牌类。

效果类需求方包括效果广告主和广告代理公司。效果广告主一般是游戏、电商等行业内的企业或者其他中小企业。它们的广告投放需求以提升直接转化效果为主,并附带额外的品牌宣传,是程序化广告市场的主力军。典型的效果类广告主有游族、唯品会、京东、携程、同程等。品牌类需求方包括品牌广告主和4A广告代理。品牌广告主主要是汽车、快消品等传统行业的企业。它们的广告投放需求以品牌宣传为主,并在此基础上提升转化效果。以公司规模和投放预算为标准,品牌广告主可以分为大型品牌广告主(如宝洁、伊利、欧莱雅等)和中小品牌广告主。大型品牌广告主的代理商一般是4A广告代理公司。

2. 需求方服务

1)需求方平台(demand side platform,DSP)

这是指面向并服务于广告主的广告投放管理平台。广告主在广告投放管理平台上管理广告活动及其投放策略,根据自己的营销策略设定目标受众、投放区域、广告竞价等条件,需求方平台会借助大数据技术对用户行为及相关信息进行深入分析,自动优化投放效果并提供数据报告,帮助广告主找到所需要的目标受众。国内目前已经出现了大量的需求方平台服务商和技术提供商,其中具有代表性的包括品友互动、传漾、易传媒、悠易互通等。

需求方平台必须具有两个核心的特征:一是拥有强大的实时竞价的基础设施和能力;

二是拥有先进的用户定向（audience targeting）技术。需求方平台根据对数据掌握的不同可以分为独立需求方平台、流量方与需求方结合的平台、数据管理平台和需求方结合的平台三种类型。

2）采购交易平台（trading desk，TD）

采购交易平台是广告代理商进行数字化广告投放的一般工具。它的基础是通过 API 接口与需求方平台对接，广告主或代理商可直接在采购交易平台上进行多平台的广告投放并获取相应的数据报告，即采购交易平台为需求方提供整合多个需求方平台的技术解决方案，需求方可以在采购交易平台上统一管理多个需求方平台的投放，包括分配投放预算、制定和调整投放策略、查看数据报告等。同时，通过采购交易平台，代理商也向互联网广告的自动化投放迈进了一步。需求方平台和代理商在这个方面形成了互补，它们专注于各自的领域，发挥各自的优势。

采购交易平台的类型主要有代理商采购交易平台、独立采购交易平台和品牌广告主内部采购交易平台三种。

3. 流量供应方

流量供应方主要包括媒体网站或 App、广告网盟。

媒体网站或 App 是流量的拥有者，为广告主提供接触受众的平台，是现金流方向的终端。按照载体来分，媒体包括计算机 Web、移动 Web（一般称为 WAP）以及 App 三大类资源。在 App 媒体中，拥有大流量用户的产品称为超级 App（如今日头条），其他的一般称为中小 App。按内容来分，媒体包括综合门户、垂直网站、视频、社交平台等。

广告网盟，可以理解为媒体代理公司，它们通过为广告主采购媒体方流量，赚取中间差价，其代表有百度网盟、阿里妈妈网盟等。但在实际情况中，每家广告网盟掌握的媒体和广告主资源毕竟有限，其媒体流量也不一定能符合广告主需求，这就导致供需不协调，流量无法卖出最优价格，甚至还可能出现大量剩余。互联网广告交易平台正是为了解决这个问题而诞生的，它们将众多媒体网站或 App、广告网盟都整合在广告交易市场中，从而缓解了流量市场信息不对称的问题。

4. 流量方服务

（1）供应方平台，即流量的供应方平台，是指对媒体的广告投放进行全方位分析和管理的平台，负责整合多种媒体渠道的广告资源，根据业务需求，完成用户的标签化处理，并将流量接入广告交易平台，在用户点击网页并产生广告曝光机会时，向交易平台发送竞价请求，参与广告投放竞价，即供应方平台通过广告交易平台与需求方平台相联系，形成程序化购买的产业链条。目前，国内主要的供应方平台有传课、易传媒、品友互动、互动通等。

供给方平台可以按照流量来源分为两种。第一种是自有性供应方平台，即自己手握流量的大型门户网站、媒体方等，通过建立自身的供应方平台来实现剩余流量变现，如传统门户网站新浪搜狐、腾讯等；第二种是聚合性供应方平台，即本身不具备广告资源，依靠聚合中小媒体的流量、大量长尾流量等对接交易平台，如百度联盟、谷歌联盟、聚效等。

（2）广告交易平台，它在媒体方与广告主之间起重要的连接作用，为买卖双方提供了一个交易的场所。卖方通过程序化的方式将广告流量接入广告交易平台中,并设定底价,每当一个用户浏览媒体内容页时,会有一个广告位需要展示广告,此时卖方将该广告曝光机会通过广告交易平台向各程序化买家发起竞价请求,各程序化买家根据对该广告曝光机会的评估背对背出价。广告交易平台收到各个程序化买家的出价后,进行比价,找出出价最高的买家,将出价最高的广告素材在媒体端进行展示,同时将竞价成功的结果返回到胜出的程序化买家,整个过程都是通过程序化的方式在100毫秒内完成的。目前,国内主要的广告交易平台有新浪、搜狐等。

5. 广告服务与数据管理

(1) 程序化创意平台专注于广告创意的投放优化,通过技术自动生成海量创意,并利用算法和数据对不同受众动态地展示广告并进行创意优化,这个过程叫作动态创意优化。每个人看到的广告都可以是不一样的,即使同一个人,在不同场景下看到的广告也是不一样的,可以说是千人千面。程序化创意平台代表有筷子科技、舜飞科技等。

(2) 广告验证平台通常也是为品牌广告主服务,为其提供广告投放过程中的品牌安全、反作弊、可视度、无效流量验证等保障,通过分析投放媒体的内容合法性、正面性,为品牌广告的投放提供和谐健康的媒体环境。

(3) 数据管理平台是无缝整合跨不同接触点的消费者数据的技术,能够为广告投放提供人群标签,进行受众精准定向,并通过投放数据建立用户画像,进行人群标签的管理以及再投放,以帮助企业对何时及如何与每个用户互动做出更好的决策。目前,国内主要的数据管理平台有百度、易传媒等。

数据管理平台可以分为第一方数据管理平台、第二方数据管理平台和第三方数据管理平台。第一方数据管理平台:广告主自己搭建的或寻求第三方技术搭建的数据管理平台,是指广告主自有用户数据,主要来源于其自身与用户互动产生的数据信息,如官网浏览数据、线下门店会员信息或交易记录等,这类数据通常最少,但质量高、内容精细,可以为营销决策提供支撑,广泛应用于电商、游戏、旅游等行业。第二方数据管理平台:需求方服务提供者搭建的数据管理平台,是指广告投放过程中形成的业务数据,如需求方平台业务中积累的用户浏览量、点击量、转化率等,旨在兼顾投放的质量和数量,但数据往往会受需求方等平台的干扰,可靠性有所降低。第三方数据管理平台:不直接参与交易,且掌握大量数据的服务方搭建的数据管理平台,是指独立数据监测公司或各类运营商拥有的数据,如运营商数据、百度的搜索人群数据、阿里的电商人群数据、腾讯的社交人群数据等,该类数据量巨大且相对客观中立。

(4) 测量分析平台。在程序化广告的投放过程中,受互联网不可见性的影响,以及需求方平台等环节参与者对数据具有一定的掌控能力,广告投放平台很可能为了自身利益而进行数据造假,广告主会对投放数据的真实性产生担忧。因此,通常会选择信任的第三方监测分析平台对广告投放数据进行同步监测,评估广告投放平台数据的可靠性,验证投放的数据,如展示量、点击量、受众属性等是否与第三方监测报告一致。传统第三方监测公司有秒针等,主要通过技术手段监测广告曝光时的媒体内容页的品牌完全环境、广告可见性等。网站分析工具有百度统计等,移动监测公司有友盟等。

7.3 计算广告技术

通过付费进行信息传播的活动与项目称为广告。计算广告的本质是依赖于大数据技术，通过整合大规模的用户数据，实现精准的个性化推荐，帮助广告主低成本地触达用户。其服务的对象有三个，分别是广告主、媒体和用户，这是计算广告永远的主线。其最大的三个特点是：第一，可将大规模的用户数据转化为可衡量的商业价值；第二，由于计算广告服务的是广告主，媒体和用户这三类群体，需要同时满足三方的利益，其推荐逻辑很复杂，更具有全局性；第三，计算广告在用户数据的使用边界上有深入的研究，了解计算广告可以帮助运营或产品人员进一步理解用户的数据价值与使用规则。下面我们来了解计算广告技术。

7.3.1 个性化系统框架

计算广告是根据个体用户信息投送个性化内容的典型系统之一，类似的系统还有推荐系统、个人征信系统、室内导航系统等。在介绍计算广告系统的架构之前，先来看看一般的个性化系统是如何构成的。

一般的个性化系统由四个主体部分构成。

（1）实时响应请求，完成决策的在线投放引擎（online serving engine）。
（2）离线的分布式计算（distributed computing）数据处理平台。
（3）在线实时反馈的流计算（stream computing）平台。
（4）连接和转运以上三部分数据流的数据高速公路（data highway）。

这几部分互相配合，完成个性化系统的数据挖掘和在线决策任务。

这几部分的协作流程是：在线投放系统的日志接入数据高速公路，再由数据高速公路快速转运到离线数据处理平台和在线流计算平台；离线数据处理平台周期性地以批处理方式加工过去一段时间的数据，得到人群标签和其他模型参数存放在缓存中，供在线投放系统决策时使用；与此相对应，在线流计算平台则负责处理最近一小段时间的数据，得到准实时的用户标签和其他模型参数，也存放在缓存中，供在线投放系统决策时使用，这些是对离线处理结果的及时补充和调整。整个系统形成了一个闭环的决策流程，而这个闭环在搭建完成后，基本依照机器的运算来运转，人的作用只是进行策略上的调整和控制，实践证明，这样的闭环系统是有效利用大数据的关键。

由于个性化需要的是对用户的尽可能准确理解，因此除了个性化系统本身的日志，一般都还会用到其他的业务线数据或采买得到的数据，这些数据都会进入数据高速公路以及后续的加工流程中。因此，在同一个企业不同的业务之间尽可能共享离线和在线的两个计算平台，以及所有的用户行为数据。

7.3.2 计算广告系统架构

计算广告系统主要由以下几部分组成。

1. 广告投放引擎

广告系统中必不可少的部分是实时响应广告请求,并决策广告的投放引擎。一般来说,广告系统的投放引擎采用类搜索架构,即检索加排序的两阶段决策过程。另外,广告投放引擎还要从全局优化的角度对整体收益进行管理。广告投放引擎的主要模块包括以下内容。

(1)广告投放机。接受广告前端 Web 服务器发来的请求,完成广告投放决策并返回最后页面片段的主逻辑。广告投放机的主要任务是与其他各个功能模块打交道,并将它们串联起来完成在线广告投放决策。对广告投放机来说,最重要的指标是每秒查询率以及广告决策的延迟。

(2)广告检索。主要功能是,当 Web 服务端发来广告请求时,系统根据该广告位的页面标签或者用户标签,从广告索引列表中查找符合条件的广告(粒度到素材级别)。

广告索引列表是指当前参与投放的广告与预订用户标签之间的映射关系。有些用户标签可能会对应多个广告,或者同一用户不同维度的标签也可能会对应不同的广告。于是会出现多个广告主抢一个广告位的局面。广告与用户标签的对应数据来自于广告投放客户端。

用户标签是指通过用户会话日志中的离线数据进行挖掘,加工成广告定向有用的离线标签。当广告进行初次投放时,可以通过选择用户标签来选择初始用户。

页面标签采用半在线计算抓取上下文页面主题,提取页面标签存在缓存中,用于在线广告的投放中。广告主除了采用用户标签跟广告进行匹配以外,还可以通过广告位的上下文标签跟广告进行匹配。特定类型的上下文内容本身就对访问人群有参选过滤作用,选定上下文页面标签实际上也是选定用户标签。

实时用户标签是将短时间内发生的用户行为和广告日志及时地加工成实时用户对当前广告的喜好特性标签。实时用户标签可以跟用户结合使用来决定当前的投放对象。当某些用户在最近一段时间投放中被标记为该广告的转化用户或者反面用户,哪怕他符合最初选定的用户标签,也不再对这些用户进行继续投放,将这些用户的广告位资源释放出来投放其他广告。

(3)广告排序。当出现多个广告主抢一个广告位时,需要对各个广告的投放可能会产生的效益进行预估,即计算千次网页展示收入值,按该值的大小进行从高到低的排序。

(4)收益管理。在有合约保量限定的情况下,局部排序不能保证全局收益的最优化。该模块以全局收益最优为目的将广告系统中局部广告排序的结果进一步调整,需要用到离线计算好的分配计划来完成在线时的决策,可采用拉格朗日法与凸优化。

(5)广告请求接口。该功能主要用来接收来自网络的广告请求。在实际系统中,根据前端接口形式的不同,广告请求可能来自于基于 HTTP 的 Web 服务器,也可能来自于移动 App 内的软件开发工具包或者其他类型的 API 接口。

(6)定制化用户划分。由于广告是媒体替广告主完成用户接触,因此需要根据广告主的逻辑来划分用户群,这部分也是具有鲜明广告特色的模块。指的是从广告主处收集用户信息的产品接口,而收集到的数据如果需要较复杂的加工,也将经过数据高速公路导入受众定向模块来完成。

2. 离线数据处理

离线数据处理有两个输出目标：一是统计日志得到报表、仪表板等，供决策人进行决策时作为参考；二是利用数据挖掘、机器学习技术进行受众定向、点击率预估、分配策略规划等，为在线的机器决策提供支持。为了对大规模数据进行分布式的处理加工，一般会选用 Hadoop 这样的分布式存储和 MapReduce 计算框架。离线数据处理的主要模块包括以下内容。

（1）用户会话日志生成。从各个渠道收集来的日志，需要先整理成以用户 ID 为主键的统一格式的数据表中，这样的日志称为用户会话日志，这样整理的目的是让后续的受众定向过程更加简单高效。用户会话日志包括广告投放时的点击等用户行为日志及用户其他线上、线下数据，或者第三方数据。

（2）行为定向。该模块对用户会话日志中的用户行为属性进行挖掘，给用户打上标签存在结构化标签库中。用户标签存在在线缓存中，供广告投放时使用。这部分是计算广告的原材料加工厂，也因此在整个系统中具有非常关键的地位。

（3）上下文定向。采用半在线页面抓取及上下文页面标签的缓存，给上下文页面打上标签，用于在线广告的投放中。对于一些广告位上下文内容不是很确定的内容广告或者信息流广告，需要半在线计算实时抓取上下文内容的关键词，再采用主题模型从关键字中提取主题。主题模型有监督、非监督两种类型，监督学习是指预先定义好主题集合，将关键字影射到主题集合中；非监督学习是指控制主题总个数或聚类程度，自动学习出主题集合以及文档到这些主题的映射函数。

（4）点击率建模。它的功能是在分布式计算平台上训练得到点击率的模型参数和相应特质，加载到缓存中供献上投放系统决策时使用。根据广告投放及点击历史数据，为某类或某个素材的广告建立点击／转化数随投放次数变化的曲线模型，并算出该模型的参数值，可以采用时间序列分析方法。

（5）分配规划。这部分为在线的收益管理模块提供服务，它根据广告系统全局优化的具体需求，利用离线日志数据进行规划，得到适合线上执行的分配方案。

（6）商业智能系统。这部分以数据仓库为基础提供数据报表及仪表图，供决策者进行商业参考，是所有以人为最终接口的数据处理和分析流程的总括。由于实际的广告运营不可能完全通过机器的决策来进行，其间必然需要有经验的运营者根据数据反馈对一些系统设置做及时调整。因此，实现一个功能强大的、交互便利的商业智能系统是非常重要的。

（7）广告管理系统。这部分是广告操作者，即客户执行与广告系统的接口。客户执行通过广告管理系统定制和调整广告投放，并且与数据仓库交互，获得投放统计数据以支持决策。一般来说，广告系统中只有这部分是面向用户的产品。根据对操作对象开放程度的不同，这一系统有时又有开放自助的需求，在这种情况下，还需要包含相应的财务结算功能。

3. 流计算平台

流计算平台可以认为是离线数据处理的镜像功能，它是为了满足广告系统对实时数据反馈的要求，解决离线分布式计算平台无法快速响应的计算问题。主要模块包括以下内容。

（1）在线反作弊。实时根据用户端的连贯的先后操作行为识别流量来源中的作弊流量，将这部分流量从后续的计价和统计中去除掉。此模块是所有后续在线数据处理必须经过的前置模块。

（2）计费。实时计算广告费用，对于那些经过扣费预算耗尽的广告需要马上通知广告索引系统将其下线。当然，扣费也必须在扣除了作弊流量的基础上进行。

（3）在线行为反馈，包括实时受众定向和实时点击反馈等部分。这部分是将短时内发生的用户行为和广告日志及时地加工成实时用户标签，以及实时的点击率模型特征。对于在线广告系统，这部分对效果提升的意义重大：在很多情形下，把系统信息反馈调整做得更快比把模型预测做得更准确，效果更显著。

（4）实时索引。这部分的主要功能是实时接受广告投放数据，建立倒排索引。广告的索引由于涉及预算调整等商业环节，因此必须在投放管理者调整以后非常快速地在线上广告索引中生效。

4. 数据高速公路及协作流程

该模块功能是，将在线投放系统的日志接入数据高速公路，由数据高速公路快速运转到离线分布式计算平台及在线实时流计算平台；离线数据处理平台周期性的以批处理方式加工过去一段时间的数据，得到人群标签和其他模型参数，存在高速缓存中，供在线投放决策时使用；在线流计算平台负责对最近一小段时间的数据进行加工，得到实时标签及模型参数，也存放在高速缓存中，供在线投放系统决策时使用。

7.3.3 受众定向技术

要提高在线广告的效果，受众定向是最重要的核心技术之一。受众定向虽然不是计算广告中最困难的技术，但却是在线广告，特别是展示广告最核心的驱动力之一，也是计算广告成为大数据典型应用的关键。从技术框架来看，受众定向标签可以分成用户标签，上下文标签和广告主定制化标签3种类型。

用户标签，是以用户历史行为数据为依据，为用户打上的标签；上下文标签，是根据用户当前的访问行为得到的即时标签；定制化标签，是一种用户标签，不同之处在于是针对某一特定广告主，根据广告主的某些属性或数据来加工。无论是上下文定向，还是在此基础上的行为定向，都广泛使用到文本分类和主题挖掘技术。

1. 地域定向

企业进行投放推广的地域设置被称为地域定向。通过设置地域定向，企业的推广信息就可以在企业主选定的区域内被投放展示。假设企业的目标客户只存在于北京、上海和广州这3座城市，则该企业就可设置相应区域进行信息推广。地域定向使广告投放更加精准，极大节省了推广的费用。精确位置定向可以使地域定向达到非常细的粒度，如可以定向到清华园的主楼附近。这种定向会产生大量新的广告需求，如咖啡店可以定向到其附近的人群。

2. 人口属性定向

人口属性包括年龄、性别、受教育程度、收入水平等。头条的做法是性别信息通过用户第三方社交账号登录得到。年龄信息通常由模型预测，通过机型、阅读时间分布等预估。常驻地可以通过用户授权得到，常驻点结合其他信息，可以推测用户的工作地点、出差地点、旅游地点。这些用户标签非常有助于推荐。

3. 频道定向

频道定向是完全按照供应方的内容分类体系将库存按照频道划分，对各频道的流量投送不同的广告。这种定向方式比较适用于对距离转化需求比较近的垂直类媒体，如汽车、母婴、购物导航等。对于内容覆盖面比较宽的媒体，这种方式取得的效果是有限的。

4. 上下文定向：实时数据

根据网页或应用的具体内容来匹配相关的广告，就是上下文广告。上下文定向的粒度可以是关键词、主题，也可以是根据广告主需求确定的分类。上下文可以粗略地描述用户当前的任务，任务的匹配对于提高广告的关注程度至关重要。这种方式覆盖率比较高，对大多数广告展示，无论对当前访问用户的信息了解多少，都可以根据当前浏览的页面推测用户的即时兴趣，从而推送相关广告。

5. 行为定向：历史数据

行为定向是根据用户的历史访问行为了解用户兴趣，从而投送相关广告的。行为定向提供了一种一般性的思路，使我们可以变现在互联网上收集到的用户行为数据。行为定向的框架、算法和评价指标奠定了在线广告数据驱动的本质特征，并催生了相关的数据加工和交易的衍生业务。如果把上下文定向看成根据用户单次访问行为的定向，那么行为定向可以被认为是一系列上下文定向的融合结果。

（1）交易行为。对效果广告来说，它是最强的信号，交易行为数据的价值远高于其他类型。

（2）购买前的一些行为。这种行为存在于需求端，是指用户在购买前的一些行为，如进行商品比价、搜索等，这种行为信息也很强。这两种行为的信息强度和有效性，在效果广告的语境下，都远高出其他7种类型。

（3）在搜索时的广告点击行为。

（4）普通广告的点击行为。广告的点击行为被认为是比较弱的信号，因为广告本身不是一个很吸引人的事物，所以在广告中产生的一个点击，表示用户有明确的目的去了解这个信息。

（5）在搜索上产生的点击。

（6）搜索。它本身也是一种强信号。

（7）社交网络中的分享。它表示很强的兴趣，但不像搜索那样主动。

（8）网页浏览——它是网络中的主要行为，但在大多数情况下是被动行为。比如，用户在新闻网站上浏览，他会挑选一些感兴趣的新闻进行浏览，但门户中的新闻却是由网站决定的，并且这种行为离需求太远。

（9）观看广告。它在目标运算中是起负影响的，因为一个用户看到相同广告次数越多，他疲劳感越强。如果采用线性模型，这个行为是一个负系数。

6. 精确位置定向

基于地理位置的服务（location based service，LBS），也被称为位置服务，是指通过移动通信运营商的网络获取移动终端用户的位置信息（经纬度坐标），在地理信息系统（geographic information system，GIS）平台的支持下，为用户提供相应服务的一种增值业务。它是移动通信技术、空间定位技术、地理信息系统技术等多种技术融合发展到特定历史阶段的产物，是现代科学技术和经济社会发展的客观要求。

LBS在计算广告中主要是与精准投放联系在一起的。目前移动位置广告是移动广告的一个热点，并受到了线下广告主和移动广告网络的关注。常用的位置广告主要分为以下4类：①位置感知广告：通过实时的动态位置信息，基于用户离目标地点的距离来投放特定或动态的信息。②地理围栏广告：广告主通过用户离目标地点的距离来定向这些群体，如定向投放给距离线下实体店在1千米以内的用户。③位置受众数据定向：广告主利用匿名的第三方线下数据，来定向在一定地理范围内活动的用户，这些数据包括用户的线下购买数据、人口特征、心理偏好等。④场所定位：广告主基于位置和时间的受众细分来定向客户。

同时，由于LBS的个性化、精准化，广告主能够有效购买到最适合的用户数据源，用户能够获得最适合的广告信息。例如，游客在"十一"假期出门去南京夫子庙旅游景区游览，临近吃午饭的时间，手机便能够根据所处的地点向游客推送附近的餐厅广告信息，并且这几家餐厅可能正好是该游客最近搜索过的餐厅。

7. 相似用户定向

随着计算广告的兴起，从前处于被动接受状态的受众愈加具有主动权，广告的精确度大大提升，广告效果也愈加可量化、可追踪。由此，广告主也更期望在短时间内有针对性地把特定内容推送给特定的受众。针对这个普遍要求，如何找到适合广告主品牌定位的某款产品的目标受众群，往往成为某次广告营销活动的起点。为了达成这个任务，目前主要有两类做法。

第一类是直接基于数据管理平台的三方数据，通过标签或位置服务等方式为广告主选取目标受众群，这种做法更多依赖业务人员对业务、产品、市场的了解，有时候业务经验不一定准确，而且通过标签或者位置信息筛选出来的人群规模不易控制，需要进行多次反复的尝试，才能确定符合某次投放要求的目标人群数量。

第二类是通过广告主一方数据或两方数据，基于Look Alike算法选取目标受众群。Look Alike即相似人群扩展，即基于广告主提供的现有用户或设备ID，通过一定的算法评估模型，找到更多拥有潜在关联性的相似人群的技术。这种做法更多地依赖大数据和机器学习算法，对探索新的业务逻辑无太多助益。例如，对某款新产品的市场推广这类并无很多业务经验积累的场景来说比较适用，而且也更符合大数据营销的发展趋势。

基本上所有的互联网公司都有其广告投放平台，这是给广告主投放广告的页面。广告主可以通过广告提交页面提交自己的广告需求，后台会为广告主圈定一部分潜在用户，这个就是我们称之为 Look Alike 的模块。通常会有两种做法：第一种是显性的定位，广告主根据用户的标签直接定位。比如说，通过年龄、性别、地域这样的标签来直接圈定一部分用户进行投放。此时平台的技术支持就是对用户后台画像的挖掘。这其实是广告主基于对自己产品的理解，圈出目标用户的过程。这种人工定义的方法可能不够精准，或者可能通过年龄和地域指定的用户量很大，需要做精准筛选。这个时候就需要 Look Alike 的第二种做法，通过一个机器学习的模型来定位广告主的潜在用户。广告主提交一系列客群范围，我们称之为种子客群，以它作为机器学习的正样本。负样本会从非种子客群，或者从平台历史积累的人群中选取，于是 Look Alike 问题就转化为一个二分类的模型，正负样本组成学习的样本，训练模型之后，利用模型结构对活跃客群进行打分，最终得到广告主需要的目标人群。

有时候客户提供过来的种子人群成分是非常复杂的，往往是掺杂了大量子类人群的总和，如果直接拿这些种子人群进行 Look Alike，则相当于把人群的特征进行了弱化，最终得到的相似人群特征会变得不明显。例如某奢侈品牌，他们的一方种子人群中包含两类：一类是真正有钱的人群，平时开豪车住别墅的；另一类是普通的城市小白领，他们往往攒好几个月的工资进行一次消费。这两种人群必须先通过聚类算法区分出来，然后再输入 Look Alike 算法去扩大。

Look Alike 算法进出的人群最终是在媒体的流量人群中实现触达的，因此媒体自身流量对最终 Look Alike 算法落地的效果影响非常大。为了保证 Look Alike 算法落地的效果，选取与广告主自身产品相对匹配的目标媒体以及合适的出价都非常重要。一旦精准营销活动开始后，就可以回收消费者对营销的反馈数据作为正样本来对 Look Alike 算法进行优化。通过对大量历史投放数据的分析，动态优化 Look Alike 算法可以极大提升算法的转化效果。总体而言，Look Alike 本身具有"高效、精准、规模化"的特点，其"技术＋数据"完美组合的产品也正在成为广告主在数字营销当中不可忽视的重要助力。

8. 重定向技术

所谓重定向技术，就是针对已经浏览过网站的人群进行再次营销的广告方式。它能让用户曾经看过的广告再次展示在其面前，通过这种不断的提醒来强化品牌印象，并最终促成消费行为。一般的网站广告带来的购买转化率都低于 5%，这意味着超过 9 成的顾客就这样流失掉了。但实际上，他们中间也很有可能存在潜在消费者，只不过暂时需要更多时间来考虑和比对，一旦时机成熟，就会产生购买决策。重定向技术的价值就在于捕获到这些"漏网之鱼"，增强他们的购买意图，将他们重新引导回自己的站点里，完成下单消费。重定向技术是广告需求方平台的一种重要策略。在市场营销中，主要有 5 种核心的重定向方式。

1）站点（网址）重定向

使用重定向技术的网站会在脚本中使用 JavaScript 标签。当访问者浏览该网站后，标签就会将一个 Cookie 加载到他的浏览器上。只要访问者的浏览器设置允许使用 Cookie，且不常清理缓存的情况下，被标记过的访问者就会被追踪，随后他所访问的网站，将会向他展示重定向过的广告。

当被标记的访问者出现在其他站点时，Cookie 会告诉重定向供应商这个消息。如果这个站点有可以使用的广告展示位，供应商会对这个广告展示价进行竞价。当出价最高者赢得这个广告展示位之后，广告就会展示给访问者，而这一切都会在页面加载前完成。

2）搜索重定向

搜索重定向是用户通过搜索引擎进行关键词搜索后，展示广告会在他接下来登录的站点中展示。网址重定向针对已有的访问者和用户，搜索重定向则是对之前没有访问过站点的互联网用户进行重定向。

搜索重定向主要通过收集整理搜索数据实现重定向。供应商可以对用户的搜索习惯建立档案，并区分哪些用户会对客户公司的产品和服务感兴趣。重定向供应商会和出版商、数据合作伙伴以及第三方搜索引擎合作，以取得搜索意向数据如"推荐人"数据、工具栏数据等。接下来与网址重定向类似，即当站点看到搜索引擎导入的流量后便开始加载 Cookie，数据就会被匿名储存，然后便可根据访问者的搜索查询数据，定向投放展示广告。

相比对网站访问量的依赖，搜索重定向的卖点在于可以将客户带向网站，更大程度地扩展客户范围。至关重要的是新客正在搜索的时候，就已经进入销售环节，广告主们已经了解到这些客户对产品存在着浓厚的兴趣。关键词是搜索重定向高速发展的另一大优势所在，通过具有竞争力的关键词搜索，广告主可以避免高额成本，在购买过程的后半段实现重定向既可以得到高的转化率，也可以减少成本。

3）邮件重定向

邮件重定向是另一种保留用户的途径，通过对打开过产品邮件的互联网用户进行定向，可以向他们提供展示广告来刺激消费。

尽管一些人认为邮件多少有些"陈旧"，但是邮件营销依然是营销策略中很重要的一环，在接触现有客户和发掘潜在客户上，是非常不错的选择。然而如果靠增加邮件的发送频率，来使没有订阅的用户产生消费行为，通常会适得其反。此时，重定向就可以对邮件营销做有效补充：重定向通过定位那些打开过邮件并表现出购买兴趣的用户，可以避免大量的随访邮件。邮件重定向同样基于 Cookie，标签会被植入在邮件签名或邮件的 HIML 中，用户打开邮件后 Cookie 会加载到用户浏览器。因此，用户在就能在随后的上网过程中接收到被定向过的广告。

4）CRM 重定向

如果客户不打开推销邮件，那么邮件重定向也就毫无意义。针对这样的情况，便可使用客户关系管理（customer relationship management，CRM）重定向。企业自身的 CRM 数据，如匿名邮件和发件名单，将会被转译为网络段，然后通过 Cookie 和在线受众进行匹配。由于 Cookie 可以被用来追踪，就可以向之前无法接触到的用户提供展示广告。与搜索重定向相比，CRM 重定向往往用于与客户重新构建联系并保留客户，所瞄准的通常是订阅了邮件，但在相当长的时间没有打开邮件进行阅读的客户。

使用 CRM 数据可以让广告主拓展他们的在线营销活动，他们将邮件联系人列表制成匹配数据段，然后使用 Cookie 对这些数据段进行在线匹配。CRM 是一个非常有效的再接触工具，可以接近那些之前订阅过邮件表现出购买意向的用户，鼓励他们完成购买。

对于这项技术来说，数据分析能力是十分必要的。在将电子邮件列表转制为在线数据段后，其他的数据也可以添加进去，使用更精确的数据段定向用户，确保对于每个客户都可以做到独立个性化的展示投放，提高转化效率。

5）社交网络重定向

通过社交网站的行为数据生成受众数据，实现在社交网络上的重定向。基于此，用户无论是在社交软件上搜索公司或关键词、浏览网站还是购买商品，都可以被重定向。广告受众定向功能可以用来向不同阶层的受众推送"推广信息"或"推广账号"，更好地拓展那些对产品和品牌表现出兴趣、浏览过站点和购买过产品的社交软件用户。

脸书拥有自己的实时广告竞价平台（Facebook Exchange，FBX）。在这个平台上，市场营销者可以从平台外部使用脸书的数据，并可以定向那些正在使用社交网络的用户。通过 FBX 购买脸书的广告库存是唯一对这部分用户进行重定向的方法。供应商可以基于脸书用户的浏览和搜索记录进行重定向，并通过新闻推送或是展示栏展现给用户。推特社交软件也有类似的应用。目前，业界对重定向广告存在不同的声音：拥护者认为它促进了收入的增长，反对者则质疑其对用户隐私的泄露风险。因此开发者也在陆续探索除了 Cookie 之外的其他追踪方法，试图找到新的平衡点。

在一些反映用户兴趣的受众定向方法中，需要一个标签体系将每个用户映射到其中的一个或几个标签上去。一般来说，标签体系有两种组织形式。一种是按照某个分类法制定一个层次标签体系，其中上层标签是下一层标签的父节点，在人群覆盖上是包含关系。一些面向品牌广告的受众定向往往采用这种结构化较强的标签体系。另一种是根据广告主的具体需求设置相应的标签，所有的标签并不能在同一个分类体系中描述，也不存在明确的父子关系。这种半结构化或结构化的标签体系往往包含一些比较精准的标签的集合，主要适用于多种目标，特别是效果目标并存的广告主的精准流量选择要求。

两种兴趣标签体系如何选择，主要考虑两种情形。当标签作为广告投放的直接标的时（包括按时计费广告及竞价广告中直接可被广告主选择的人群），这些标签既要能够为广告主所理解，又要方便广告主的选择。因此，在这种情形下，结构化的层级标签体系往往是合理的产品方案。当标签仅仅是投放系统需要的中间变量，作为点击到达率预测或者其他模块的变量输入时，应该完全按照效果驱动的方式来规划好挖掘标签，各个标签之间也不太需要层次关系的约束。

7.3.4 合约广告与竞价广告

1. 合约广告

合约广告有两种方式：广告位合约和展示量合约。

1）广告位合约

广告位合约是最早产生的在线广告方式。它是指媒体和广告主约定在某一时间段内某些广告位上固定投放该广告主的广告，相应的结算方式为按时间计费。这是一种典型的线下广告投放模式，在互联网广告早期被采用。这种方式无法做到按受众投放广告，因而无法进行深入的效果优化。

广告位合约还有一种变形形式：按照广告位的轮播售卖。在这种方式中，同一个用户对同一个广告位的一系列访问，被依次标上一组循环的轮播顺序号。将其中具有同样顺序号的展示作为一个虚拟的广告位，售卖给广告主。

对于按展示时间结算的广告位合约，媒体一般采用广告排期系统来管理和执行。广告排期系并不是一个个性化系统，也不太需要服务器端的动态决策。广告排期系统的一般技术方案是将广告素材按照预先确定的排期直接插入媒体页面，并通过内容分发网络加速访问。这样可以使广告投放延迟很小，也没有服务器端的压力和开销。

在技术方面，广告排期系统需要注意的是，在与其他动态广告混合投放时的调度策略。由于广告位合约的方式不需要在服务器端计算，因此在混合投放时，也要充分考虑这一特点，尽可能地减少服务器端的负载。另外一个相关的问题就是，当一些横幅广告位上没有广告位合约，需要用其他服务器动态决策的广告补足时，由于服务器可能出现超时或其他错误导致广告未能返回，那么也需要在页面上展示一个默认广告防止出现广告位的空白，这样的广告称为防天窗广告。防天窗广告由于需要在服务器不工作的情形下补位，因此也应该放在内容分发网络上实现。

2）展示量合约

互联网主流的品牌广告投放方式是按照展示时间结算的展示量合约。展示量合约指的是约定某种受众条件下的展示量，并按照事先约定好的单位展示量价格来结算。这种合约又称为担保式投送，其中的"担保"指的是量的约定。在实际执行中，在未能完成合约中的投放量时，可能要求媒体承担一定的赔偿责任。

从供给方和需求方两方面来看一下这种售卖方式出现的合理性。媒体从按固定广告位变为按展示时间售卖，初衷是为了在流量变现的基础上加上数据变现，面向的仍然是原来的品牌广告主。广告主按广告位采买时比较容易预估自己拿到的流量，但按照人群定向的方式采买，流量却不确定。因此，需求方希望在合约中加入对量的保证，才能放心地采买。

展示量合约虽然以人群为显示标的进行售卖，但并没有摆脱广告位这一标的物。因为在按展示时间结算方式下，无法将多个差别很大的广告位打包成同一售卖标的。因为不同广告位的曝光有效性可能差别巨大。实践中展示量合约往往是以一些曝光量很大的广告位为基础，再切分人群售卖，最典型的例子是视频网站的贴片位置或门户网站首页的广告位。

从交易模式上看，展示量合约仍然是比较传统的交易模式，但从技术层面上看，这种模式的出现实际上反映了互联网广告计算驱动的本质：分析得到用户和上下文的属性，并由服务端根据这些属性及广告库情况动态决定广告候选。与展示量合约对应的广告系统称为担保式投送系统。在展示量合约这样的交易结构中，只要合约都被满足，系统的收益就是一定的。在此系统中，在线投放引擎接收用户触发的广告请求，根据用户标签和上下文标签找到可以匹配的广告合约，然后由在线分配模块决定本次展示投放哪个广告。完成决策后，将展示和点击日志送入数据高速公路。这些日志一方面进入了离线分布式计算平台，通过日志的整理，完成合约的计划，即确定在线分配算法的参数，再将分配方案送给线上投放机使用；另一方面，日志也送到流式计算平台，在反作弊和计价的基础上，再对索引进行快速调整。可以看出，这一系统的核心技术是在线分配的算法策略与执行过程。

由于担保式投送需要用到人群标签或上下文标签，因此在广告检索的过程中也需要用到用户标签库和页面标签库这两个标签库，由于标签的生成过程与担保式投送本身的关系不大，因此将放在后面受众定向技术部分集中讨论。担保式投送有3项主要的支持技术，即流量预测、频次控制以及在线分配。

（1）流量预测。在展示量合约广告中，流量预测技术是一项支撑技术，它对于在线分配的效果至关重要。除此以外，在广告网络中，一般来说也需要根据定向条件和出价估计广告展示量，以辅助广告主进行决策。因此，流量预测是一项在计算广告中广泛使用的技术。

展示量合约售卖的是某特定人群上的广告曝光次数。流量预测在广告产品中有以下3个主要用途。一是售前指导。因为要约定曝光次数，所以事先尽可能准确地预测各人群标签的流量至关重要。如果流量严重被低估，会出现资源售卖量不足的问题；如果严重被高估，会出现一部分合约不能达成的情况，进而直接影响系统的收入。二是在线流量分配。展示量合约之间在人群选择上会有交集的存在，当一次曝光同时满足两个以上合约时，怎样决策将它分配给哪个合约以达到整体满足所有合约的目的，这就是在线流量分配问题。三是出价指导。在竞价广告中，由于没有了量的保证，广告主往往需要根据自己预计的出价先了解一下可能获得多少流量，以判断自己的出价是否合理。

流量预测的问题可以描述为：给定一组受众标签组合以及一个千次展示收益（effective cost per mille，eCPM）的阈值，估算在将来某个时间段内符合这些受众标签组合的条件并且市场价在该eCPM阈值以下的广告展示量。流量预测本质上是被动地统计流量情况。在有些情形下，我们可以主动地影响流量，以利于合约的达成。这一产品策略问题为流量塑形。从商业产品的要求来看，要系统化、高效率地达到流量塑形的目标，需要将用户产品与广告产品的需求情况打通，然后按照一定的准则，在不伤害用户体验的情况下，尽可能提高商业变现的效率。

（2）频次控制。频次指的是某个用户在一段时间内看到某个或某组广告的曝光次数。从计算的角度来看，频次控制的需求可以描述成，控制各广告和用户组合在一定时间周期内的展示量。频次的明确要求主要存在于展示量合约广告中，而在每点击成本（cost per click，CPC）结算的竞价广告中，可以将频次作为点击通过率（click-through-rate，CTR）预估的特征之一，从而隐性地对广告的重复展示进行控制。

频次控制有客户端和服务器端两种解决方案。客户端的方案就是把某个用户对某个广告创意的频次值记录在浏览器Cookie里，投放决策时再把这个值传给投放器来决策创意。这一方案的好处是简单易行，而且服务成本低。缺点是扩展性不够好，当同时跟踪多个广告的频次时，Cookie可能会变得很重，从而影响广告响应时间。服务器端的方案是在后台设置一个专门用于频次记录和更新的缓存，当广告请求到来时，在缓存中查询候选广告的频次，并根据最后实际投放的广告更新频次。

（3）在线分配。合约广告中合约量的要求引入了一些约束条件，这就引出了在线分配问题。在线分配问题指的是，通过对每一次广告展示进行实时在线决策，从而达到在满足某些量的约束的前提下，优化广告产品整体收益的过程。在线分配需要根据历史数据和某种策略，离线得到一个分配方案，线上则按照此方案执行。在线分配是计算广告中比较关键的算法框架之一,它适用于许多量约束下的效果优化问题,而这实际上是广告业务非常本质的需求。

随着标签数量的增加,供给节点的数量呈指数上升,每个供给节点的流量也迅速下降。当节点的流量过下,对其准确预测就变得相当困难,方案设计就更加困难。展示量合约在人群标签非常丰富和精准时,是无法有效地运作的,这正是竞价广告产品的原动力之一。

2. 竞价广告

1)搜索广告系统

搜索广告是最早产生的,截至目前依旧是最为重要的竞价广告系统。搜索广告包含两方面的内容:关键词驱动和竞价词触发。

搜索广告是竞价广告中最典型的系统之一,它与一般广告网络最主要的区别是上下文信息非常强,用户标签的作用受到很大的限制。搜索广告的检索过程一般都不考虑用户的影响,而上下文信息(即查询)是实时通过用户输入获得,因而离线受众定向的过程基本可以忽略。在这样的应用场景下,搜索广告的系统架构与一般的竞价广告系统架构的主要区别是有没有上下文和用户标签的缓存,但是其检索模块由于存在查询扩展的需求,会比一般的竞价广告系统复杂,并且在排序后的收益优化阶段还需要进行广告放置决策。

搜索广告从用户输入查询到展示广告,主要流程可以大致分为查询分析广告检索、广告排序、点击扣费4个部分。在各种形式的广告中,由于搜索广告有用户表明自己意图的输入,通过对用户输入的分析可以推荐相关性更高的广告。同时搜索广告天生就具有原生广告的特性,因此搜索广告的效果(点击率、转化率等)一般来说是比较好的。

2)点击率预测

点击率是指网站页面上某一内容被点击的次数与被显示次数之比,它是一个百分比。它主要用来反映网页上某一内容的受关注程度,以衡量广告吸引人的程度。在网络广告中,点击率是在HTML网页上的一条广告打开后被点击的次数百分比。也就是说,如果10个人中有1个人点击了打开的页面上的一条广告,这条广告的点击率就是10%;如果该网页被打开了1000次,而该网页上某一广告被点击了10次,那么该广告的点击率就为1%。

点击率分母是某广告的总展示量,广告展示机会是广告主通过竞价获得的,展示机会越多,意味着广告主的出价越高,所以总展示量可以用来表征广告主的广告投入;分子是总点击量,而点击行为代表了用户的注意力,总点击量高说明较多用户渴望进一步了解广告内容。点击率高,意味着广告主在相同投入的情况下,收获了更多的用户注意力。点击率常常是广告主和媒体网站用来衡量广告效果的指标。

广告点击率预估是程序化广告交易框架中非常重要的组件。点击率预估是指预测特定用户点击特定广告的概率,主要有两个层次的指标:排序指标和数值指标。在广告投放中,确保广告点击率预测的准确性十分重要,广告点击率预测直接关系到广告的费用预算。对于广告主而言,每一次广告投放,都有一定的广告费用预算,不同的广告投放形式所对应的广告预算也不相同。预测广告的点击率需要考虑广告的内容与用户查询的相关性,可以表示为用户的观察相关性。这种相关性在信息检索的过程中一般被描述为文本相似性。在点击率预测的过程中,相似性通过点击日志进行计算:用户点击一个广告说明用户认为广告与自己的查询相关，即可以通过点击记录计算出用户的观察相关性。许多研究领域用点击日志研究用户的偏好，以提高搜索引擎的排序质量。

7.4 物联网广告

7.4.1 物联网广告的概念与内涵

物联网（internet of things，简称 IoT）是指通过各种信息传感器、射频识别技术、全球定位系统、红外感应器、激光扫描器等各种装置与技术，实时采集任何需要监控、连接、互动的物体或过程，采集其声、光、热、电、力学、化学、生物、位置等各种需要的信息，通过各类可能的网络接入，实现物与物、物与人的泛在连接，实现对物品和过程的智能化感知、识别和管理。物联网是一个基于互联网、传统电信网等的信息承载体，它让所有能够被独立寻址的普通物理对象形成互联互通的网络。

物联网广告就是指把各种硬件物体联成网，在物体上投放广告。利用物体本身、物体上的显示屏幕、物体传出来的光等方法，在物体上刊登或发布广告，通过物体传递信息到用户的一种广告运作方式，是户外广告的一种升级形式。

在物联网中，每个物联设备都是重要节点，收集和生成数据。数以万亿计的网络节点所产生的规模巨大的数据在物联网中传递，客观上要求作为社会基础设施的物联网必须具备对这些信息和数据有强大的计算能力和处理能力，这种能力是过去任何一家大众传媒组织所无法具备的，即便是诸如谷歌、脸书、腾讯或阿里巴巴这样新兴的互联网巨头也很难做到。只有群体智能的协同才能创造这样的超级智能，它应该由智能的网络连接和智能的终端设备两大主体部分构成。在宏观层面，物联网本身就是一个庞大的超级智能网络媒体；而在微观层面，每一个被接入到物联网的节点都成为被嵌入感知和计算能力的智能媒体终端，在未来的 20 年内，将会有百万亿数量级别的物体将作为智能媒体节点接入物联网系统，从而成为超级智能网络媒体的协同参与者。

数字化和网络化是媒介融合的初级阶段，泛在化和智能化则是其高级阶段，这种新的媒介融合趋势称为物联网化。随着计算能力的指数型增强和计算成本的指数型下降，日常生活中更多物体将具有智能媒体的属性，在未来，物联网将是主要的大数据来源，计算广告技术也将进入物联网广告的全新时代。

7.4.2 物联网广告的商业模式

由于物联网的延伸与普及，物联网广告成为未来的发展方向。物联网定向广告传播模式的构成要素主要包括：广告代理公司和广告主等信源、智能信道、信息接受者、广告主、广告效果、个人数据中心及数据资源库等。在物联网感知层、网络层、应用层基础上，物联网广告的传播模式从信息收集延伸至信息的系统化以及建立环境媒体广告传播模式。通过物联网挖掘信息流广告，信息流广告充分利用物联网的优势，展示在社交媒体用户好友动态中，结合大数据技术分析构建的用户画像，实现基于用户行为的精准广告投放，这正是物联网广告的进化核心。

在物联网时代，一般意义上的新媒体广告将从传统广播式传媒向"定制"式传媒转变。所谓定制式，是指从物联网挖掘信息，获得相关参数或数据，向消费者推荐符合需求的定制信息，实现个性化精准投放，有效改善了传统"广而告之"的投放形式。例如，当用户在选择洗涤用品时，会根据衣服的面料、消费者的使用习惯、使用场景出现个性化的洗涤产品推荐信息，与传统广告的硬性推销不同，定制式广告贴心地根据用户需求进行推送。物联网时代新媒体广告的另一个优势，就是具有很强的针对性。广告主可以通过物联网直接定位用户所需信息，从而进行针对性的广告制作，而有针对性的广告可减少用户决策时间，这也更适合现代消费观。

物联网时代，用户成为营销的起点。基于物联网技术的定向广告商业模式注重用户需求，通过主体之间的协作配合实现有效聚合，为用户提供有针对性的广告传播平台，满足用户需求，为用户创造价值。基于物联网技术的定向广告商业模式的组成部分包括：运营主体、用户、产品（服务）提供、价值获取。该模式由硬件设备制造商、系统集成商、电信运营商、服务与内容提供商共同形成的运营主体协同提供产品或服务，为广告主与消费者之间的广告信息传播搭建广告平台，实现定向广告传播，并从广告主的销售盈利状况、消费者的广告订阅中获取利益。云计算、人工智能和物联网技术的应用必将推动计算物联网广告的发展，更广泛的信息接收、传递与大数据技术为精准营销提供了广阔的发展空间。

7.4.3 计算物联网广告的创新途径

基于人工智能技术的普及与发展，未来面向物联网时代的计算物联网广告将为精准营销带来以下创新。

1. 全域智能用户数据获取

数据是以程序化购买为代表的现阶段计算广告的核心，也是计算广告现实实践中的难点。在当前互联网生态下，少数互联网巨头、移动运营商占据了流量的入口，也因此垄断了大部分数据，形成了体量庞大却相互孤立的"数据孤岛"。数据往往由少数公司垄断，且单一平台的孤立化用户标签使立体的用户形象难以呈现，用户定向与用户导航都因为数据来源与数据质量的问题存在偏差。"数据孤岛"问题是计算广告当前发展的主要瓶颈。

物联网潜在的革命性预示着解决"数据孤岛"问题的可能性。物联网时代的核心依然是数据，物联网的全面感知推动了数据采集能力的提升，而大数据的处理结果可以通过物联网这一平台有效地执行，打通数据隔阂，建立数据互通的生态系统，使计算广告进入全域流量、全智能时代。

面向物联网的计算广告，用户行为数据来源于多种智能设备全方位采集。相比当前程序化购买阶段的数据采集，物联网时代的数据总量更为庞大，但也更为精细，包括用户的访问、购买、签到记录组成的活跃度数据，关注时长、分享频率、分享人数等忠诚度数据，以及消费记录、消费频率、消费金额等用户消费转化行为数据，智能传感器甚至可以量化用户的细微动作数据、情感数据等现阶段仍难以采集的数据。在用户行为数据基础上使用户标签化并进行深入的用户画像，了解用户的现实需求及潜在需求，有的放矢，向用户推荐广告信息，以进行完全自动化的智能用户导航。

2. 基于算法模型的交互式全场景营销

在计算广告中，智能算法的目的就是最大化实现用户、广告与场景的匹配，即基于用户洞察的身份匹配、基于内容分析的意义匹配、基于场景构建的情境匹配，构建多样的广告场景吸引用户，使用户积极参与互动，主动分享信息，参与到品牌的价值共创中。但是当前来看，计算广告的发展不仅受到"数据孤岛"的制约，而且面对着算法层面的挑战，即用户的跨屏识别问题。

物联网时代的技术应用更加直观、智能，大数据基础上的沟通场景、空间场景、行为场景和心理场景共同构成消费者全场景营销。在传统媒体时代，一些广告主以吸引受众眼球为目标；在互联网时代，"流量为王"。相比之下，场景是移动跨屏时代计算广告信息消费的核心。

多接触点的数据整合与机器学习智能算法优化能完成用户精准画像，原生广告渗透用户生活的全场景，实现用户与场景的深度适配。技术支撑下的全场景融入也使计算广告不再是一种对用户体验的干扰，而是基于用户使用场景的人性化关怀、个性化服务。对于品牌来说，智能算法的优化使品牌建立起智能化营销体系，重构营销模式。智能算法既提高了品牌的内部运营效率，也提高了品牌外部营销的效率，并具有了智能优化的能力。

3. 营销效果的可测量性

传统的广告效果监测是一种事后监测，广告主一般从广告代理公司或委托的第三方调查公司获取广告效果，缺乏实时的效果反馈与灵活的应对措施，广告效果具有延迟性、间接性、累积性。全流量时代的计算广告追求品效合一的效果可测量性，通过数据建模与用户验证，保障决策精准化。

广告主的广告需求复杂多样，其追求的广告效果既有短期直接的效果提升，又有长远的品牌形象的提升。品牌广告与效果广告是广告行业根据不同的活动目标与广告主而区分业务类型的方式。品牌广告的目的是吸引用户关注，增加用户对品牌的认知树立品牌形象，提升用户对品牌的好感度，维系品牌与消费者的良好关系，衡量指标有品牌知名度、认知度、美誉度、忠诚度等；效果广告则是结果导向型广告，实现价值转化，如注册、下载、购买等行为，以短期效益最大化为直接目标，通过精准的用户定向实现销量增长与利润提升，转化率、复购率、投资回报率等为常见的衡量指标。在实践中，广告主通常会综合使用品牌广告与效果广告，组合多种媒介策略，实现传播效果的最优化，在品牌曝光的同时，实现利润提升。

未来物联网时代，计算广告是在获取全域智能数据基础上的全自动化用户导航，智能算法的优化升级吸引用户深度参与到广告互动中形成参与式互动文化生态，品牌广告与效果广告构成新常态下驱动品牌健康发展的合力，并最终实现品效合一的广告效果。

分众传媒：物联网时代计算广告的场景突破

长期以来，分众作为全球电梯媒体集团的领导者以其日均 3.1 亿城市主流人群的覆盖能力及领先的广告传播效果筑就了极强的竞争壁垒，获得广告主的广泛青睐。益普索发布的《2020年中国国内流行广告语受众调研报告》显示，从2020年各类型流行语的传播渠道来看，具有高频接触、强制观看的电梯媒体更容易让人记住广告语。以分众为代表的电梯媒体覆盖了主流消费群日常必经之路，持续成为众品牌的关注重地。分众传媒电梯媒体的"主流人群、必经、高频、低干扰"的媒体价值和强大的品牌引爆能力突显。

得益于数字化变革进程的持续推进，分众传媒在阿里赋能之下率先推动了线下媒体的数字化升级之路，其在2019年底上线了基于物联网的云端KUMA新一代智能广告平台，这也是分众旗下媒体的智能投放分发系统。KUMA系统可与互联网公司对接打通，实现在分众系统内的程序化购买媒体。2020年1月，KUMA开放平台一期完成了与阿里巴巴的深度对接，实现了外部DSP的在线询量，成功实现线上线下媒体投放的无缝对接。同时，分众在2020年下半年推出客户自助购买系统，所有选楼，付款，投放，监测全可在线完成。

从最早的插卡播放发展为80%~90%的终端可以云端在线推送，将绝大部分屏幕物联网化，可远程在线监控屏幕的播放状态。由于与阿里的后台打通，分众实现了"网络可推送、实时可监测、数据可回流、效果可评估"的效果。客户在分众上的每一次投放数据可回流到天猫数据银行，成为品牌数字资产的重要累积。客户可以根据数据进行精准的二次追投，进而大幅提升转化率，推进品销协同度的提升。此外，分众的智能屏也已实现从全城播出到根据每个楼宇的大数据分析进行"千楼千面"的投放。客户可根据位置服务的信息挑选终端3公里以内的楼宇，或根据产品价位选择不同价格区域的楼盘，或通过分众的后台系统中选择目标人群比例更高的区域进行精准投放等等。

资料来源：http://finance.sina.com.cn/stock/relnews/cn/2020-08-20/doc-iivhuipn9753783.shtml

思考题

1. 什么是原生广告？原生广告有哪些类型？
2. 程序化广告有哪些交易模式？
3. 计算广告系统主要由哪几部分组成？
4. 简述受众定向的主要类型。
5. 举例说明物联网广告的商业模式。

案例7-2：视频号原生广告带来微信生态流量新机遇

第7章扩展阅读

即测即练 自学自测

扫描此码

第 8 章

大数据竞争分析与营销决策

【本章学习目标】

通过学习本章,学生应该能够掌握以下内容。
1. 掌握什么是竞争情报,了解竞争情报的搜集策略及方法。
2. 了解竞争对手识别及分析方法。
3. 掌握大数据定价方法。
4. 掌握大数据营销决策。

8.1 大数据竞争情报搜集

竞争情报是一种过程,在此过程中人们用合乎职业伦理的方式收集、分析、传播有关经营环境、竞争者和组织本身的准确、相关、具体、及时、前瞻性以及可操作的情报。情报搜集是竞争情报工作的关键环节,是整个竞争情报工作得以成功实现的前提和基础。搜集过程中,涉及分析情报传播的途径,可以利用的情报源、需要时刻监测的情报源;具体采集中,涉及情报源的选择,信息的获取,信息的鉴别、判断和筛选,信息的初步加工处理,以及收集工作的成本分析等。同时,整个搜集过程还要不断地进行"校准"和重新搜集。在情报学研究中,数据一直都是关键概念和关键要素之一。进入大数据时代后,情报学遇到了前所未有的挑战。

8.1.1 竞争情报源

1. 竞争情报源的含义

竞争情报源,即竞争情报的来源,是竞争情报信息的发送端和生成端的总称。

按照传播学的理论,任何信息都有一个初始的发生源,这个初始的发生源称为信源也就是竞争情报信息的生成端,发送端是初始信息被再次传播的地点,又称为"再生源"。

竞争情报源指的是产生竞争情报的源头,通常可以泛指一切产生和持有竞争情报信息的个人或机构,或负荷情报的物件,是企业开展竞争情报所需要的情报信息的载体和出处,而非情报信息内容本身。它是竞争情报搜集的目标和对象,广泛存在于企业的整个经济活动过程之中。在企业竞争情报中,竞争情报蕴藏在企业微观经济活动及国家宏观调控经济活动中,而国家宏观调控经济活动是通过企业微观经济活动反映出来的。所以企业的经济活动是主要的竞争情报源，而且企业之间也是互为情报源的。

2. 竞争情报源的特征

竞争情报源具有以下特点。

（1）范围广泛。竞争情报源既有产生于企业微观经济活动和国家宏观调控经济活动中的初始情报源，也有产生于企业各项业务管理活动、反映经济活动的各种信息载体的再生情报源。所以，它广泛存在于企业的各项业务活动、国家的各种经济活动、网络载体、新闻媒体、文献资料当中。

（2）形式多样。竞争情报源有文献型、口头型、实物型、电子型等多种形式，以及存在于人们大脑中的隐性情报信息。

（3）价值的相对性。竞争情报源产生的信息，其情报价值对于不同的情报持有者而有所不同。竞争情报搜集工作必须明确情报源的这一特征，不能以为从情报源获得了信息就万事大吉了，还应考虑所收集的信息是否具有情报价值。

（4）动态性。竞争情报源产生于人类的经济活动中，也必然会随着人类经济活动的发展而发展，因此竞争情报源的发展将是一个永不止息的运动过程。这要求竞争情报搜集工作必须注意搜集情报源中最新的信息。

3. 竞争情报源的类型

竞争情报源可以有多种分类。根据加工程度可分为初始竞争情报源和再生竞争情报源；根据获取方式可分为内部竞争情报源和外部竞争情报源；根据载体形式可分为文献型竞争情报源和非文献型竞争情报源；根据获取渠道分为公开竞争情报源、半公开竞争情报源和非公开竞争情报源；根据竞争情报内容分为竞争者信息情报源、竞争目标信息情报源和竞争环境信息情报源。

1）初始竞争情报源和再生竞争情报源

初始竞争情报源是指直接产生竞争情报信息的经济活动过程，也称为一级信息源。初始竞争情报源产生的是原始信息，获取后根据使用目的进一步作出加工。具体地说，初始源的信息主要存在于企业内部管理、研发、生产、营销、人力资源管理等活动之中，存在于竞争对手的产品销售、广告宣传、市场表现、人事变更、战略策划、年度报表、企业简介等活动或载体之中，存在于用户的年度收入、平均购买力、购买行为特征、爱好和消费热点或活动，以及合作伙伴和公共媒介的各种经济活动之中，存在于政府发布的一系列的方针政策、法律法规活动之中，存在于社会科学研究、技术开发、人文环境和自然条件之中。

再生竞争情报源，也称为二级信息源，是指对从初始竞争情报源而来的原始信息进行加工，然后再向社会发出各类派生情报信息的载体，包括企业、政府、社会上各种专业情报机构、咨询企业、网络载体，以及经过加工处理之后形成的各种派生信息，如行业统计年鉴、竞争对手统计报表、相关研究论文等。再生竞争情报源主要存在于大众传播媒介中，存在于企业内部系统、政府信息机构、图书馆系统、科技信息机构、商业信息机构和各类咨询机构以及各类文献信息源中。

2）内部竞争情报源和外部竞争情报源

内部竞争情报源是指企业本身在计划、生产、销售等过程中产生、收集和储存的信息载体。通过对这些内部信息进行精加工,将会形成有价值的竞争情报。内部竞争情报源主要包括三种:一是反映企业自身基本情况的静态情报源,如有关人的情报(企业职工的数量、人才结构等)、有关财的情报(企业固定资产、流动资金、产品成本等)、有关物的情报(企业的设备数量、厂房面积、设备状态、原材料来源情况等),掌握这类情报是判断企业在竞争中所处地位的基本依据;二是反映企业发展变化的动态情报源,由于企业是一个不断运动变化的实体,随着时间的推移,企业的生产、经营方面的情报信息总是不断地变化,这些信息可以从生产报告、调度计划、财务报表、销售月报中得出,其范围广、数量大,分散在企业各职能部门和作业实体中,具有较高的情报价值;三是反映企业外部信息的内部情报源,企业各部门和员工个体蕴涵着丰富的关于企业竞争环境、客户、竞争对手的情报信息,尽管这些信息是关于企业外部的情报信息,但由于它存在于企业内部,从逻辑上说也属于内部竞争情报源,是最经济、最宝贵的不可重复的情报源。

外部竞争情报源是指存在于企业外部、与企业竞争和自身发展相关的信息载体。企业外部竞争情报源主要包括:一是竞争对手。这是企业最直接需要、价值最大也是最难获取的情报源。这类情报源的信息包括:竞争对手的管理层信息、竞争对手的目标、竞争对手的经营策略、竞争对手的优势和劣势,以及竞争对手可能的反应模式等。这里竞争对手包括现实的和潜在的竞争对手。二是社会公用情报提供者。主要有图书馆、档案馆、统计部门,以及其他与企业相关的政府职能部门等。情报载体主要有报纸杂志、政府文件、企业报和企业刊、产品样本、统计年鉴、经济年鉴、行业年鉴等。这类情报不仅花费较少,而且具有较高的权威性、价值性和准确性。三是专业的情报部门。主要有情报咨询机构、商业数据库提供商、有偿情报服务机构等。这些专业情报部门数量大、种类繁多,能够给企业提供急需的情报和服务,如竞争情报调研、咨询、检索服务等。这些情报机构是企业竞争情报的重要来源,具有新颖性、针对性和有偿性,但花费较大。四是互联网。它是巨大的情报资源宝库,既有一般的商务情报,如新闻报道商业信息、各种黄页信息以及学术研究内容等;也有满足企业专门竞争情报需求的情报源,如财务分析报告、行业研究报告,以及证券研究报告等,获取这些网络情报有的免费,而有的则要收取一定费用。以上各情报源对本企业的认识和涉及本企业的竞争情报。

3)文献型竞争情报源和非文献型竞争情报源

文献型竞争情报源是指以书本、磁带、图片和光盘等为载体形式,将竞争情报记录下来而形成的情报来源和出处。文献型竞争情报是通过对其物质载体的保管、传播和开发利用而实现对承载的竞争情报内容的保管、传播和开发利用的目的。主要有4种类型:印刷型竞争情报源、缩微型竞争情报源、数字型竞争情报源、声像型竞争情报源。

非文献型竞争情报源是指情报以非记录形式存在的竞争情报源。主要包括口头竞争情报源、实物竞争情报源等。非文献型竞争情报源具有直接、简便、迅速、新颖和形象生动等特点,是情报分析与预测人员普遍感兴趣的"鲜活"的情报源。但非文献型竞争情报源一般直接来自实验室、生产现场、展销会等社会公共场合,因而在搜集、保管、传播及利用等方面具有较大的难度。

4）公开情报源、半公开情报源和非公开情报源

公开情报源是指那些公开发表，公众能够共享的信息源。主要有各类出版物、广播电视、信息中心、商品展销会、新闻发布会、公共图书馆、博物馆、档案馆、情报所、数据库和互联网等。这些情报源的信息通常是免费或低价提供的，个性化服务的信息源越来越多。

半公开情报源是指在一定范围内公开，予以共享的信息源。主要有政府部门、行业协会、咨询公司、证券交易所等。一般要针对信息搜集的对象和目的的不同来选择。

非公开情报源是指不公开的信息源。主要有政府或企业内的保密信息、非保密信息。这些信息源的使用，需要使用者直接从信息源合法获取。

8.1.2 竞争情报搜集步骤

竞争情报搜集的环节包括：确定搜集目标、制定搜集行动方案、实施获取、整理情报搜集结果、评价和反馈情报搜集工作。但这几步的完成并不意味着情报搜集工作的结束，当搜集的情报进入竞争情报处理和分析阶段时，可能会产生新的情报需求，因此需要对竞争情报进行再采集的工作，直到实现关键情报目标。

1）确定搜集目标

搜集目标，也称为"情报需求"，指的是具体某次竞争情报专题项目活动要达到的目的和要求。搜集目标是确定搜集范围和选择搜集方法的依据，是鉴别和筛选已获信息的标准，是检验搜集工作成效的基准。确定"搜集目标"对于完成专题项目任务十分重要。人们往往只关注搜集信息的问题，任务一来，马上动手搜集。可是，在实践中，人们很快就发现面临的是相反的情形：大量的信息接踵而来，究竟应该保留哪些信息，舍弃哪些信息，导致这一现象的原因就是没有明确搜集目标。

确定搜集目标，可以从以下几个方面考虑：首先，竞争情报强调情报信息的搜集主要来自公开的渠道，搜集商业秘密是非法的，因此商业秘密不能作为搜集的目标；其次，从企业的需求出发确定搜集目标，特别是企业高层管理者的情报需求，通过访谈、问卷调查、座谈等形式认真领会高层管理者的指示精神，判断企业的需求；最后，从企业所处的竞争环境出发确定搜集目标，要考虑企业外部环境以及内部人、财、物、时间等的限制。

2）制订搜集行动方案

搜集行动方案指一次搜集工作在一定时期内的具体实施方案，包括以下5个方面。

（1）根据搜集目标确定搜集范围。或以竞争对手、竞争环境的信息为搜集范围；或以情报要求中的核心信息因素为搜集范围；或运用竞争情报搜集范围模型确定搜集范围。

（2）确定待用的竞争情报源，并进行评价。根据确定的搜集范围，选择准备使用的竞争情报源。选择情报源不是越多越好，也不是所有情报源都要使用。选择时要考虑两个问题：一是情报源的数量，如果选得过多，就会造成浪费；选得过少，就不能实现搜集目标；二是情报源的质量，所选情报源能不能提供有关本次搜集目标的信息。情报源确定之后，应该对其进行评估，主要是评估通过所选择的情报源能否获得预期的情报信息。如果不能获得预期情报，应该重新选择。

（3）确定获取情报资料的时间，掌握搜集时机。一般情况下，搜集范围和情报源确定之后就应该立即进行情报信息的搜集。根据本次竞争情报课题的时间要求，安排好搜集情报信息的时间。注意不能旷日持久，不能占用情报分析阶段的时间。此外，情报信息搜集中要学会抓住重大事件发生的时刻，这是竞争情报搜集的最佳时机。在这种时刻，媒体会大肆报道当事公司的信息，当事公司自己也会提供大量的文件资料，这些信息具有极高的竞争情报价值。常见的有企业丑闻曝光、企业破产、企业收购、政府法规变动、药品专利到期等。

（4）制定实施搜集的具体方式。竞争情报的搜集方式有很多种，根据竞争情报目标和信息源的类型可以选择不同的搜集方式，每次竞争情报搜集都要综合使用多种搜集方式，从多方面获取更全面的信息。

（5）组建搜集方案实施队伍。确定本方案由谁来负责执行。不但要对情报搜集的目标和要求进一步细化，而且要对可能出现的问题提前提出应对措施。

3）实施获取

包括两项工作。一是情报搜集过程的组织工作，包括人员安排，搜集计划的安排落实，搜集流程的组织工作和外部的联络工作。二是情报搜集过程的日常事务处理工作。在搜集过程中，每个搜集工作者都要做大量琐碎、繁杂的事务处理工作。这些工作是必要的，通过这些大量的事务处理工作可获得资料，还可以发现搜集工作中的问题，总结搜集工作的经验，寻求搜集工作的规律性和科学性。

4）整理情报搜集结果

有两种情形：一是目标信息无法获得需另辟蹊径；二是目标信息已经获得，但这并不意味着情报搜集工作的结束。搜集到的信息能不能成为情报，这时候还不能定论，还需要经过情报的整理和分析才能将搜集到的信息转化成能够为企业服务的情报。

5）评价和反馈情报搜集工作

进行竞争情报搜集成本分析，研究竞争情报搜集成本及其构成，对企业进行竞争情报决策以及后面进行的竞争情报分析有着重要意义。另外，经过整理和加工的情报提供给决策者之后，要积极收集、研究决策者的反馈，其目的是及时调节和控制情报的获取和传递过程，以求改进搜集工作，改善搜集系统，提高搜集工作效率。

最后，根据决策者反馈所表明的情报需要和要求，重新确定竞争情报的搜集工作，并进入下一轮的情报搜集工作程序，这是一个动态的循环过程。

8.1.3 竞争情报搜集方法

竞争情报搜集方法分为常规手段搜集方法和特殊手段搜集方法，后者对情报人员的技能和技术要求较高。根据竞争情报源的不同，常见的常规手段搜集方法和特殊手段搜集方法如表 8-1 所示。

调查是竞争情报最主要的搜集方法，很多情报往往在公开的信息中无法获得，就需要针对具体的情报需求进行专项调查。例如，在要了解产品需求状况时，可以采用抽样调查

表 8-1 常见竞争情报搜集方法

	常规方法	特殊方法
初始源	调查法（现场调查、访问调查、问卷调查、电话调查、统计调查） 观察法（无控制参与观察、无控制非参与观察、有控制参与观察） 追踪法 四分卫法（商业展览会、招商会、洽谈会等） 实物剖析法	现代信息技术与手段 社交网络 接触竞争对手的人、事、物 全员调查
再生源	出版发行系统订购 广播、电视等新闻媒体搜集 图书、信息、情报单位收藏各类载体的阅读、检索 政府、行业机构提供的服务获取 网络搜集	专门的咨询机构定题、定向跟踪和搜集 政府、行业机构的特殊服务 公开信息源重组分析 网络追踪技术等

法，通过问卷设计组织调查人员到指定的地点访问调查。实地调查法一般有三种形式，即询问法、观察法和实验法。询问法是通过询问的方式搜集竞争情报，一般包括走访询问、问卷询问和电话、邮件等询问方式。观察法是调查者在现场从一旁观察被调查者行动的一种方法。例如，在竞争情报搜集的过程中，在顾客购买行为、竞争对手企业动向、竞争对手企业环境等方面均可以采用观察法。实验法是指从影响调查问题的若干因素中，选择一两个因素，将它们置于一定的条件下进行小规模试验，然后对实验结果做出分析，研究是否值得大规模推广的一种调查方法。

媒体情报则多种多样，包括报纸、杂志、专利、文献、电视、广播、网站及其他各类出版物等。随着互联网的普及和社交网络的发展，网络空间已经进入自媒体时代，每个人都可以作为一个媒体频道发布自己的真实意愿或者态度。基于微博、博客、贴吧和网络评论等的舆情分析也成为竞争情报领域的重要方向之一。

文献检索。通过对报纸、杂志等正式出版物和海报等非正式出版物进行检索，将有价值的情报信息摘录、剪贴、复印，是搜集竞争情报最常用的方法之一。我国最著名的"照片泄密案"就是通过对公开数据关联分析而发现情报的早期案例。日本情报人员根据《中国画报》和《人民中国》等刊登的王进喜照片和油田建设报道，准确地分析出大庆油田的位置、油田规模以及生产能力等关键信息。有了如此多的情报，日本人迅速设计出了适合大庆油田开采使用的设备。因此，当我国政府向世界各国征集大庆油田开采设备的设计方案时，日本人一举中标。

搜索引擎和大数据竞争情报收集系统。情报搜集一般首选搜索引擎，其特点是方便快捷、覆盖面广。互联网竞争情报的另一种重要的搜集方法是大数据竞争情报收集系统的使用，互联网信息搜索以后通过下载或直接打印整理后保存以备情报分析使用。

8.1.4 大数据竞争情报系统

数据竞争已经成为企业提升核心竞争力的利器。

随着"人(人类社会)—机(信息空间)—物(物理世界)"三元的深度融合,数据规模呈爆炸式增长,且数据表现形式多样(包括文本、图像、视频、音频等)、异构多源、动态演变、真伪混杂。大数据时代,信息在网络空间发布、传播的渠道更加丰富多样,来自各个方面零碎的庞大数据融合在一起,可以构建出企业竞争的全景图,洞察到竞争环境和竞争对手的细微变化,从而快速响应,制定有效竞争策略。庞大的数据更具有统计意义,能为各种预测模型提供支持,从而能预测未来的发展趋势,帮助企业获得先机。相关的数据整合在一起,能不断产生新的信息和知识,有助于制定更加合理的生产计划和销售策略,从而提高生产率,降低经营成本。在大数据时代,企业对竞争情报的需求更加多元化,受惠于大数据技术的发展,企业在竞争情报的收集、整理、分析方面更加便捷。如何确保规模庞大,异构动态的数据实用可靠,为企业竞争情报研究不断地提供高质量的原材料,是大数据时代企业竞争情报面临的挑战。

大数据竞争情报分析系统基于大数据技术,对行业的数据进行采集、清洗与挖掘;通过对企业的战略层、产品层、技术层、人员层、用户层等多个竞争层面进行分析。由此之中发现特定企业的竞争态势,企业间竞争强度,自动汇集特定行业的企业,以此来形成行业、企业数据库。竞争情报系统是基于信息采集、全文检索、文本挖掘等核心技术,对企业自身、竞争对手和企业外部环境的情报信息进行收集、存储、处理、分析的应用管理系统,为企业提供坚实的战略决策支持,从而提高企业的核心竞争力。企业竞争情报系统是以人的智能为主导、以信息网络为手段、以增强企业竞争力为目标的人机结合的企业竞争战略决策支持与咨询系统。

情报研究既不能停留在定性分析上,也不能仅靠简单的统计替代情报研究中的计算技术,由此对情报分析技术提出了新的要求,这些技术包括可视化分析、数据挖掘以及语义处理三大类。这三大类技术也是当前情报分析领域关注和深入研究的技术。

可视化分析。是一门通过交互的可视化界面来便利分析推理的科学,是自动分析技术与交互技术相结合的产物,目的是帮助用户在大规模及复杂数据内容的基础上进行有效的理解,推理和决策。

数据挖掘。广义的数据挖掘是指整个知识发现的过程,是从大量的、不完全的、有噪声的、模糊的、随机的实际应用数据中提取隐含在其中的、人们事先不知道的、但又是潜在有用的信息和知识的过程。

语义处理。语义是关于意义(meaning)的科学,语义技术提供了机器可理解或是更好处理的数据描述、程序和基础设施,整合了Web技术、人工智能、自然语言处理、信息抽取、数据库技术、通信理论等技术方法,旨在让计算机更好地支持处理、整合、重用结构化和非结构化信息,核心语义技术包括语义标注、知识抽取、检索、建模、推理等。

如今,大数据已成为企业的一种资产,对于企业来说具有极其重要的战略意义,对大数据的分析与管理已经成为企业获取竞争优势制高点的重要途径。大数据对企业竞争情报系统的构建带来巨大的影响。企业必须适应这种变革,抓住先机,建立基于大数据的企业竞争情报系统,从而实现低成本、高效率的竞争优势。

8.2 竞争对手分析

竞争对手分析是企业竞争情报研究的关键内容之一。当今企业处在一个竞争的环境中，新的竞争对手不断进入，行业内整合不断加剧。在这样一个瞬息万变的市场环境中，谁能及时把握竞争对手的动态，谁就在竞争中掌握了主动。对竞争对手进行分析显得尤为重要。

8.2.1 竞争对手分析步骤

所谓竞争对手，是指在与本企业有共同目标的市场上，已有或可能有利害冲突的机构组织。竞争对手可以分为直接竞争对手和潜在竞争对手。在搜集信息、分析竞争对手的基础上，进而对比认识自己，企业就可以做到知己知彼，制定更科学的竞争策略，获得竞争优势。知己，就是对本企业内部的组织技能、资源、力量和弱点、经营和功能、战略与文化、领导人价值、战略目标等了解清楚；知彼，就是对竞争对手的总体情况尽可能多地认识清楚，包括总体战略、目标和政策、产品和服务、定价、销售和市场营销、技术服务等。

竞争对手是企业经营行为最直接的影响者和被影响者，这种直接的互动关系决定了竞争对手分析在外部环境分析中的重要性。竞争对手分析的实质是围绕着竞争对手的情报研究，是竞争情报分析的核心内容。竞争对手的情报研究是一个系统的分析过程，涉及如何识别确认竞争对手、应该关注的竞争对手的战略问题是什么、应针对哪些方面搜集竞争对手的信息等相关问题。在市场竞争中，为了全面地搜集信息和具体地分析竞争对手，一般按照以下 6 个步骤进行。

（1）识别并确认竞争对手。竞争对手的确认与识别是竞争对手分析的基础，是进行竞争对手分析的第一步。竞争对手的识别就是通过搜集相关信息判断行业内外的主要竞争对手和可能的潜在对手。若竞争对手范围过大，就会加大企业监测成本；若竞争对手范围过小，则可能会使企业无法应对来自未监测到的竞争对手的攻击。

（2）识别与判断竞争对手的目标。竞争对手的目标及对其自身条件和行业发展趋势的假设，决定着竞争对手的行动。通过对竞争对手目标的分析，可预测每个竞争对手对其目前地位和财务状况是否满意，预测竞争对手对战略变化的可能反应，帮助企业制定一种既能达到目的又能不威胁竞争对手位置的竞争战略。了解驱使竞争对手的动因是识别竞争对手目标的出发点，重点体现在企业的获利能力、市场占有率、技术领先和服务领先等方面。竞争者目标和假设的信息存在于竞争者的生产经营历史和竞争者管理层的背景中。

（3）确认并判断竞争对手的战略。通过对竞争对手现行战略的确认可以了解竞争者现在在做什么和将来能够做什么。围绕着竞争对手是否具有一个持续一致的战略发展方向，是否长期集中于降低成本、长期致力于产品及服务的差异化，或是否通过市场开发、产品开发来保持战略的一致性等问题开展信息的搜集，经过进一步的分析，可确认竞争对手的战略。

（4）评估竞争对手的实力。对竞争对手实力的评估是判断竞争对手战略能力或竞争力的基础，也是知己知彼、参与市场竞争的必要准备。竞争对手的实力取决于其拥有的资源和对资源的利用与控制。企业的资源主要是指实物资源、人力资源、财务资源及无形资产资源等方面。在了解竞争对手目标及战略的基础上，根据获得的信息，结合行业比较分析，洞察信息的变化趋势，预测竞争对手实力的变化，并找出本企业可以学习或超过的方面，或发现在适当时机可以攻击的竞争对手的劣势。

（5）预测竞争对手的反应模式。竞争对手的反应模式取决于竞争对手对其目前地位的满意程度。对目前地位满意的竞争对手往往对行业或外部环境的变化反应迟钝，不热衷于改变已取得的业绩，不愿冒险去开发新产品，一般会采取保守的反应模式；而对当前地位不满或竞争意识强烈的竞争对手，当其竞争目标或主要目标市场遭受威胁时，其反应会很强烈，常常采取寸土必争的反应模式。围绕着"竞争对手将做什么行动或战略转移"进行有关的信息分析，可以判断那些对当前地位不满意的竞争对手的市场活动。

（6）选择要攻击或回避的竞争对手。当外部环境和行业环境发生变化时，找出可能会仍执行原有战略的竞争对手，攻击其有弱点的细分市场或市场战略，使竞争对手处于目标混淆或自相矛盾之中。如果竞争对手对发起的进攻进行报复，则本企业的战略要点就是要选择最佳战场与竞争对手作战。而对那些可能报复强烈、市场反应较敏感的竞争对手，适当时机地回避是必要的。

8.2.2 竞争对手的识别方法

根据企业参与竞争的过程可知，企业竞争的结果取决于其所处的产业结构、参与的市场状况以及产品优势，因此可以依据行业的标准、市场的标准来识别与判断竞争对手。行业标准是指从一群提供一种或一类彼此是密切替代品的企业中寻找竞争对手。在此基础上，企业根据自己和对手在行业中的地位判断主要的竞争对手和次要的竞争对手。市场的标准是指从一些力图满足相同顾客群需求或服务于同一顾客群的企业中寻找竞争对手。对于企业来讲，依据行业标准划分竞争对手比较容易。然而，对于在多个目标市场或多个区域销售产品的企业，由于销售区域或目标市场的不同，依据行业标准可以寻找出许多竞争对手。但在每个目标市场或区域中，主要的竞争对手是有所区别的。在不同区域，其主要的竞争对手是不完全相同的。依据市场的标准划分竞争对手比较难，而且随着新技术的开发与利用，新产品层出不穷，企业如果不及时依据市场的标准找出潜在的竞争对手，可能就会在竞争中遭到对手的攻击。因此，密切地关注消费者需求动向和新技术、新产品开发信息，及时地进行信息的加工与分析，做出科学的判断，是利用市场的标准确认竞争对手的基础。

确认当前的竞争对手和潜在的竞争对手并跟踪观察，也就是决定观察的具体对象和观察的内容，是分析竞争对手的关键步骤。可以采用的观察法有通过定性分析确认竞争对手和潜在的竞争对手，也可以采用相关的标准确认，然后分析当前的竞争对手与潜在的竞争对手给企业带来风险的大小，根据风险的大小进行排序，找出它们的共同点，并分析出影响竞争决策的关键因素。一般来说，当前的竞争对手是依据行业的标准确认的。然而，并不能够将行业内的所有企业都作为竞争对手。找出确认当前的竞争对手的具体标准，并在此基础上，企业以自己作为基准，才能把握当前的竞争对手的界限，评估出当前的竞争对手的候选者。新的竞争者总是产生于潜在的竞争对手或竞争环境之中，因此，识别和确认潜在的竞争对手对于企业的成功与发展是极其关键的。

明确识别竞争对手的基本标准后，就可以以此为基础搜寻哪些企业可能对自己构成威胁，进而确定真正的竞争对手。通常有五力模型分析法、产品市场矩阵图法、策略团体分析法、竞争层次分析法等。

（1）五力模型分析法。五力分析模型是迈克尔·波特于20世纪80年代初提出，用于竞争战略的分析，可以有效地分析客户的竞争环境。"五力"分别是：供应商的讨价还价能力、购买者的讨价还价能力、潜在竞争者进入的能力、替代品的替代能力、行业内竞争者现在的竞争能力。大部分行业中的企业，相互之间的利益都是紧密联系在一起的，作为企业整体战略一部分的各企业竞争战略，其目标都在于使得自己的企业获得相对于竞争对手的优势，所以，在实施中就必然会产生冲突与对抗现象，这些冲突与对抗就构成了现有企业之间的竞争。

（2）产品市场矩阵图法。产品市场矩阵图是以产品分析为纵轴，以市场分析为横轴形成的二维矩阵图，通过联接两者可以帮助企业找准目前或未来一段时间将要面临的竞争对手。

（3）策略团体分析法。策略团体是指一个产业内执行相同或相似策略并具有近似策略地位的一组企业。策略是否相同或相似一般从以下几个方面来考察：产品细分市场是否相同；产品线长度与宽度是否相似；品牌定位是否相近；分销渠道一致与否；产品价格与质量相似程度如何；提供给消费者的服务与技术支持是否相近；推动与拉动的关系怎么样等。策略地位是否相近主要取决于竞争双方在本市场的竞争实力对比。企业之间的竞争往往是不对称的，如果数个企业在策略性质与策略地位方面的相似性越大，那它们之间就越容易形成面对面的直接竞争；反之，竞争的强度就越小。

（4）竞争层次分析法。就是把竞争对手按照竞争直接性的强弱划分为多个竞争层次，然后通过对不同竞争层次上的对手的分析来辨识自己的主要竞争对手的一种确定竞争对手的方法。要采用此方法需要了解各种不同的竞争层次，一般说来，大致有以下4个竞争层次和相应的竞争者。

产品品牌竞争层次——品牌竞争者。企业间最直接和最激烈的竞争层次是品牌竞争层次，竞争者除各自品牌不一样外，其他方面均没有大的差异，相应的竞争厂家称为品牌竞争者。就竞争领域而言，企业最直接的竞争对手是那些在同一产品类型中为同一市场区域服务的其他品牌。产品品牌的竞争是一种狭窄的竞争范围，它主要注重竞争者现期提供什么产品，而不管以后可能会出现的情况。

产品类型竞争层次——形式竞争者。产品类型竞争层次主要以产品的特性来划分，而不管其型号、规格、款式、价格方面的差异，在这种层次上形成的竞争者称为形式竞争者。它是公司决策者经常使用的确定竞争体系的一种标准。

一般竞争层次——替代竞争者。一般竞争层次主要着眼于针对同一需求而提供不同的产品或者服务来满足这种需求而产生的竞争，也就是产品替代品之间的竞争，是从比较长远的角度来考虑竞争的。它把竞争者定义为所有能满足相同的用户需求的产品或服务的组合。

广泛竞争层次——愿望竞争者。就是把市场上所有为同一顾客的购买力而竞争的所有产品或服务都纳入竞争体系中。例如，某消费者有 1000 元可以自由支配的收入，凡是能满足其消费这 1000 元钱愿望的厂家（单笔或是多笔消费）都可构成竞争者，这类竞争者称为愿望竞争者，也就是针对顾客相同的消费能力而提供不同的愿望满足的竞争者。

8.2.3 竞争对手情报分析

企业竞争对手情报分析是指企业通过对对手相关信息的收集与分析来获取对手产品、经营策略等方面的情报，从而为本企业管理者的决策制定提供帮助。竞争对手情报分析的核心内容包括：第一，竞争对手的历史及现状，包括竞争对手的经营历史和发展、目标、竞争对手基本现状；竞争对手在全球的发展状况及其在国内的战略地位。第二，竞争对手产品生产和研发状况分析：竞争对手生产状况，包括生产能力、设备水平、原材料供应、成本估算、质量与技术等；竞争对手研究与开发能力；科研人员成果费用激励机制等。第三，竞争对手营销能力分析：产品状况，如品牌、价格、包装组合等；产品销售渠道；销售与广告关联分析；市场推广策略等。第四，竞争对手组织与人力资源管理：内部组织结构及其职能的设计；企业文化及管理特点；人力资源管理与开发；主要管理人员背景与简介，竞争对手主要领导人的变更情况，分析领导者的更换对企业的发展所带来的的影响等。第五，竞争对手财务状况分析：财务策略，资产负债表、损益表、现金流量表；财务状况变动表及其他附表；财务情况说明书等。第六，竞争对手综合实力评价，包括经营能力、盈利能力等各项指标。

竞争对手情报分析是竞争情报领域最为重要的环节，需要选择恰当的情报分析方法，对经过数据处理后的有序数据进行定性或定量分析，形成分析报告，为决策制定提供支撑。常用的定性分析法和定量分析法如下。

1. 定性分析法

定性分析是指获得关于研究对象的质的规定性的方法，其中归纳法、演绎法、求同法、推理法、综合法、简单比较法、交叉影响分析法等都属于基础的定性分析法。在竞争情报分析中，常用的定性分析方法有竞争态势分析、情景规划分析和基准调查分析。

竞争态势分析。关注的主要问题是：现在市场有什么特点，市场的变化趋势如何；市场中现有及潜在的竞争对手实力如何，优劣何在；外部环境存在哪些机会和威胁；本企业的优势和劣势是什么；本企业应该采取何种竞争战略等，最常用的分析工具就是 SWOT 分析法。

情境规划分析。是以认同未来的不确定性和不可预测性为前提，提供关于某一个问题的多种可能发展结果，并提出相应对策的分析方法。情境规划要求企业先设计几种未来可能发生的情形，接着再去想象可能会有哪些事件发生，这样可以帮助企业对未来有较为全面的认识和预测，做出的决策也更具弹性。而且情景规划能提供预防机制，使管理者的决策制定更具有预见性。

基准调查分析。基准调查分析也常被称为标杆对比分析，其核心思想是将外部企业的成就作为本企业发展目标，尽可能将外部最佳操作移植到本企业。分析过程就是将本企业的各商业流程状况与竞争对手或行业内一流企业进行对照分析，发现差距，分析原因，系统地寻找可改进的方案。

2. 定量分析法

定量分析是依据统计数据，建立数学模型，并用数学模型计算出分析对象的各项指标及其数值的一种方法。定性分析是定量分析的基本前提，没有定性的定量是一种盲目的、毫无价值的定量；定量分析使定性更加科学、准确，它可以促使定性分析得出广泛而深入的结论。在竞争情报分析中，常用的定量分析方法有以下 5 种。

（1）统计分析法。统计分析法是根据市场情报研究的目的，运用统计综合指标和各种分析方法，将已整理的数据资料结合具体情况，由此及彼、由表及里的进行分析、概括，以揭示事务的内在联系及其发展规律。在市场情报研究中，统计分析法常应用于计划完成情况分析、综合分析和专题分析等。常用的统计分析法有总量统计法、平均数统计法、指数统计法、图表分析法、回归分析法、趋势分析法、因素分析法等。

（2）时间序列分析与外推法。时间序列是按照时间顺序排列，观察或记录下来的一组数据序列。它的特点体现在它是一组现实的、真实的、动态的数据，而不是数理统计中做实验得到的。由于它是真实的，动态的，所以一组时间序列数据是能够反映一段时期内，一种现实现象的一组统计指标，若这个现象存在一定的规律性，那时间序列必然会存在一定的规律性，所以基于时间序列的分析可以发现某一现象的潜在变化规律。

（3）主成分分析法和因子分析法。主成分分析法是当若干个指标之间存在相关关系时，可以利用统计方法，通过正交变换将相关的内容分离出来形成一个单独的指标，最终将较多的相互影响的指标合并为少数几个相互无关的指标。因子分析法与主成分分析法都是基于统计分析法，对原有变量进行降维的方法，但两者在原理上有较大的区别。主成分分析是通过坐标变换提取主成分，也就是将一组具有相关性的变量变换为一组独立的变量，将主成分表示为原始观察变量的线性组合。而因子分析法是要构造因子模型，将原始观察变量分解为因子的线性组合。

（4）综合指标法和极值选择法。综合指标法往往与定性研究相结合，在定性评价各指标分值的情况下，计算出评价情报的最终得分。这种方法的实质就是构建一个评价矩阵，在评价矩阵的左边是评价情报有效性的因素，矩阵最上方是可行性备选方案，可以为左边的评价要素赋予权重，最后根据指标模型计算方案的最终得分，做出选择。极值法是采用极限思维方式解决一些模糊问题的技巧，将题设构造为问题的两个极端，然后根据有关知识来判断极端情况。

（5）文献计量分析法。文献计量分析法最早是基于文献量的分析，由于文献量的变化与科学技术的发展之间存在一定的内在联系，从而可以利用文献量的变化表征和预测这一领域的发展情况，包括发展的历史、现状和未来趋势。

8.3 大数据定价

定价策略是营销策略的关键环节，是指企业在特定情况下，根据定价目标所制定的定价对策，是指导企业定价的行动准则，也是直接为企业定价目标服务的。在大数据时代，企业如何充分利用与消费者互动过程中获得的海量数据，得到消费者对产品定价的反馈，综合考量成本、顾客和竞争对手等因素，以及它们之间的财务影响，制定合适的价格，并获得相应的回报是大数据营销的一个重要研究方向。

8.3.1 产品定价

一般来说，产品的定价方法主要有成本导向定价法、需求导向定价法和竞争导向定价法。成本导向定价法是指企业制定价格时主要以成本为依据，同时考虑企业目标、政府法令、需求情况、竞争格局等因素；需求导向定价法是企业以消费者对产品价值感知为出发点的定价思路，其目标是最大程度获取消费者的理解和需求；竞争导向定价法是企业依据竞争对手产品的价格来确定自己产品的价格。当然，定价过程中也必须考虑自己产品的成本、市场需求情况等。传统的定价方法很难综合多个因素来制定价格。

传统定价策略是基于市场预测提出的，企业并不能获得对产品定价的全部反馈。而在大数据时代，企业可以通过海量数据获得消费者对于定价的反馈，从而制定更合理的价格。对于传统定价而言，虽然它有缺乏综合考虑、偏向定性结论及过于单一等缺陷，但是在利用大数据技术进行定价时，对影响定价因素的数据选择和模型的建立仍然具有指导性作用。大数据技术对定价的最大帮助就在于赋能传统的定价方法，使其可以通过对海量数据的精准、全面分析，来制定个性化价格并可以对价格进行动态调整。例如，根据消费者数据的细分产生了个性化定价，根据时间及实时的相关环境数据的反馈产生了动态定价。

要实现大数据定价，先要了解影响定价的主要因素。确定产品和服务的价格没有固定而单一的定律。价格的制定要考虑多种因素的影响，如市场需求、成本、竞争、利润、顾客的使用方式等，这些都对价格的成功制定起着举足轻重的作用。构建影响因素的指标体系，对于大数据定价是一个十分重要的过程。利用大数据技术，获取各个参量的数据，就能准确估算对应的数值指标。以影响市场需求的主要指标为例，包括以下内容。

（1）消费者偏好。在市场上，即使收入相同的消费者，由于每个人的性格和爱好不同，人们对商品与服务的需求也不同。消费者的偏好支配着他在使用价值相同或相近的商品之间的消费选择。但是，人们的消费偏好不是固定不变的，而是在一系列因素的作用下慢慢变化的。

（2）消费者的个人收入。消费者收入一般是指一个社会的人均收入。收入的增减是影响需求的重要因素。一般来说，消费者收入增加，将引起需求增加，反之亦然。但是，对某些产品来说，需求是随着收入的增加而下降的。

（3）产品价格。这是指某种产品的自身价格。价格是影响需求的最重要因素。一般来说，价格和需求的变动呈反方向变化。

（4）互补品的价格。所谓互补品，是指使用价值上必须相互补充才能满足人们的某种需要的商品，如汽车和汽油，家用电器和电等。

（5）替代品的价格。所谓替代品，是指使用价值相近、可以相互替代来满足人们统一需要的商品。一般来说，在相互替代商品之间某一种商品价格提高，消费者就会把需求转向可以替代的商品上，从而使替代品的需求增加，被替代品的需求减少；反之亦然。

（6）预期。预期是人们对于某一经济活动未来的预测和判断。如果消费者预期价格要上涨，就会刺激人们提前购买；如果预期价格将下跌，许多消费者就会推迟购买。

确定了影响定价的主要因素，从成本、市场需求、竞争、环境与政策等方面构建综合指标体系，通常遵循以下几点原则。

（1）目的性原则。选取的指标从研究问题的目的出发。如果是要评价某项目的经济效益，就应选取经济效益指标，而不能把其他方面的指标也作为评价指标选进去。另外，要反映被评价事物的综合实际水平时，就应该选取总量指标，而不是动态指标。

（2）全面性原则。选取的指标应尽可能地反映研究对象的各个方面。为了保证这一点，选取的指标就应该具有代表性，选取时应从被研究事物的各个方面着手，尽管最后确定的评价指标不一定很多，但选择初始指标时可以考虑全面的各项备选指标，以保证有选取余地。

（3）可行性原则。选取的评价指标不仅应具有代表性，还应具有可行性。指标的数据应容易获取，而且可以保证数据的质量真正可靠。

（4）稳定性原则。选取的指标应是变化相对有规律的，那些受偶然因素影响而大起大落的指标不适宜选入。

（5）协调性原则。不同的统计方法在分析时对指标的作用机理是不同的。各种方法都有其优点和缺点。在选取指标时就应注意所用统计方法的内在性质与要求，使指标与所用方法协调一致。例如，多元统计中的主成分分析、因子分析本身具有消除评价指标间相关影响的功能，用这些方法进行综合评价时，需要注意指标的全面性，而常规多指标综合评价方法和模糊评价方法则不具备这种功能，因此，选取指标时就要注意指标的代表性，尽量事先减少指标间的相关影响。

8.3.2　个性化定价

每位顾客对产品忠诚度、价格敏感度等的不同，导致他们在选择相同产品的时候，所感受的产品价值是不一样的，所能接受的支付价格也是不同的，如果能够识别每位消费者的支付意愿，企业就可以针对不同用户制定不同价格，以此来获取更大利润，在大数据背景下，个性化定价已经成为可能。

个性化定价是指企业在认识到每位顾客均具有个性化需求的前提下，以顾客信息为基准，对顾客的特征、喜好等进行分析，为每位顾客制定不同的定价策略。比如，买电影票、订机票时，发现虽然购买的是同一场次、同一航班，但是自己的票价和其他人不一样，这就是个性化定价。个性化定价主要具有以下特点。

（1）制定顾客愿意支付的价格。个性化定价在对顾客精准分析的基础上，能够准确地了解顾客的支付意愿，从而为其制定他们能接受的价格。

（2）提高顾客的忠诚度。企业在实施个性化定价的过程中，实际上也是一对一的营销，因此，顾客会感受到企业对他们的重视，从中获得满足感。

（3）为企业获取利润。个性化定价可以从愿意支付高价的顾客身上获取高额利润，并且利用低价吸引大量顾客，企业以此获取利润。

算法与大数据以及机器学习等先进技术的充分结合正日益影响着数字市场的竞争格局以及消费者的日常生活。个性化定价算法可以利用Cookie、IP地址或用户登录信息等多种渠道搜集市场信息。海量的信息不仅可以帮助经营者分析竞争对手、商业伙伴以及了解消费者的支付意愿，而且有助于经营者合理安排商品价格，创造利润空间。另外，更复杂的个性化定价策略可以利用你的智能手机的定位功能，追踪到你在商店中的位置。比如，你正在口腔卫生商品区，系统得知后，也许会给漱口水的定价减去几分钱。

企业在实施个性化定价时，往往需要从产品和顾客两个层面入手，先就产品层面对顾客的支付意愿进行识别，确定产品推广的目标顾客群体，然后再针对顾客制定个性化定价方案和商品价值分割方案，其步骤如下。

（1）识别顾客支付意愿。支付意愿是指消费者接受一定数量的消费物品或劳务所愿意支付的最高价格。了解顾客的支付意愿是实施个性定价的基础。对于任意一种产品，企业都需要了解不同的顾客愿意支付的价格。由于消费者的支付意愿是消费者对特定产品或服务的个人估价，带有很大程度的主观评价成分，给准确识别顾客支付意愿带来一定的难度，因此，如何确定顾客的支付意愿一直以来都是市场研究者的重要课题之一。

（2）确定目标顾客。在掌握每个顾客的支付意愿之后，企业还要分辨出卖给哪些顾客才会使其利润最大化。例如，埃森哲公司的"个性化定价工具"能够在现有存货、商品利润等信息的基础上，利用遗传算法帮助企业决定把商品提供给哪些顾客，以使企业利润最大化。

（3）制定个性化定价方案。在上面两个步骤的基础上，设计个性化的定价方案，为不同的顾客提供不同的价格或者商品优惠。

（4）制定商品价值分割方案。为了避免顾客在了解被差别对待后引发的负向消费、商业道德和法律风险，就要在实施过程中保证公平原则。因此，企业需要对商品价值进行分割，使支付不同价格的顾客享受到不同的服务，得到不同的商品价值。

8.3.3 动态定价

在互联网环境下的各种交易模式中，以动态定价模式进行的交易方式正在不断增加。网络环境下，将在线技术引入动态定价机制，模拟传统动态定价流程，可实现在线动态定价。运用动态定价法（dynamic pricing），即持续调整价格，以适应个体消费者的需要和多种购买情境。这成为买卖双方在线交易时最为常用的定价策略，此时价格不是固定不变的，而是根据供需关系上下波动的。相比之下，目录价格是固定的，就如同百货商店、超级市场以及其他店面中的价格。

动态定价是指运用互联网技术和大数据技术，分析消费者在不同时间的需求状况和支付意愿，根据需求变化和供给状态制定和调整商品的价格。动态定价具有3方面的内涵：第一，动态定价的本质是差别定价；第二，动态定价的依据是市场的需求和供给的变化以及消费者感知价值和支付意愿的差异；第三，动态定价需要互联网和数据库的支撑，以随时了解和分析顾客需求变化。

动态定价就是根据顾客认可的产品、服务的价值或者根据供给和需求的状况动态调整价格，是买卖双方在交易时进行价格确定的一种定价机制，允许同样的货品或服务因为顾客、时间、空间或供应需求的不同而确定不同的价格。动态定价机制有助于在不确定的环境下寻求价格，通过价格和当前市场条件的匹配，买者和卖者之间能产生出一个最优的结果，从而达到更高的市场效率。越来越多的商家和企业看到了最优动态定价法的巨大优势，认为它的使用，将会使市场竞争发生巨大变化。基于应用的实例，典型的动态定价的方法如下。

1）基于时间定价策略

基于时间定价策略的关键在于把握顾客在不同时间对价格承受的心理差异。例如，超前型购买者对新款时装、电脑、创新电子产品及新版精装图书趋之若鹜，他们愿意为此支付较高的价格；相反，滞后型购买者则表现出愿意为机票、酒店住宿支付更多费用的特点。

高峰负荷定价和清仓定价是两种最为常见的时间定价策略。高峰负荷定价适用于供应缺乏弹性的产品。供应商能够预测需求的增长，因而能够进行系统化的价格上调。某些长途电话服务公司或电力公司等网络型公用事业单位的定价就经常采用这种策略。清仓定价则适用于需求状况不确定和容易贬值的产品。贬值的原因很简单：产品过时或季节性差异。生命周期较短的易腐商品和季节性商品就属此类产品。针对这种情况，企业就必须降低价格，及时清理多余库存，以应对差异化需求。

2）基于市场细分和限量配给策略

基于市场细分与限量配给策略的基本原理是：利用不同渠道、不同时间、不同费用情况下，顾客表现出来的差异性价格承受心理。为此，企业必须开发专门的产品服务组合，根据不同的产品配置、渠道、客户类型和时间，进行区别定价。以航空业为例，对同一座位，航空公司的票价或许多达 N 种。不同票价的设置取决于订票时，乘客接受的限制条件或其他多种因素。例如，起飞前14天出票，或一周前出票，票价都有所不同。

3）基于动态促销策略

基于动态促销策略利用互联网赋予的强大优势，根据供应情况和库存水平的变化迅速、频繁地实施价格调整，为顾客提供不同的产品，如各种促销优惠、多种交货方式以及差异化的产品定价。在此策略下，网络商家不必以牺牲价格和潜在收益为代价，便可及时清理多余库存。例如，在亚马逊网上书店，每当回头客户登录网站，书店都会根据他的消费记录给予个性化的购书建议。这样做的好处是，既清理了库存积压，又满足了顾客的个人兴趣，同时还增加了销售收入。

在实际应用中，企业可酌情考虑单独实施某一策略或进行策略组合。顾客价格承受心理差异性越强，市场需求的不确定因素越多，这些策略的价值及其作用也就越大。从航空公司和酒店到货运公司等各种服务都可以根据需求或成本的变动灵活改变价格，每天甚至每小时更新特定产品项目的定价。应用得当的话，动态定价可以帮助企业最大化销售和更好地服务顾客。但是，如果应用不当，则可能引发侵蚀利润的价格战，损害客户关系和信任。公司必须小心谨慎，把握好明智的动态定价和损害性的动态定价之间的界线。

大多数电子交易市场进行动态定价的基本过程包括如下步骤：①公司提出购买商品的出价或销售商品的报价；②启动交易过程；③采购方和销售方可以看到出价和报价，但通常看不到是哪一方发出的，匿名性是动态定价的关键要素；④采购方和销售方实时地相互出价和报价，有时采购方可以联合起来从而获得批量折扣的价格（如团体采购）；⑤当采购方和销售方就价格、数量和其他条款，如地点或质量达成一致，一笔交易就商定了；⑥交易实施，安排支付和交货事宜。通常，交易市场外部的第三方公司提供支持服务，如信用卡验证、质量保证、担保证书服务、保险和订单履行等。它们确保采购方的支付保障和销售方货品状态的完好，并协调实现产品的交付过程。

8.4 大数据营销决策

大数据技术改变了商业环境，也改变了消费市场的生态。消费者不再完全相信传统营销"轰炸式"的传播和灌输，拥有更广阔的视野及更多的自主意识，随之而来的是海量的消费行为数据。如何从这些消费行为数据中挖掘出有价值的内容，已成为企业制定市场营销策略的关键。大数据背景下，数据规模大、传递速度快、非结构化数据多等特点，使得传统数据分析及数据库管理手段很难适应时代要求。数据决策技术的升级，实时处理及相关分析就显得尤为重要，"数据化、智能化、实时化+经验"成为大数据时代的营销决策范式。

在大数据技术广泛应用的背景下，消费者行为都可以根据网络数据进行分析，主要包括 Cookie 数据、搜索数据、社交数据、电商数据及跨屏数据。企业采用大数据智能分析法，通过实时监测或追踪消费者在互联网上产生的数据，借助智能技术对消费者行为进行精准分析。图 8-1 简要说明了大数据智能分析在营销决策的应用，从图中可以看出主要包括 3 个层面的工作：数据层，采集和处理数据；业务层，建模分析数据；应用层，解读数据。

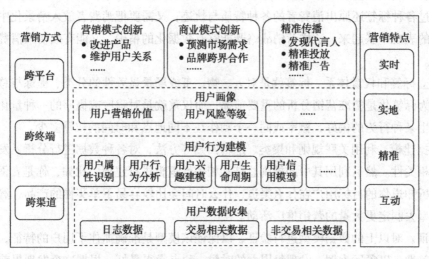

图 8-1 大数据营销决策示意图

在数字化时代，市场会越来越细分，面对庞大的市场，消费者只会选择其中极小部分的市场，因此精准营销对于企业越发重要。在数字化时代，企业要想成功制定精准营销策略，精确采集信息是基础，精准投放是核心，并以智能营销方案为辅。

精准采集消费者信息是实施精准营销的基础，只有以信息为支撑，才能把握消费者的真实需求，占据市场。随着大数据的发展，消费者可以借助各种信息手段产生消费行为，包括通话、购物、网上浏览等，由此在信息通道留下消费行为的轨迹和数据，大数据技术可以对消费者基础信息及线上浏览信息、购买信息、行为轨迹、生活习惯等数据进行挖掘、整合和分析。

精准投放是精准营销的核心内容，以精准信息的采集和分析处理为基础，进行市场细分，有效组织企业资源，实现消费者和资源的精准匹配，以此更好地满足消费者的需要。大数据背景下，现代网络广告精准投放的主要形式包括搜索引擎广告、社交网络广告、电子直邮广告及电商网站广告等。

准确定位投放目标的基础是必须对消费者需求进行精准洞察，消费者既是整个投放流程的起点，也是投放流程的终点。面对海量的消费者数据，企业可以借助大数据技术和人工智能技术建立消费者数据库，对数据进行深度分析和挖掘，精准把握消费者的态度、偏好，对消费者的人群属性、兴趣、购买行为进行分析，向消费者推荐合适的产品和服务，从功能、情感、社会属性等多方面满足消费者。例如，百度、阿里巴巴、谷歌等都掌握海量的用户数据，可通过大数据进行需求预测。

传统营销团队进行消费者洞察的主要目的是要找出消费者行为背后的原因，即为什么购买或不购买某个品牌的产品或服务，为什么喜欢或为什么不喜欢，消费者是基于怎样一种观念或态度来决策的，这样的因果推断会成为我们营销决策的重要依据。而以大数据为基础的消费者画像更多的是相关关系分析，在海量数据中发现隐含的相关性，这为我们提供了一种全新的消费者洞察与决策路径。在大数据的用户画像中，既需要按照大数据的计算，通过各种标签还原出消费者的各种特质与轨迹，又需要把消费者放入情景化中，把这些特质的表现串联起来，这样营销战略既能够有数据化的精确，又能有效切入消费者的生活轨迹。

建立标签和权重体系。标签就是对人、物、事或场景显著性的分类、提炼与总结的过程，因为标签化是精准营销分析的重要前提；而权重就是对程度或概率的一种量化，表示用户发生某种行为的偏好、概率或同一个动作在不同地点和时间的权重多少。

数据建模。利用关联规则和聚类、逻辑回归等方法，对各种数据进行分析，发现数据之间的相关性。然后利用其中的规则总结和相关性逻辑进行建模。比如，你是卖面膜的，通过分析知道你的目标用户在什么渠道，什么时间会比较容易下单买你的产品，然后根据这个模型去制定更大量的营销推广活动。

验证。对以上的数据模型进行验证，以保证该模型是准确抓住了用户的特征，减少模型的偏差性。以餐厅为例，发现每周六的时候，甜点卖得最好，根据这个发现提前准备每周六的甜点存货量。然后通过检验确实如此，那就可以制定相关措施。

最后根据验证，把一些偶然的相关发现或不能准确反映事实的数据剔除后，用剩下的模型形成用户画像。这样的用户画像，应用到企业的营销决策中去，才不会有太大的偏差。

大数据分析形成的用户画像只是一个决策参考,在营销决策这个环节,需要用到各种营销思维和考虑各种综合因素做出营销战略决策和相关措施。其中,在经典的营销4Ps理论中,大数据为4Ps赋予了"个性化、动态和互动"的特征。

(1)产品(product):在大数据经济中,产品更强调的是与用户共同创造的模式。还会实现规模化的个性化定制产品/服务的创造,这背后是企业成本评估和用户画像的精准分析。

(2)价格(price):定价模式从标准化定价逐渐走向动态定价模式,根据不同的用户、不同的时间和不同的场景等进行动态定价,优化产品的盈利。与目前酒店的"大数据杀熟"不一样的地方在于,"杀熟"是根据不同用户的消费力和品牌忠诚度来实现利润最大化(用户会反感),而大数据的动态定价是根据不同的用户需求来定价,实现用户与企业的价值双赢。

(3)渠道(place):传统的分销渠道是从工厂到经销商,再到各种零售终端的模式,而大数据的渠道是"以人为中心"的分销模式,人对人分销,不局限于某个渠道。这需要很好的渠道利益设计和模式重构。例如,微商和社区团购模式部分契合了该特点,尽管仍存在一些较为复杂的政策、技术和商业体系的问题,但随着区块链等数字技术的普及和监管的完善,相信会在探索中改进。

(4)促销(promotion):传统的广告、促销等推广方式更偏向单向的传播,大数据的推广策略更看重用户的个性化推荐和社交传播,有针对性的精准投放,以及用户购后的评价信息在社交网络的交互传播,这些都是传统促销手段无法实现的。

商业大数据、大数据营销的历史进程已经来临,过去只凭感觉、靠经验去做商业决策的时代会慢慢远去。未来一定是人充分利用大数据来提高决策效率的时代,经验也会有用,但用好大数据的经验会更有竞争力,使商业决策更科学。

恒丰银行基于大数据的精准营销模型应用

恒丰银行探索的精准营销系统打通银行内外部数据,并利用人工智能技术,对数据进行深度挖掘,打造个性化理财推荐系统,预测客户需求和价值,实现细分客群精准触达等大数据驱动的银行业务场景的可持续化营销。

如今,商业银行信息化的迅速发展,产生了大量的业务数据、中间数据和非结构化数据,大数据随之兴起。要从这些海量数据中提取出有价值的信息,为商业银行的各类决策提供参考和服务,需要结合大数据和人工智能技术。面对日趋激烈的行业内部竞争及互联网金融带来的冲击,传统的上门营销、电话营销,甚至是"扫街营销"等方式跟不上时代的节奏。利用精准营销可节约大量的人力物力、提高营销精准程度,并减少业务环节,无形中为商业银行节约了大量的营销成本。

虽然恒丰银行内部拥有客户的基本信息和交易等大量数据,但是传统的营销系统并没有挖掘出行内大量数据的价值,仍然停留在传统的规则模型。当下,恒丰银行接入了大量的外部数据,有着更多的维度,如果将内部数据与外部数据进行交叉,就能产生更大的价值。客户信息收集越全面、完整,数据分析得到的结论就越趋向于合理和客观。利用人工智能技术,建立精准营销系统变得可能且必要。

恒丰银行基于大数据的精准营销方案是利用大数据平台上的机器学习模型深入洞察客户行为、客户需求、客户偏好,挖掘潜出在客户,实现可持续的营销计划。根据零售业务营销要求,运用多种数据源分析客户行为洞察客户需求,实现精准营销与服务,提高银行客户满意度和忠诚度。针对不同的客户特征、产品特征和渠道特征,制定不同市场推广策略。为了完成以上任务,主要从用户画像、精准推荐系统、需求预测和客户价值等几个方面构建精准营销系统。

以银行理财产品个性化推荐给客户为例,如在微信银行中给每个客户推荐此客户喜欢的产品,帮客户找到其最适合的产品,增加产品的购买率。理财产品种类繁多,产品迭代速度很快,客户在繁多的产品中不能快速找到适合自己的产品,因此有必要建立一个自动化推荐模型,建立客户理财偏好,给客户推荐最适合的产品。将银行理财产品推荐业务问题转化为机器学习问题,进而利用人工智能技术提高推荐产品的点击率和购买率。例如,在恰当的时间,通过用户偏好的渠道给用户推荐产品,推荐的结果为用户购买或者未购买。这个问题可以看作一个典型机器学习二分类问题:基于历史营销数据来训练模型,让模型自动学到客户购买的产品偏好,并预测客户下次购买理财产品的概率。对模型预测出所有客户对所有产品的响应概率进行排序,可选择客户购买概率最高的若干产品推荐给客户。

基于大数据的理财推荐系统上线,一方面,提高银行营销准确性。随着客户不断增加,理财产品也在不断推陈出新,在实时精准营销平台的帮助下,银行从以前盲目撒网式的营销方式转变到对不同客户精准触达,提高了理财产品的营销成功率,降低销售和运作成本。理财产品推荐的上线以来,产品推荐成功率比专家经验排序模型最高提升 10 倍。另一方面,增加银行获客数量。精准营销系统洞察客户潜在需求和偏好,提高了银行获取目标客户群的准确率。从数百万客户中,通过机器学习模型,找到最有可能购买产品的客户群,通过渠道营销,实现响应率提升。相比传统盲发模式,发送原38%的短信即可覆盖80%的客户。

通过构建基于大数据的精准营销方案,恒丰银行深入洞察客户行为、需求、偏好,帮助银行深入了解客户,并打造个性化推荐系统和建立客户价值预测模型,实现可持续的营销计划。

资料来源:http://www.360doc.com/content/21/0223/17/73881591_963577155.shtml

思考题

1. 竞争情报源有哪些主要类型?
2. 试说明竞争情报搜集的方法。
3. 举例说明如何识别竞争对手?
4. 什么是动态定价?典型的动态定价策略有哪些?

案例 8-2：优步的动态定价策略

第 8 章扩展阅读

即测即练

自学自测  扫描此码

第 9 章

大数据舆情监测与品牌危机管理

【本章学习目标】

通过学习本章,学生应该能够掌握以下内容。
1. 了解什么是危机公关,对危机公关有一个全面、清晰的认知。
2. 掌握品牌危机管理策略。
3. 掌握大数据舆情监测的主要功能。
3. 了解大数据黑洞的来源。

9.1 危机公关

9.1.1 什么是危机公关

危机是指影响组织生产经营活动的正常进行,对组织的生存、发展构成威胁,从而使组织形象遭受损失的某些突发事件。这些突发事件一般都能引起媒体的广泛报道和公众的广泛关注,对组织正常的工作造成极大的干扰和破坏,使组织陷入舆论压力和困境之中。处理和化解危机事件,将危机转化为塑造组织形象的契机是对组织公共关系工作水平最具挑战性的考验。

公共关系危机现象很多,如管理不善,防范不力,交通失事等引发的重大伤亡事故;厂区火灾,食品中毒,机器伤人等引发的重大伤亡事故;地震、水灾、风灾、雷电及其他自然灾害造成的重大损失;由于产品质量或社会组织的政策和行为引起的信誉危机等。对这些危机事件处理不当,将会对社会组织造成灾害性的后果。

危机具有以下特征。

1)必然性与偶然性

危机的必然性是指危机是不可避免的,任何一个社会组织在它的发展过程中都可能遇到性质不同,表现形式各异的危机;危机的发生又是偶然的,组织的任何薄弱环节都有可能因某个偶然因素导致危机发生。这就是危机防不胜防、容易给组织带来混乱和惊慌的原因。因此必须防患于未然,做到居安思危。

2)未知性与可测性

危机在什么时间、什么地点发生,破坏性多大往往是难以预料的,特别是自然灾害、科技新发明等带来的冲击是难以抗拒的。但是危机的发生也存在一定的规律性因素，可以通过对这些规律性因素的研究来预见危机发生的可能性，这就是可测性。

3）紧迫性与严重性

危机总是在短时间内突然爆发，使组织立刻处于备战状态，要求公关人员第一时间全面掌握事实真相。危机事件作为一种公共事件，任何组织在危机中采取的行动和措施失当，将使企业的品牌形象和企业信誉受到致命打击，甚至危及生存。

4）公众性与聚焦性

组织的危机事件会影响公众的利益，公众会对整个事件高度关注。公众不仅关注危机事件本身，更加关注组织的处理态度和采取的行动。它常常会成为社会和舆论关注的焦点和讨论的话题，成为新闻界争相报道的内容，成为竞争对手发现破绽的线索，成为主管部门检查批评的对象，它会像一根牵动社会的神经线，迅速引起社会各界的不同反应，令社会各界密切注意。

5）破坏性与建设性

危机在本质上对社会组织产生的破坏性是巨大的，任何组织在危机中采取的行动和措施失当，将使企业的品牌形象和企业信誉受到致命打击，甚至危及生存。但危机的恰当处理也会带给组织新的收获，为组织建立富有竞争力的声誉，树立组织的形象和为组织的重大问题的解决创造了机会。

危机公关是组织针对危机所采取的一系列自救行动，具体是指机构或企业为避免或者减轻危机所带来的严重损害和威胁，从而有组织、有计划地学习、制定和实施一系列管理措施和应对策略，包括危机的预防、控制、处理以及危机解决后的恢复形象等不断学习和适应的动态过程。危机公关属于危机管理系统的一部分，危机管理包括危机监测、危机预测、危机处理计划、危机决策、危机处理等职能。在危机管理中，舆论监测、声誉管理、形象管理、危机传播、危机沟通等内容属于危机公关，它们都是运用公共关系的手段，进行危机管理，是危机管理系统中的重要组成部分。

9.1.2 大数据公关策略

公关即公共关系，是指某一组织为改善与社会公众的关系，促进公众对组织的认识、理解及支持，达到树立良好组织形象、促进商品销售目的等一系列公共活动。它的本意是社会组织、集体或个人必须与其周围的各种内部、外部公众建立良好的关系。它是一种状态，任何一个企业或个人都处于某种公共关系状态之中。它又是一种活动，当一个工商企业或个人有意识地、自觉地采取措施去改善和维持自己的公共关系状态时，就是在从事公共关系活动。

作为公共关系主体长期发展战略组合的一部分，公共关系的含义是指这种管理职能：评估社会公众的态度，确认与公众利益相符合的个人或组织的政策与程序，拟定并执行各种行动方案，提高主体的知名度和美誉度，改善形象，争取相关公众的理解与接受。

随着科技的迅速发展，尤其是大数据时代的到来，公关随着网络的普及以及社会公众对网络的使用越来越频繁，网络对社会的舆论导向，对公共事件的评价都有巨大的影响力。

网络已经成为消费者对某一品牌或商品影响、评价的第一来源，而且网络上信息传播迅速，短时间内就能产生巨大的影响力，网络日益成为企业日常公关活动的主阵地。网络宣传成本相对较低，且针对性强、传播效率高，对于企业口碑的形成也有重要推动作用。

大数据时代的公关变革体现在以下几个方面。

一是以公众为中心。大数据技术的应用，使企业可以获得精准的用户画像。同时，企业具备的大数据管理、分析等能力，为实现以公众为中心的公关提供了数据支撑，进而为与公众保持长期良好的关系奠定基础。

二是公众细化程度加深。传统的公关活动需要对公众提供满足普遍性需求的信息，随着时代的变化，公众的需求越来越个性化，此时传统的普遍性需求信息已不再适合，需要在对公众深度细化的基础上，提供个性化的信息。另外，由于大数据时代信息量的剧增，用户接收信息的方式更加碎片化，从而形成了不同的媒介接触习惯和信息消费习惯。同时，由于信息的获取渠道更加自由，人们可以自主选择自己愿意接触和了解的信息。意味着公众对公关信息的接收和理解是有选择性的，所以，差异化的公关活动已经成为时代所需。

三是公关应对难度加大。公关应对难度加大体现在应对时间缩短和负面信息更容易让公众获取这两个方面。

应对时间缩短。互联网时代的信息量非常大，信息的传播速度也非常快，人们能非常轻松便捷地获取社会上的大量信息。所以，企业一旦发生危机事件，如经济问题、产品质量或安全问题等，这些事件的传播会打破时间和空间的限制，在很短时间内到达媒体覆盖的各个角落，这就需要企业有比以往更快的应对速度。

负面信息更容易让公众获取。随着社交媒体和网络平台的日益发达，使得人们接收信息的渠道越来越多，内容越来越丰富，速度越来越快，而负面信息又最能引起人们的关注。所以，当企业出现负面新闻时，其传播渠道更加多元化，人们能够从不同渠道获取这些负面信息，这就加大了公关应对难度。

大数据的应用可以贯穿公关活动的整个过程，其公关策略表现为以下内容。

首先，舆情监测实时化。伴随着大数据的广泛应用，企业使用大数据技术可以实时、全面、精准地监测社交媒体对自身品牌或产品的负面信息，并迅速做出反应、及时处理，从而避免更大危机的爆发和蔓延。通过大数据舆情监测系统，对全网舆情实时监测，有助于企业第一时间了解网络上谈论与己相关的各种声音，助力企业顺利处置各类突发舆情。大数据舆情监测软件通过对舆情的自动识别预警，有助于企业有针对性地根据负面信息采取应对措施，为决策者做出正确的舆情应对方案提供参考。大数据舆情监测工具通过对舆情的全面综合分析，有助于企业掌握舆情发展的脉络，深入了解自身的网络口碑及品牌形象，从而做出有效的预测，为舆情解决提供科学决策依据。

其次，公关对象精准化。大数据时代，公关对象围绕着不同社交媒体形成了一个庞大的网络，而不同社交媒体的公众都有着不同的态度和偏好。运用大数据技术可以精准地获取公关对象的年龄、性别、职业、偏好等信息，并针对这些不同的信息制定不同的公关策略。企业、媒体采用个性化算法推荐技术精确定位用户，对用户进行分析，进行场景化、智能化、精准化的推送，接受用户的反馈，信息沟通成为真诚的对话活动。在此基础上，企业公关活动也与大数据、人工智能紧密结合，公共营销策略的制定应围绕用户行为数据展开，公共关系的联通不再单纯依靠内容和文本符号进行，而是关注用户体验，真正满足用户需求，从而塑造良好的企业形象。

最后，技术应用人性化。大数据中蕴含了非常大的价值，但同时也有非常严重的隐私问题，如网页浏览痕迹、购物记录、搜索记录等。如果滥用用户隐私信息，会造成用户的反感，甚至危害用户的财产及人身安全。因此，保护用户隐私是一种明智的公关策略。公共关系必须在挖掘大数据的潜力和在利益相关者和公众之间建立信任之间进行平衡。利用技术带来的新平台，公关应该思考让信息的传递更加人性化，在公关传播中融入情感要素以使得公关更加具有温度，并在观念和意识上达成人与人之间的认同、连接，建立一种各得其所的关系网络，相信这会是未来公关的努力方向。

9.2 品牌危机管理

在报纸、杂志主导的传统媒体时代，掌握媒体资源的个体及组织，在信息传播方面拥有绝对主导权，而进入互联网时代后，这种局面被彻底打破，所有人都能通过社会化媒体平台发布并分享自己感兴趣的内容。互联网时代所具有的信息实时传播、受众广泛参与等特征，对企业的品牌危机管理提出了更高的挑战。

9.2.1 品牌危机的特征

在互联网时代，信息的传播特性决定了该阶段的品牌危机特征也有所不同，不同背景、职业、个性、地区、兴趣爱好的广大民众通过互联网能够实时交流，相互分享彼此感兴趣的信息。人们得益于智能手机、平板电脑、可穿戴设备等移动终端的推广普及，通过网络获取信息逐渐成为趋势。实时性、互动性及时效性是网络信息传播的三大特征。在此基础上，互联网时代品牌危机的特征可以总结为以下几点。

1. 危机信息传播速度快

贴吧、论坛、微信、微博等即时通信工具的推广普及，使企业负面信息的传播速度得到了极大的提升，而且信息传播形式越来越多元化，除了简单的图文信息外，音频、短视频甚至是直播等都是网民会使用的信息传播方式。

在各种离散的企业负面信息被上传到网络平台后，人们可以利用具备搜索功能的信息平台将这些信息聚合起来，从而获取自己想要的内容。与此同时，平台方提供的互动交流版块或通信功能，使网民能够实时交流沟通，讨论这些负面信息很容易引发大范围的传播推广。

在线下渠道中，人们传播信息时，会受到身份、个人影响力等因素的限制，而在互联网中，人与人之间更加平等，决定信息能否实现传播的因素主要在于信息本身的价值，信息传播效率会大幅提升。

2. 参与受众多

在互联网环境中，参与信息传播及分享的门槛大幅降低，普通人也能体会到引领社会潮流的快感，长期以来的信息传播及分享需求在短时间内爆发，从而进入了一个人人参与信息传播的自媒体时代，而互联网的强大连接能力使各种社区、渠道、平台能够无缝对接，在大众广泛参与的驱动下，单一渠道中的信息可以在短时间内传播到所有渠道，这种特性从另一个方面赋予了网络信息的破坏性。

3. 重塑性快

网络信息传播的交互性，使企业的负面信息可以被快速加工，从而引发一系列连锁反应。在传统媒体时代，普通大众虽然可以对信息进行加工，但没有有效的渠道将加工后的信息进行有效传播。而在互联网时代，人们可以根据自己的理解对某一事件进行评论、分享，既是内容消费者，也是内容创造者。

在这种背景下，如果企业的产品或服务存在问题而被某用户曝光，必然会引起其他遇到同样问题的用户的共鸣，并分享自己的遭遇，这很可能会给企业品牌带来严重打击。当然，对于那些具有较高品质的产品或服务，消费者也乐于在朋友圈内分享它们的亮点，从而实现企业品牌的口碑传播。

9.2.2 品牌危机管理策略

任何企业对危机事件要有充分的准备，在人员、设施和技术工具等方面做好事前准备。公司无法控制舆论，但是可以影响公众舆论。加强与媒体的沟通，使危机公关在处理危机的过程中发挥积极的作用。品牌危机管理的基本原则主要有以下几点。

（1）预防为主原则。预防原则是指危机管理者要在危机管理中始终保有危机防范意识，积极进行危机防范准备、危机征兆识别和警示机制建设，有计划地进行危机日常演习、员工应急状态教育等活动，力求将危机发生的概率降低，将危机发生后的损失减小。

（2）快速反应原则。大量的企业危机案例表明，如果在危机爆发初期企业采取积极行动，企业各方面的损失就会减小很多。这和危机的特征有关：危机往往是突发事件，发展势态难以预料，破坏性强，涉及范围会扩大。所以，一旦危机爆发，企业必须在尽可能短的时间里采取果断措施，无论是对受害者、消费者、社会公众还是新闻媒介，都应尽可能成为首先到位者，从而减缓或消除危机蔓延。

（3）真实性原则。当危机爆发后，公众最不能忍受的事情并非危机本身，而是企业故意隐瞒事实真相，不与公众沟通，不表明态度，使公众不能及时地了解与危机有关的一切真相。因此，发生危机后，企业应该及时主动向公众讲明事实真相，遮遮掩掩反而会增加公众的好奇、猜测甚至反感，延长危机影响的时间，增强危机的伤害力，不利于对危机局面的控制。

（4）全员性原则。企业危机处理不仅是几位领导、几位专家的事，企业的员工也不只是危机处理的旁观者，也是参与者。让所有员工了解危机的性质、规模、影响及处理方法，并参与危机处理，不仅可以发挥其宣传作用，减轻企业的内部压力，还可以让员工在企业危机中经受特殊的锻炼，增强企业凝聚力。

（5）统一性原则。危机处理必须冷静、有序、果断，以及做到3个统一，即指挥协调统一、宣传解释统一、行动步骤统一，而不可失控、失序、失真，否则只能造成更大的混乱，使局势恶化。

（6）创新性原则。世界上没有两次完全相同的危机，也就没有完全相同的处理办法。因此，危机处理既要充分借鉴成功的经验，也要根据危机的实际情况，尤其要借助新技术、新信息和新思维，进行大胆创新。

以上只是企业应遵循的主要原则，品牌危机管理者在遵循这些原则进行危机处理时，应根据危机管理在不同阶段的特点，灵活应用这些原则。

企业品牌危机形成因素是能够进行有效控制的因素，对于企业来说存在较大的操作空间，如果能够建立完善的品牌危机预警机制，往往可以有效控制甚至利用品牌危机带来的机遇进一步提高品牌影响力。在建立品牌危机预警机制前，企业应该对自身所处的竞争情况进行分析：品牌的构成要素是否传播正能量；品牌延伸是否满足定位理论；营销内容是否传递品牌内涵及价值观、符合消费群体的需求；企业和消费者之间的沟通渠道是否通畅等。通过思考这些问题，企业可以找到品牌危机的潜在诱因，然后针对这些诱因进行分析，组织相关部门开展讨论，从而建立品牌危机预警机制。

很多时候，品牌危机的出现是长期积累的结果，如由于售后服务体验不佳，消费者集体抗议，短时间内的售后服务问题虽然对企业有负面影响，但还不至于引发品牌危机。这种长期积累所造成的危机处理难度更高，再加上竞争对手的推波助澜，很容易导致企业元气大伤。所以，企业在日常经营管理过程中，应该定期对自身的设计、生产、仓储、物流、营销、销售、售后服务等诸多环节进行分析，寻找存在的问题，尽可能地避免品牌危机。在生产经营实践中，企业与供应链合作伙伴、消费者、渠道商、零售商、监管机构、竞争对手、所在城市等形成了一个生态系统，企业应该正确认识所有成员之间的相互依存关系，打造良性竞争生态。在具体运营中，企业需要和供应商、竞争对手、媒体机构、消费者等实现合作共赢，在获取利益的同时，也为其他成员创造价值，这样才能确保整个生态系统稳定发展，即便因为决策失误或者管理方面的问题导致品牌危机，也能得到更多的理解与支持。

关于品牌危机，任何企业都会发生，它是一个不确定性的事件，所以每个企业都应正确认识品牌危机，当品牌危机发生以后，在保持冷静的状态下，考虑应对危机的策略。企业采取的措施一般有以下几点。

（1）成立危机管理小组，全面控制品牌危机的蔓延。当企业出现品牌危机时，不能任之扩散，而是要在第一时间出击，组织相关的专家成立危机处理小组，然后对爆发的危机事件进行深入调查，根据危机的影响范围，做出相关的评估，制订有关计划，对危机事件的扩散进行控制。危机处理小组需进行的任务有：对危机事件的发生有一个全面的掌握，为企业下一步的行动做好支持的基础；把对外信息的传播工作组织到位，及时向相关的利益人进行通报；针对危机事件，第一时间采取相关措施，与受害人进行前期接触等。

（2）迅速实施适当的危机处理策略。针对危机的发展趋势，企业应该对消费者保持负责任的态度，主动地承担起相关责任，做出恰当的处理，如回收产品、停销、赔偿损失等。

（3）做好危机沟通。在处理危机事件时，危机沟通是一项必不可少的环节。沟通到位会把公众进一步的猜疑及时消除，还能避免一些片面报道的现象发生，但是，如果缺少了沟通，无异于给危机事件雪上加霜。危机沟通针对的是受害者、媒体、内部员工、上级部门和其他利益相关者。

第一，针对受害者的危机沟通。进行危机沟通时，必须要分清楚重点，把与受害者的沟通放在第一位。企业根据受害者所受到的影响程度，耐心倾听受害者的意见，主动承担应负的责任，让受害者感受来自企业真切的歉意；确立危机责任方面的相应赔偿方案；把受害者的损失降低到最小。

第二，针对媒体的危机沟通。媒体是对危机事件进行传播的主要渠道。因此，企业应主动与媒体的工作配合，把自己处理危机的具体情况适时地向媒体通告。企业与媒体进行沟通的过程中，需要注意：用一个声音说话，避免众口不一；保证向媒体提供的信息准确无误，把企业的立场和态度对外公开，防止报道失真；在事情还没有调查清楚之前，不轻易地表示赞成或反对的态度；当媒体发表了与事实相反的报道时，企业应尽快向媒体进行更正声明，指出失真的地方，并提供真实资料。通常情况下，召开新闻发布会是企业与媒体之间沟通的一个最为有效的形式，同时也向公众展示了一个积极主动、愿意承担责任的企业形象。

第三，针对内部员工的危机沟通。无论何种类型的危机，对于企业内部的员工、股东以及员工的家属，都或多或少地造成一定的影响。这个时候，企业就需要处理好内部公众之间的关系，否则会出现整个企业人心涣散、流言四起的状况，最终使陷入危机的企业内外交困。因此，在面临危机时，企业应该对企业内部的关系有一个恰当的处理。应该让员工知道关于危机发生的来龙去脉，与此同时，还要让他们知道，面对危机，企业会采取相应的措施去解决，不会置之不顾；收集员工提出的一些建议，解答他们所产生的疑惑。

第四，针对上级部门的危机沟通。危机发生以后，要把相关的事态发展情况及时地向上级部门进行汇报，在此期间，与上级部门保持密切联系，以获得来自上级部门的强力支持。

第五，针对其他利益相关者的危机沟通。这里的其他利益者主要包括企业合作伙伴、金融界、社区公众、社会机构、政府部门等，企业生存发展离不开他们的鼎力支持。在危机爆发之后，企业应就此次危机事件与以上利益相关者做好进一步的协调与沟通，避免他们对企业造成误会，做出一些与企业生产相违背的事情，影响企业的行动能力。适当的沟通，能够解决不必要的误会，并获得利益相关者的积极支持。

此外，企业应重视品牌危机的后续管理，包括遗留问题处理和滞后效应处理。

遗留问题处理：对于企业内部，在本次危机发生过程中，企业对具体的发生原因、预防和相应的处理措施的执行情况，进行一个全面系统的深入调查分析，把有关危机管理工作中存在的问题根源找出来；就危机中存在的一些突出问题进行整改，完善企业品牌危机预警系统，防止类似事件的再次发生；对企业组织内部加强适当的沟通力度，针对此次的危机始末、产生危害以及企业采取的相应措施，让员工有一个具体的了解，并借此机会对员工进行相关教育，治愈创伤，得到认可，使企业迅速恢复。对于企业外部，加强对外传播与沟通，及时地把针对危机处理的相关进展情况向媒体、社会公众进行通报，并声明愿意承担道义上的责任，以此来重新赢得社会公众的信任。

滞后效应处理：品牌危机一旦发生，即使是企业在本次危机处理中的表现较为妥当、完美，公众的心智也会因为危机所带来的相关影响产生一定的冲击力，这种阴影可能在很长一段时间内都会存在于顾客头脑中。正确帮助公众快速地从阴影中走出来，重新建立起公众对企业的信心，是本阶段企业工作的一个重点。比如，企业可以通过推出一项新的服务或产品，向企业利益相关者和社会公众传达企业恢复的信号，唤起他们对企业的好感。

9.3 大数据舆情监测

9.3.1 什么是舆情监测

随着互联网的普及，网络的信息量剧增、传播速度变快、偶发性变高，使得舆情监测的难度越来越高。在大数据时代，企业可利用大数据技术有效地监测和管理海量信息，全面、科学地预测互联网上公众的言论和观点。

舆情，是"舆论情况"的简称，是指在一定的社会空间内，围绕中介性社会事件的发生、发展和变化，作为主体的民众对作为客体的社会管理者、企业、个人及其他各类组织及其政治、社会、道德等方面的取向产生和持有的社会态度。它是较多群众关于社会中各种现象、问题所表达的信念、态度、意见和情绪等表现的总和。

网络舆情是社会舆情在互联网空间的映射，是社会舆情的直接反映。传统的社会舆情存在于民间，存在于大众的思想观念和日常的街头巷尾的议论之中，前者难以捕捉，后者稍纵即逝，舆情的获取只能通过社会明察暗访、民意调查等方式进行，获取效率低下，样本少而且容易流于偏颇，耗费巨大。而随着互联网的发展，大众往往以信息化的方式发表各自看法，网络舆情可以采用网络自动抓取等技术手段方便获取，效率高而且信息保真（没有人为加工），覆盖面全。

网络舆情是以网络为载体，以事件为核心，是广大网民情感、态度、意见、观点的表达、传播与互动，以及后续影响力的集合。在网络环境下，舆情信息的主要来源有：新闻评论、社区论坛、博客、微博、微信、抖音等，网络舆情带有广大网民的主观性，未经媒体验证和包装，直接通过多种形式发布于互联网上。网络舆情的六大要素是：网络、事件、网民、情感、传播互动、影响力。随着网络技术的不断发展和创新，舆情传播载体呈现出多样化发展特点，网络舆情已经渗透到了社会生活的各个方面。

网络舆情监测是指整合互联网信息采集技术及信息智能处理技术，通过对互联网海量信息自动抓取、自动分类聚类、主题检测、专题聚焦，实现用户的网络舆情监测和新闻专题追踪等信息需求，形成简报、报告、图表等分析结果，为全面掌握网民思想动态，做出正确舆论引导，提供分析依据。

企业网络舆情监测分析，是企业对互联网上信息进行的检测和搜集，并对舆情态势进行分析、舆论环境研究、负面舆情危机处理，生成的报告蕴含着宝贵的市场价值，是企业实现全方位发展、研制新品、营销计划的重要资料。对于企业来说，有效地监测、第一时间了解、及时处理企业在网络上的相关负面信息，就显得尤为重要，最快速预警负面舆情，及时发现和处理企业的负面信息，保持企业的健康良好形象，维护企业健康发展。

一般情况下，企业容易陷入舆论的情况有4种。一是产品质量出现问题。例如，在沃柑的主要产区广西南宁市武鸣区，部分果商为了防止沃柑腐败保证沃柑品相，擅自调高除菌农药的稀释浓度，泡药后忽视安全间隔期，不经储藏直接上市，这样的沃柑吃下去会导致人体慢性中毒，使人出现疲乏、头昏、食欲不振、肾肝功能损坏等问题。在"3·15"当天，一则"果农称自己从不吃处理后的沃柑"的"泡药沃柑"事件引起了广泛关注。二是服务质量不佳。例如，快递员私自拆看顾客包裹，或没有轻拿轻放导致商品损坏等。三是重大事件。例如，某企业员工非正常死亡事件，各大媒体都会争相报道，从而引发网络舆论。四是企业高管的负面新闻。例如，某企业因高管虚假陈述遭证监会处罚。以上情况都会对企业产生负面影响，对企业的危害非常大。所以，企业须进行舆情监测，这样才能够及时监测、收集并研判网络舆情，引导舆论方向化解危机。

企业舆情监测系统的主要功能如表9-1所示。

表9-1 企业舆情监测系统的主要功能

功能		内容
舆情监测	文本监测	对来自新闻、微博、微信、博客、论坛、App、报纸的文本类舆情信息进行全面监测
	图片监测	图片文字识别技术助力图片舆情监测
	小视频监测	对来自抖音、快手、西瓜、火山、微视、B站等多平台的小视频进行实时监测
舆情预警	快速预警	对舆情实现智能实时预警，从舆情发生到用户获知最快只需几分钟
	多端推送	支持短信、微信、App、PC、邮件等方式推送预警信息，用户无须时刻值守，也能够第一时间获知重要舆情
舆情分析	事件分析	对舆情事件进行监测、追踪、溯源，智能分析事件产生、发展、传播、平息的全过程
	评论分析	解读社会声音，支持分析今日头条、腾讯新闻、网易新闻等平台的文章评论内容
	可视化大屏	数据可视化展示，兼顾美学与功能，清晰有效地传达舆情信息
舆情报告	自定义模板	用户根据实际需求自定义报告模板，有针对性地生成个性化报告
	定时推送报告	系统设置定时邮件推送日报、周报、月报，周期内舆情信息统计汇总
人工服务	人工预警	对系统内的舆情信息进行人工判别筛选后，根据舆情紧急程度采取邮件、短信、微信、电话等方式及时通知用户
	人工报告	舆情分析师根据从业经验和用户需求，为用户提供日报、月报、年报，以及专项报告等深度加工的人工报告服务

基于大数据多源融合及自然语言处理技术的舆情监测，对海量互联网公开信息进行实时采集、处理和分析，帮助政府和企业全面、准确、实时地掌握舆情态势，提高舆情应对和危机处理能力。总的来说，舆情监测流程可分为六大核心环节。

（1）设定需要实时监测的关键词，通过这些关键词展开舆情监测工作。例如，可设置企业名称、创始人、产品及产品功能和特性等关键词。

（2）使用大数据采集功能，采集门户网站、新闻媒体、社交平台等多个平台与关键词相关的网络舆情信息。

（3）对采集到的舆情信息进行清洗、整理，过滤掉无用的干扰信息，并将半结构化的网页数据转化为结构化的文本数据进行存储。

（4）舆情分析是舆情监测的核心环节。通过分析提取舆情信息的关键点，如识别对企业品牌或产品的敏感信息，为舆情预警提供支持。

舆情预警能够将一些敏感信息在指定时间内，通过设置的预警方式，如微信、短信或电子邮件等及时通知相关负责人，负责人查看这些信息后及时做出反应并处理。

（5）通过舆情分析可生成多维度的舆情分析报告，其中包含舆情产生原因、舆情发展趋势、传播途径等。

（6）以舆情分析报告为数据依据做出相应处理，及时化解危机、消除不良影响。

9.3.2 大数据品牌舆情监测

新媒体时代的品牌危机让各大企业谈其色变，然而大数据为企业应对危机带来了新的选择。在品牌危机爆发的过程中，通过高频次实时大数据舆情分析，跟踪危机传播趋势、识别重要参与人员是企业快速应对危机的必然选择。

品牌舆情监测，就是围绕品牌动态而开展的舆论舆情信息收集与分析的工作，其重要性不言而喻。大数据品牌舆情监测和分析是指利用大数据收集、分析、挖掘以及机器学习等技术，不间断地监控网站、论坛、微信、微博、平面媒体等信息，及时、准确地掌握各种信息和网络动向，从中发掘出事件苗头、洞悉舆论倾向、掌握公众态度和情绪、并结合以往相似事件对企业品牌危机进行趋势预测并提出应对建议。

互联网是人们发表意见的有效途径。但是舆情服务在进行行业规范和整合的同时，面临着新的挑战。在企业品牌危机爆发之后，由于互联网用户意见表达监管措施的缺乏，企业很难及时有效地获取深层次、高质量的网络舆情信息，在危机事件处置工作中的处于被动地位。企业应当重视对互联网舆情的应对，建立起"监测、响应、总结、归档"的舆情应对体系，快速有效地处理危机，进而保护企业和产品的声誉。

大数据技术可以很好地预测舆情，一是可以通过大数据预测整个宏观环境，使品牌管理正确把握宏观风向标；二是可以通过大数据掌握本行业整体态势以及预测行业走势，做到全面把握；三是可以通过大数据了解品牌自身的消费者，及时掌握有关品牌的正面、中性、负面舆情，实时全面掌握消费者对本品牌的认知与评价情况，从而既为品牌健康发展服务，也为品牌做好突发舆情的预测及管控服务。

品牌舆情危机经常发生，在网络上品牌危机发生的概率更高，危害也更大。大数据技术的出现可以有效避免或减少品牌舆情危机的发生，在危机发生后实时监测品牌舆情，监测舆情变化并及时提供对策。具体而言，可以从以下几个方面来完善舆情监测机能。

首先是找准监测的对象，做到有的放矢。在监测对象上无外乎品牌外部数据监测与内部数据监测两个类别。外部数据包括宏观、中观、微观3种，根据品牌本身发展需要有选择有重点地监测政府部门、金融行业以及地理自然等科研部门，掌握这些部门的结构化数据以及实时变化的非结构化大数据。中观的监测对象就是本行业的发展态势以及竞争对手的结构化与非结构化数据。微观监测对象就是品牌自身与消费者、重要客户。品牌管理上需要抓取的微观大数据的主要内容之一是实时搜集消费者有关品牌的各类数据，包括消费者对产品的评价信息，搜集消费者的消费需求变化数据，建立消费者以及大型客户的数据库，通过建立的数据库及抓取的数据，从以下几个方面进行分析：一是分析消费者及客户对品牌的评价情况，如品牌性能、功能、质量等；二是了解品牌的竞争力以及售后服务情况，同时建立品牌产品的运行数据库，从中了解品牌的使用寿命，运行中易于出现的普遍性问题是什么；三是分析本行业的发展趋势，本品牌的发展路径以及消费者的消费心理规律。

其次是找准监测数据来源载体。品牌舆情监测内容主要有两种：一种是品牌日常运行状态的实时监测，另一种是对品牌是否存在危机的舆情监测。因此，数据来源的载体主要包括专业网站、各种电子资源分析、门户新闻贴吧、社区、论坛、博客、微博、微信、移动客户端等，利用人工收集与人工智能收集结合的方式，对上述来源进行监测并分析，特别是要重视人工智能的自动快速抓取、收集、整理、分类及分析等。上述有些载体属于社交媒体，在当今社交媒体普及的传播环境下，大数据舆情监测应重视这一载体。传统媒体时代品牌很难与消费者或客户进行互动，也无法实时搜集反馈信息，社交媒体兴起后一方面品牌管理能做到与消费者及主要客户互动，另一方面可以搜集、抓取他们的一切网上行为数据，实施全样本搜集与实时反馈。

品牌管理要重视对社交媒体的大数据监测。一是监测消费者在售前、售中、售后通过社交媒体对品牌进行了解以及评价的过程，以此可以了解品牌所属产品的优缺点，进而改进产品或完善销售渠道等，同时，要利用社交媒体平台培养消费者对品牌的美誉度和忠诚度，尽力扩大忠实消费者人数。二是要善于利用社交媒体分析消费者的个人信息、地域、职业以及消费习惯等特征，然后进行数字化营销与精准营销。

最后是实时对危机舆情进行预测与分析。品牌危机舆情的发生往往是品牌质量出现了问题，产品或服务如果出现危及身体健康及使用安全等问题，就很容易酿成品牌危机事件。在以互联网为技术基础的社交媒体时代，品牌负面信息的传播具有范围大、传播快、传播源头多样、传播形式隐蔽等特征，特别是微信、抖音等自媒体的出现使得负面舆情能在瞬间传达到上亿用户。同时，竞争对手获取并传播品牌负面舆情的便利性也加大了品牌危机的发生概率，因此，应建立专门的品牌舆情监测团队，其中的重点监测工作就是运用大数据技术监测品牌舆情并及时分析，增强主动性，掌握主导权。在对品牌外部信息的抓取、侦听、分析等处理上，充分利用好互联网、搜索引擎、电子邮件自动处理工具、Web挖掘技术、数据库技术、联机分析技术、搜索引擎技术，以及基于人工智能机器学习技术的自动分类、聚类和文本分析与基于深层次自然语言理解的知识检索、问答式知识检索系统等技术；对品牌内部数据的收集主要依靠企业自身的内部网络来进行；大数据品牌舆情监测还需要借助图像识别、云计算及专家系统等复杂技术。

一方面，品牌舆情监测是企业发现和优化品牌优势的重要方法。通过对公众舆情的数据分析和挖掘，企业可以发现品牌在公众心目中的形象和声誉，找到品牌的优势点，并进一步优化和加强这些优势点。这样可以提高品牌的知名度和影响力，增加品牌在市场中的竞争力，从而达到增加销售和收益的目的。另一方面，品牌舆情监测还可以帮助企业及时发现和解决品牌危机。当品牌出现负面消息或危机事件时，企业可以通过品牌舆情监测及时了解公众的反应和态度，从而采取有效的危机公关措施，保护品牌的形象和声誉，避免危机事件对品牌的损害。需要注意的是，品牌舆情监测不仅仅是简单地对数据进行收集和分析，更需要对数据进行深入的理解和分析。企业需要对数据进行分类、整合和分析，了解数据背后的意义和价值。同时，企业需要及时调整监测的指标和方法，跟进公众舆论的变化和趋势，不断提升品牌舆情监测的精准度和有效性。

9.4 大数据黑洞

人们喜欢技术，但更喜欢有感情的交流。人的生活越来越数字化，被他人理解、被他人关爱才显得弥足珍贵。那些最终赢得消费者的企业，通常不是擅长利用大数据的企业，而是通过大数据对消费者付出真实情感、人性化的企业。

9.4.1 黑洞与大数据失效

黑洞是时空展现出极端强大的引力，以至于所有粒子、甚至光这样的电磁辐射都不能逃逸的区域。广义相对论预测，足够紧密的质量可以扭曲时空，形成黑洞；不可能从该区域逃离的边界称为事件视界。虽然，事件视界对穿越它的物体的命运和情况有巨大影响，但对该地区的观测似乎未能探测到任何特征。在许多方面，黑洞就像一个理想的黑体，它不反光。此外，弯曲时空中的量子场论预测，事件视界发出的霍金辐射，如同黑体的光谱一样，可以用来测量与质量反比的温度。在恒星质量的黑洞，其温度往往是数十亿分之一开尔文温度，因此基本上无法观测，但可以借由间接方式得知其存在与质量，并且观测到它对其他事物的影响。借由物体被吸入之前的因黑洞引力带来的加速度导致的摩擦而放出 x 射线和 γ 射线的"边缘讯息"，可以获取黑洞存在的讯息。推测出黑洞的存在也可借由间接观测恒星或星际云气团绕行轨迹来得出，还可以取得其位置以及质量。宇宙中，根据质量天文学家们将宇宙中的黑洞分成 3 类：恒星级质量黑洞、超大质量黑洞和中等质量黑洞。

量子力学相关理论认为，黑洞把宇宙分成了两个区域，也就是黑洞的视界里和视界外，这两个区域属于不同的时空，有着完全不同的因果关系，所以信息可以出现两种不同的结果。当从外界掉进了黑洞，如果在黑洞外面进行观察，会发现在黑洞的视界，周围有一个炽热的表层，因为它能量相当的高，任何东西接触到这个表层都会被吸收，然后逐渐蒸发，飞向外部空间，又会回到宇宙里。只要信息越过了黑洞的视界，就不会再返回了，会永远地消失。如果在黑洞内部观察，看到的就是完全不同的现象，在黑洞的视界附近什么都没有发生，就是直接落进了黑洞里。

近年来，数据规模呈几何级数高速增长。根据国际信息技术咨询企业国际数据公司的预测，到 2030 年全球数据存储量将达到 2500ZB。当前，需要处理的数据量已经大大超过处理能力的上限，从而导致大量数据因无法或来不及处理，而处于未被利用、价值不明的状态，这些数据被称为"暗数据"。另据 IBM 公司的研究报告估计，大多数企业仅对其所拥有数据的 1% 进行了分析应用。

在大数据应用环境下，数据"黑洞"有两方面的含义。一方面是指数据垄断可能导致数据"黑洞"现象。一些企业凭借先发展起来的行业优势，不断获取行业数据，但却"有收无放"，呈现出数据垄断的趋势。这种数据垄断不仅不利于行业的健康发展，而且有可能对国家安全带来冲击和影响。另一方面，数据孤岛和数据安全漏洞，有可能形成一个个肆意吞噬数据的小黑洞。无法保持完整性和流动性的数据碎片，不仅影响运营的效率，还可能带来安全隐患。

大数据通过分析用户行为特征精准描述用户画像，全面的用户数据可以逼近客户的真实情况。大数据因其强大的数字记忆功能，在一定程度上能做到比用户自己还要了解客户，数据的"读心术"功能在电商网站上的应用非常普遍。应用大数据的关联预测功能，如利用离网用户在离网前的行为模式数据，就能推测出所有在网用户在某个时期的离网率。类似的还有用户更换手机频率、偏好机型的预测等。大数据还能帮助企业挖掘客户的兴趣偏好、渠道偏好，在数据分析系统的实时触发作用下，系统会在适时的情境中捕捉到机会，触发企业完成相应的动作，为客户提供个性化的精准服务与营销。有效地利用数据可以提高企业的营销效率以及客户口碑。

然而，在有些情况下，大数据分析因存在"黑洞"而失效。下面就是一个实例，为了有效利用客户数据，银行研究人员对客户流失预测模型进行评估，发现模型预测出的那些客户的确即将流失，但那些客户流失与银行服务一点儿关系都没有。尽管客户对银行是满意的，但他们还是选择转移财产，这是因为夫妻需要为离婚做准备。因此，对大数据模型的适用性、数据抽象的级别以及模型中隐含的细微差别进行分析是非常关键的，为了保证有效性，对客户数据的应用还必须结合实际，从道德、伦理和心理的角度进行思考。

大数据时代，很多数据并不是人工提供的，而是依靠手机、电脑、智能终端，甚至是探针、物联网设备等联网设备自动采集提取的。计算机可以帮助人们解读很多人脑无法实现的复杂计算逻辑，弥补人们直觉判断的误差，但是对于大数据失效问题的解决仍需要借助机器学习等技术来丰富人工智能的知识库，不断修正和完善大数据决策的准确性。

9.4.2 大数据黑洞来源

大数据能够记录用户的各种基本属性特征、行为轨迹。但在很多情况下，用户的行为具有偶然性，用户的行为并不能完全反映其真实意图。从这个角度来看，大数据的黑洞是无法避免的，下面列举了现阶段6种大数据黑洞的来源。

1. 不能预测用户的创意

大数据来源于现实，但是人类的行为活动却不一定由现实支配。用户创造性的思维与想象总是天马行空、超越现实，由此决定用户行为往往是无法预测的。当大量消费者对某种产品产生兴趣偏好时，数据分析通常可以敏锐地预测到这种趋势。然而，一些充满创意性且价值很高的产品在起初就被数据摈弃了，因为这类产品不是人们熟知的。

2. 不能代替人类思维

大数据通常可以为企业的决策人员提供一些问题的解决方案，但决策人员最终选择哪个方案、做出何种决策，还是要通过思维的考量自己决定。人类的决策不是一个单独事件，而是处于一定的时间背景之中。经过千百万年的演化,人脑善于处理背景下的叙事。比如,无论故事情节和背景多么复杂,人脑依然可以条理清晰的讲述出来。数据分析则不会叙事,更没有思维浮现的过程。即便是一个简单的童话故事,数据分析也无法解释其中的思路。

3. 不能预测超越人类认知范围的事情

大数据是基于历史数据预测未来的,这也是大数据的核心功能。但是大数据无法预测毫无先兆、超越人类认知范围的事情,这类事情就是人们常说的"黑天鹅"。一旦历史不可掌握或者根本就没有历史数据,大数据也就无计可施了。

4. 大数据掩盖了价值观

收集的数据永远做不到最原始,因为大数据在采集、处理过程中难免融入数据分析师的价值观和倾向性,这就在一定程度上影响了最后的分析结果。数据分析结果表面上是客观公正的,实际上数据构建到解读的过程都体现了价值选择。

5. 很难描述客户的感情

大数据很难表现和描述用户的感情。分析人类情感、社会关系、前后关联等问题是大数据不太擅长做的事情。大数据只能表示用户正在做什么,而不能体现用户在做什么的时候是怎么想的、有什么样的背景以及用户的情绪波动是什么样的。所以,大数据是不能直击用户心智空间,理解用户价值观的。因此,大数据不能帮助人们进行社交关系的决策。

6. 海量数据的风险

随着大数据资源的丰富,统计数据上的各种相关关系越来越多,很多数据相关关系是没有实际意义的,在真正解决问题的时候可能会让人做出错误的决定。而且这种错误性随着数据量的增长呈指数级增长。在这个庞大的数据海洋里,人们要发现的有价值的信息被越埋越深,数据扩张带来的噪声淹没了很多重大发现。

尽管大数据拥有黑洞,但不可否认的是,大数据为人们的生活带来了很多方便。企业收集客户数据的手段有很多,包括信息感知移动设备、软件日志、摄像头、麦克风及其他科技手段。然而,在利用客户数据的时候,企业需要采取一些措施来填补大数据黑洞。比如,情感分析能帮助人们将事实、感知以及事实蕴意融合在一起,借助文本情感分析、面部表情模式识别等技术捕捉情感数据,并将其与传统数据结合在一起,准确地描绘出客户的体验。

钉钉"一星评价"的危机公关

2020年疫情之下,所有品牌都被按了暂停键,只有钉钉炸了。

在这个特殊的开学季,钉钉在各大应用市场遭遇大量学生"一星评价"。本来在疫情的特殊时期,借助大家不便出门的机会,钉钉从职场跨越到教育领域,想为各大学校的老师和学生提供学习工具,顺便收割一批新用户,最终赢得"叫好又叫座"的结果,在公关和用户上获得双赢。没想到"偷鸡不成蚀把米",学生的愤怒让钉钉惨遭大量一星评价,最低时分数跌至1.5分。钉钉一时间成了被网课支配的孩子们的"出气筒",当得知App的评分低于一星就会被下架时,小学生们更是集体出征,疯狂打一星,其评分从4.9一路跌到了1.6。

面对新增长的年轻用户,钉钉采用了求饶的方式。2月14日,钉钉官方微博发布了一张网图,并加了一些简单粗暴的文案,如"前世500次回眸,才换来你我今世相逢""我还是个5岁的孩子,求求手下留情"等。委屈的表情、接地气的文案引发了不少网友的围观,许多网友一边"哈哈哈",一边充满同情地去给钉钉加分。

2月15日,钉钉在微博上转发了B站上网友的吐槽视频《你钉起来真好听》。视频吐槽钉钉让学生没了假期,且把应用市场中的一星评价都贴了上来。没想到钉钉却以极富自黑的心态转发了该视频。这一波自黑引发了不少同情,很多网友评论去给钉钉刷5星。2月16日,钉钉在B站制作了视频《钉钉本钉,在线求饶》,该视频符合B站的二次元风格,戏谑地讲述了自己的心路历程,并向各位学生求饶。通过这些视频,钉钉构建起了品牌与B站的强关联度,成为B站网红,成功拉升了品牌在年轻人中的好感度,钉钉的评分也有了回暖。

一般情况下,应用软件被大量打差评,甚至到影响口碑的程度,品牌都是发布声明,道歉澄清。但钉钉面对的公关对象是一群任性的熊孩子,抓住用户的特征,自黑式公关无疑是最好的解决办法,既能展示大度,化解恶意,又收获了用户好感。这次钉钉公关的应对,可以说是一个比较成功的公关案例。

思考题

1. 简要论述大数据公关策略。
2. 企业应当采取哪些措施应对品牌危机?
3. 什么是舆情监测?
4. 举例说明大数据黑洞的来源。

案例9-2:鸿星尔克如何面对舆论危机

第9章扩展阅读

即测即练

自学自测

扫描此码

第 10 章

大数据营销伦理

【本章学习目标】

通过学习本章,学生应该能够掌握以下内容。
1. 认识大数据营销的伦理问题及其治理措施。
2. 了解大数据信息删除技术的主要方法。
3. 了解我国关于个人信息保护的法律法规。

10.1 大数据营销的伦理问题

当你刚刚搜索了考研班,补习电话就紧跟而来;当你刚刚搜索了留学,教育中介的电话就开始狂轰滥炸;"您要买房吗""您要贷款吗"……每天,我们都可能会接到类似的骚扰电话,其中有些甚至能直接说出我们或家人的姓名和家庭住址。而近些年各大平台用户数据泄露事件的发生,更使数据安全问题被提到重要位置。随着数据的应用范围越来越广,一些看似合法的数据交易背后其实暗藏着法律风险,而我们的个人信息竟然也成为数据黑产链条上被觊觎的"肥肉"。大数据时代,在充分挖掘和发挥大数据价值的同时,解决好数据安全与个人信息保护等问题刻不容缓。

1. 数据泄露问题

随着大数据在商业领域的应用越来越广泛,数据泄露问题在各国时有发生。例如,英国航空公司就曾因 50 万条客户数据泄露被处罚 1.83 亿英镑;万豪酒店数据泄露案导致其全球超 5 亿名客户受影响,被英国信息专员办公室处以 1.24 亿美元的罚款;脸书数据泄露事件使多达 8700 万名用户受影响,被美国联邦贸易委员会罚款 50 亿美元。

如果把互联网隐私数据比作"数据河流",那么海量的物联网大数据存储堪比"数据海洋"。在智慧城市建设中,安防大数据正扮演越来越重要的角色。城市中的监控视频数据、城市地理信息、交通数据、人口数据以及环境监测数据等被海量监控摄像头、传感器日夜不断地收集,各种行业数据数量呈现爆发式增长。随着居民生活对智能网络依赖性的增长,个人、家庭的生活信息通过物联网全方位暴露,使个人信息泄露风险加剧。例如,智慧社区个人 IP、身份、住址的信息泄露,增加了个人遭受金融诈骗的风险。在智慧城市建设的初期,人们普遍缺乏个人信息保护意识,也缺乏安全防护实践,民生领域中信息安全所面临的问题变得更为复杂,基于物联网设备的网络攻击将日益凸显。近年来,时有安全公司发现能够在可联网相机中运行的蠕虫病毒,借此不法黑客不仅能够收集个人信息,引导下载更多的恶意程序,还可以借其变种营造庞大的僵尸网络。

在大数据时代,加密技术是保障数据安全的最有效手段之一。政府、企业和组织应该采用先进的加密技术,保障数据的安全和隐私。在数据共享和交换时,需要制定相应的政策和采用技术措施,保证数据的安全和隐私。

2. 个人隐私保护

消费者在网络上浏览网页、发动态、购物、订酒店等各种行为都会留下痕迹,借助大数据等技术,企业可以轻易地描绘出用户的完整"画像",这潜藏着极大的隐私风险。在此背景下,为实现精准营销,企业会对消费者行为进行追踪、数据挖掘、分析。虽然精准营销可以节省公共资源、提升消费者购物体验,但其基础是数量庞大的消费者数据,在这过程中就会产生隐私泄露的问题。姓名、年龄、家庭住址、电话号码、教育经历、社会活动等信息都会面临被泄露的风险,严重威胁公众的安全和社会稳定。

除了泄露问题,个人隐私还存在被商业利用的问题。一些平台在收集了用户数据后,可能存在被窃取、无授权访问甚至售卖给第三方平台的可能。例如,此前发生的天翼征信利用国企身份,收集用户个人信息、喜好等带有敏感性的信息数据,超出约定使用范围,如用户协议上说只是分析用户行为,帮助提高产品体验,最后变成了出售用户画像数据,将用户数据作为商业目的进行分析收集;2023年1月,亚洲最大的两个数据中心泄露事件导致黑客组织将2000家以上的公司登录凭证进行打包,并以17.5万美元的价格在暗网上售卖。

个人隐私是一项基本人权。针对个人隐私保护问题的治理,各领域的专家提出了不同的建议,主要可以采取以下措施。

(1)技术层面。采取数据加密技术,这是一种相对传统的信息保护方法。数据加密可分为对称加密算法和非对称加密算法。为保证数据的机密性,可采取对称加密算法,即加密和解密时使用相同的密钥,这种算法具有速度快、效率高的特点。有关身份认证和数字签名等领域则可使用非对称加密算法,即加密和解密时使用不同的密钥,可以适应网络的开放性,但效率较低。也可以进行数据脱敏,即对某些敏感信息通过脱敏规则进行数据的变形,实现敏感隐私数据的可靠保护。相比于数据加密技术,数据脱敏技术可以更好地兼顾数据利用效率与隐私保护间的平衡。另外,用户可以设置数据访问权限,对个人信息的发布对象、编辑权限等方面进行限制约束,如最常见的微信、QQ动态的屏蔽功能、访问权限等。各平台和企业也应完善软件,提高数据库的安全性,对数据库进行加密和访问控制设置,降低数据库被外入侵与被内非法窃取的风险。

(2)法律层面。法律是最权威有力的保护手段。国家出台法律法规明确个人隐私的保护权益,一方面通过对个人隐私进行划分而制定具有针对性的法律,另一方面要对违法行为给予严厉的惩罚,以营造良好的市场环境。我国对个人信息保护的立法构建经历了由刑事规制到民事规制、由原则性规定到具体规则的发展过程,尤其是最近几年,注重在立法层面建立健全了与个人信息保护密切相关的法律体系。目前,我国已经形成了以《中华人民共和国民法典》(以下简称《民法典》)为基础,以《个人信息保护法》为核心,以《消费者权益保护法》《网络安全法》《电子商务法》《数据安全法》为重要组成部分的个人信息保护法律体系。特别是 2014 年以来，江苏、广东、重庆等地的中国消费者协会组织针对侵害消费者个人信息权益的行为提起公益诉讼，积极提供消费者个人信息保护的有效手段。

（3）意识层面。大数据的应用使得公共领域与私人领域的界限逐渐模糊，有时消费者自己都没意识到就在网页、社交媒体、评论区等平台把个人隐私泄露出去了，因此除了技术与法律层面的保护，一定要注重培养消费者个人隐私权的保护意识。比如，通过学校、网站、公共屏等地播放有关隐私权保护的宣传片，加强隐私意识的教育，告知隐私泄露的风险与后果，普及个人信息分享的正确方法，告知各类社交媒体等的隐私设置操作。

3. 大数据"杀熟"问题

"杀熟"是大数据营销中常见的伦理问题，是指相同的商品或服务，商家会根据消费者的购买能力和购买意愿进行差别定价，通常老顾客的价格比新顾客要贵出许多。2021 年，中国消费者协会指出"大数据杀熟"的内涵已外拓，另发展出了定向推荐、控制评价、制定排名、非透明抽奖以及分配流量这 5 种类型。尽管有关部门已出台了法律法规明文禁止互联网平台利用大数据的杀熟行为，然而当下隐形的杀熟现象仍无孔不入地存在我们的生活当中。

大数据在实现差异化营销、个性化推送的同时，也不可避免地产生了"信息茧房"，而且在资本逐利的加持下，不断加厚。比如，对于一些消费能力较强的用户，大数据可能会较多地推荐价格区间处于较高位置的商品或服务。尽管精准推荐商品能够节约用户的购物时间，然而也很容易让消费者认为所需的商品就是处于这样的价格区间。再加上此类用户对于价格并不是那么敏感，平台还会不断地试探其价格底线，如此一来，消费者便成了"时刻待宰的肥羊"。

2023 年 3 月 7 日下午，第十四届全国人民代表大会第一次会议审议的《最高人民法院工作报告》指出，为依法促进数字经济健康发展，各级法院依法审理大数据权属交易、公共数据不正当竞争等案件，明确数据权利司法保护规则。惩处滥用数据、算法等排除、限制竞争的行为，坚决制止"大数据杀熟"、强制"二选一"等"店大欺客"行为。

归根结底，大数据"杀熟"就是一种商业套路，针对大数据"杀熟"，我们可以采取以下措施。

（1）规范定价行为。大数据"杀熟"是基于消费者和经营者间的信息不对称。监管机构应严格执行《消费者权益保护法》《个人信息保护法》《网络安全法》《电子商务法》《数据安全法》等法律法规，要求经营者履行信息披露义务，将价格信息进行透明公示，让消费者知道市场平均价格，由此进行自由比价、做出购买决策。2021 年，浙江省绍兴市柯桥区人民法院审理的"大数据杀熟第一案"最终判令退一赔三，界定了数字经济背景下，平台经营者就平台内经营者应向消费者履行告知义务的程度和范围，以及其怠于履行监管职责可能导致的法律后果，对规范广大平台经营者经营行为起到了良好的示范效应。针对大数据"杀熟"，2023 年 3 月 1 日实施的《苏州市数据条例》做出禁止性规定，明确数据处理者不得利用数据分析对平等条件的对象实施不合理的差别待遇。

（2）利用区块链等技术。大数据"杀熟"极具隐蔽性和复杂性，要想规制应善加利用各类技术，如区块链技术。区块链是分布式数据存储、点对点传输、共识机制、加密算法等计算机技术的新型应用模式，具有去中心化、不可篡改、全程留痕、可以追溯、集体维护、公开透明等特点，这些特点也保证了区块链的"诚实"和"透明"，通过区块链技术追根溯源从而对差别定价行为进行认定与裁决，可有效地减少在此问题上的纠纷。

（3）增强权益保护意识。消费者平时应注重隐私的保护，认真阅读相关隐私条款，在设备上禁止应用获取定位、通信录、相册等信息。对于发现的明显违法定价行为，消费者应及时向监管部门反映，呼吁社会各方进行共同监督。在购买过程中，可通过价格对比，多了解市场行情，以作出更优的购买选择。

10.2 大数据信息删除技术的应用

大数据信息删除技术主要有隐私数据删除模式、离群数据删除模式以及重复数据删除技术。

离群数据即异常值，就像宇宙中存在着少数的离群星系，数据库中也存在着少数的离群数据。离群数据就是在海量数据中与大部分数据行为模式不一致的数据。离群数据的产生原因有很多，如计算机录入错误、人为错误等。在数据分析中，应当检测并提取出离群数据，否则会影响决策结果。

重复数据删除曾经是一个独立的功能，主要用于企业备份和归档部门的存储系统。如今，重复数据删除在云端网关找到了新的用途，为即将进入阵列或虚拟磁带库的数据过滤掉没有用处的数据。重复数据删除技术已经成为一种统一计算系统采用常见的预集成功能，企业需要关注如何最有效地利用这项技术。

而加强用户隐私安全，对于用户的隐私数据保护主要采用隐私数据删除模式，从以下5个方面入手。

1. 利用网站 Cookie 功能

Cookie 是浏览器缓存，是计算机自带的一项功能，也是网站收集用户数据的主要手段，主要用于辨别用户的身份。用户可对计算机中的 Cookie 进行简单设置：打开"工具/Internet 选项"中的"隐私"选项卡或者通过"工具/Internet 选项""安全"标签中的"自定义级别"按钮进行调整 Cookie 的安全级别。

通常情况下，Cookie 可以设置到高或中高安全级别。多数的论坛站点需要使用 Cookie 获取的用户信息，如果用户从来不上论坛等网站，可以将安全级别调到"阻止所有Cookies"；如果用户想要禁止个别网站的 Cookie，可以通过编辑按钮将要屏蔽的软件添加到列表中。在"高级"按钮选项中，用户可对第一方和第三方的 Cookie 进行设置。第一方 Cookie 是指用户正在浏览的网站的 Cookie，第三方 Cookie 是指其他网站发给用户的 Cookie，用户应当对第三方 Cookie 选择"拒绝"，如果用户要保存 Cookie 中的信息，可以使用浏览器中的"导入导出"功能，按照文件中的提示操作。

2. 不主动上传个人信息

用户主动在网络上传的信息具有很大的泄露风险。用户在网络上注册 ID 的时候，很容易暴露自己的身份信息。有些用户为了方便会用自己的手机号或者 QQ 号作为注册名，在这种情况下，用户的隐私信息极易泄露。

3. 杜绝流氓软件

电子产品中的流氓软件，常常让用户防不胜防。很多用户都有这样的经历，自己的电话号码、住址、职业等个人信息总是莫名其妙地被陌生人所知，然后接到各种商业推销电话以及骚扰信息。手机中的流氓软件可能会在后台将用户的通话记录和聊天信息等上传给有不良动机的软件开发商，而且能巧妙逃过杀毒软件的查杀。用户可以通过流量监测检查自己手机中是否存在流氓软件，如果手机在没有使用的情况下还在消耗流量，就说明手机中存在流氓软件。仅仅通过恢复出厂设置对于流氓软件没有作用，只能采取刷机的办法才可以根治。

4. 文件处理

文件包含了大量用户信息数据，所以在删除文件以及处理废弃电脑或是更换手机时，一定要对文件和电脑硬盘、手机内存进行不可恢复性处理。系统自带的删除功能不能从根本上清除硬盘数据，无论是 DEL 删除还是格式化硬盘。所以用户在平时删除文件时一定不要使用系统自带的删除功能一删了之，可以使用杀毒软件的"文件粉碎"功能，对文件进行彻底地不可恢复性粉碎。

5. 隐私法

越来越多的国家开始通过隐私法禁止企业和团体对个人信息大量收集和长期储存。一般来说，隐私法会要求使用者告知公众他们收集数据的内容、使用方法和途径，同时使用者对用户信息数据的使用还必须获得用户的允许。

目前，我国已制定《个人信息保护法》，自 2021 年 11 月 1 日起施行。该法律规范了个人信息处理活动，明确不得过度收集个人信息、大数据杀熟，对人脸信息等敏感个人信息的处理做出规制，完善个人信息保护投诉、举报工作机制，落实了企业、机构等个人信息处理者的法律义务和责任，给个人信息保护加上了一道法律"安全锁"，为破解个人信息保护中的热点难点问题提供了强有力的法律保障，对于维护网络空间良好生态也有着极其重要的意义。

莫让恶意爬虫"爬"掉大数据营销伦理

2019 年 8 月 20 日，媒体对郑州某科技有限公司的大数据营销系统进行曝光。该系统利用爬虫技术，从购物网站爬取店家手机号用于营销；借助软件，通过微信附近的人，进行"站街"钓鱼营销……当地相关政府工作人员表示，辖区办事处已和警方对接，警方正在对其介入调查。该公司相关负责人称，"将积极配合有关部门调查"。

这家自称"中国互联网营销服务第一品牌"的企业，在其官网宣称："有你所需要的一切。"可对用户来说，这种未经允许就抓取一切数据的爬虫技术越强大，就越让人害怕。而此事所反馈出的互联网大数据营销中的乱象，或远不只是一家企业的违规这么简单。加快构建合理而明确的网络营销和数据采集边界,必须与壮大的互联网"黑产"进行赛跑。

爬虫技术为互联网信息传播而生,它本身并无"原罪",关键在于如何合理利用。很显然,从记者调查的情况来看,有公司利用该技术做二次数据封装和用户引流,通过数据贩卖和流量牵引来牟利,不仅逾越了既有的法律边界,也构成对用户权益和其他平台利益的侵犯。

有报告指出,出行、社交、电商占恶意爬虫流量目标行业分布前三位。而登录使用这类APP,已构成绝大多数网络用户的"日常生活"。如果每个用户的浏览痕迹都可能被恶意爬虫"生成"大数据进行二次营销,这无异于将置个人信息于"裸奔"状态,个人也几乎无招架防范之力。因此,在源头强化对恶意爬虫行为的管控,势在必行。

随着移动互联网下沉到社会方方面面,网络大数据营销行业的出现有其必然性。但是,互联网精准营销首先要保障大数据的"取之有道",像被曝光的企业这般,开发一套系统,在未经任何授权的情况下,肆意对各个互联网平台的用户数据进行"爬虫",这在一定程度上就相当于"窃取"和"掠夺"。个人信息和互联网平台的信息安全因此受到威胁,大数据营销行业本身也将陷入失序化和污名化的境地。

思考题

1. 举例说明数据泄露的现象及原因。
2. 试说明大数据杀熟及其治理措施。
3. 个人隐私保护的治理方法有哪些?
4. 阐述大数据信息删除技术的主要方法。
5. 在我国个人信息保护法律体系中,包括哪些相关法律法规?

案例10-2:"人脸识别第一案":生物识别信息的保护

第10章扩展阅读

自学自测

即测即练

扫描此码

参 考 文 献

中文文献

[1] [美]布赖恩·克雷默. 分享时代: 如何缔造影响力[M]. 浮木译社, 译. 北京: 中信出版社, 2016.
[2] 卜质琼. 移动电子商务背景下我国消费者购买行为研究[J]. 商业经济研究, 2020(11): 101-103.
[3] 蔡皎洁. 融合大小数据分析的用户画像构建[J]. 情报工程, 2022, 8(01): 100-110.
[4] 陈晓玲, 李剑锋, 付强. 基于数据挖掘的文献平台用户行为分析[J]. 吉林大学学报, 2021, 39(3): 357-361.
[5] 陈星海, 何人可. 大数据分析下网络消费体验设计要素及其度量方法研究[J]. 包装工程, 2016, 37(8): 67-71.
[6] 蔡晓妍, 张阳, 李书琴. 商务智能与数据挖掘[M]. 北京: 清华大学出版社, 2016.
[7] 曹月娟, 许鑫鑫. 企业舆情研究和危机管理[M]. 南京: 南京大学出版社, 2019.
[8] 陈国胜, 陈凌云. 数字营销[M]. 大连: 东北财经大学出版社, 2021.
[9] 陈志轩, 马琦. 大数据营销[M]. 北京: 电子工业出版社, 2019.
[10] 陈建英, 黄演红. 互联网+大数据: 精准营销的利器[M]. 北京: 人民邮电出版社, 2015.
[11] 陈晓红, 寇纲, 刘咏梅. 商务智能与数据挖掘[M]. 北京: 高等教育出版社, 2018.
[12] 陈震宇. 消费者行为信息学: 大数据分析视角[M]. 北京: 经济科学出版社, 2021.
[13] 段超. 大数据背景下互联网营销发展路径选择[J]. 商业经济研究, 2017(11): 43-45.
[14] 丁鹏程. 基于大数据的用户行为分析系统[J]. 数字通信世界, 2021(5): 82-83.
[15] 丁哲, 秦臻, 郑文韬, 秦志光. 基于移动用户浏览行为的推荐模型[J]. 电子科技大学学报, 2017, 46(6): 907-912.
[16] 邓胜利. 新一代互联网环境下网络用户信息交互行为[M]. 北京: 中国社会科学出版社, 2014.
[17] 邓小昭, 等. 网络用户信息行为研究[M]. 北京: 科学出版社, 2010.
[18] 刁雅静, 卢健. 社交商务时代的在线互动与消费者行为[M]. 北京: 经济管理出版社, 2020.
[19] 杜军平, 等. 在线社交网络搜索与挖掘[M]. 北京: 北京邮电大学出版社, 2022. 02.
[20] 范苗苗, 陆颖, 吴小丁. 营销数据勘探的路径构建研究[J]. 管理学报, 2016, 13(09): 1400-1409.
[21] 范月娇, 刘菁. 弹幕互动、在线商品展示与消费者冲动性购买行为——以临场感、心流体验为中介[J]. 哈尔滨商业大学学报(社会科学版), 2022(3): 78-89.
[22] 樊重俊, 刘臣, 杨云鹏, 等. 大数据基础教程[M]. 上海: 立信会计出版社, 2020.
[23] 付珍鸿. 网络营销. [M]. 北京: 电子工业出版社, 2021. 08.
[24] 巩见坤. 浅析大数据时代精准广告的发展[J]. 出版广角, 2017, No. 288(6): 72-74.
[25] 龚雅娴. 数字经济下的消费行为: 述评与展望[J]. 消费经济, 2021, 37(2): 89-96.
[26] 郭国庆, 陈凯. 市场营销学[M]. 北京: 中国人民大学出版社, 2019.
[27] 黄家娥, 李静, 胡潜. 基于企业画像的行业信息精准服务研究[J]. 情报科学, 2022, 40(2): 99-104+112.
[28] 和晓军, 孙康. 基于 Spark 的电商用户行为分析系统[J]. 信息技术与信息化, 2021(11): 95-97.
[29] 胡玉凤. 网络消费者在线购物车使用及放弃行为影响因素研究[D]. 西南交通大学, 2013.
[30] 黄璐. 网络经济中的消费行为: 发展、演化与企业对策[M]. 成都: 四川大学出版社, 2018. 06.
[31] [美]珍妮弗·罗马诺·伯格斯托姆, 安德鲁·乔纳森·沙尔. 眼动追踪: 用户体验设计利器[M]. 宫鑫, 译. 北京: 电子工业出版社, 2015. 11.

[32] 贾宝娣. 数据挖掘技术在企业市场营销中的应用[J]. 品牌研究, 2018(5): 53-54.
[33] 李瑾. 大数据分析在电商营销发展中的应用研究[J]. 商场现代化, 2022(20): 25-27.
[34] 李永涛. 大数据营销对消费者的负面效用：表现、成因与防范[J]. 商业经济, 2022(4): 58-61.
[35] 李彩虹. 金融机构小微企业客户大数据营销方法[J]. 今日财富, 2022(4): 13-15.
[36] 李微丽, 李志成. 基于大数据的网络用户行为分析[J]. 计算机产品与流通, 2020(5): 126.
[37] 李志勇. 基于数字时代互联网用户行为分析与研究[J]. 无线互联科技, 2021, 18(16): 34-35.
[38] 李敏. 人工智能进入"模型时代"[J]. 现代雷达, 2021, 43(8): 97-98.
[39] 李欣. 大数据营销中的伦理问题探析[J]. 现代营销, 2018(5): 237.
[40] 兰玉琪, 刘松洋. 人工智能技术下的产品用户体验研究综述[J]. 包装工程, 2020, 41(24): 22-29.
[41] 刘海鸥, 李凯, 何旭涛, 姜波. 面向信息茧房的用户画像多样化标签推荐[J]. 图书馆, 2022(3): 83-89.
[42] 刘艳, 李一铭, 刘子逸. 基于精准营销的问答平台数据挖掘算法需求综述[J]. 中小企业管理与科技(中旬刊), 2018(1): 152-153.
[43] 陆伟华. 大数据时代的信息伦理研究[J]. 现代情报, 2014, 34(10): 66-69.
[44] 廖蕊. 大数据背景下企业精准营销伦理失范问题探析[J]. 中国商论, 2021(1): 67-68.
[45] 卢泰宏. 消费者行为学50年：演化与颠覆[J]. 外国经济与管理, 2017, 39(6): 23-38.
[46] 林富成. 新媒体时代企业危机公关策略研究[J]. 经济研究导刊, 2022(18): 26-28.
[47] 李军. 实战大数据：客户定位与精准营销[M]. 北京：清华大学出版社, 2015.
[48] 李联宁. 大数据[M]. 北京：清华大学出版社, 2020.
[49] 刘璇, 李嘉. 大数据商务分析[M]. 北京：科学出版社, 2021.
[50] 刘星. 大数据：精细化销售管理、数据分析与预测[M]. 北京：人民邮电大学出版社, 2016.
[51] 刘建芬. 新媒体时代的危机公关[M]. 厦门：厦门大学出版社, 2017.
[52] 林建煌. 消费者行为[M]. 北京：北京大学出版社, 2016.
[53] 刘红岩. 社会计算：用户在线行为分析与挖掘[M]. 北京：清华大学出版社, 2014.
[54] [美]玛西亚·芭楚莎. 黑洞简史：从史瓦西奇点到引力波, 霍金痴迷、爱因斯坦拒绝、牛顿错过的伟大发现[M]. 杨泓, 译. 长沙：湖南科学技术出版社, 2016.
[55] 马浩壤. 大数据带来的变化[J]. 计算机与网络, 2021, 47(23): 37.
[56] 马永斌, 郁雯珺. 用户参与产品开发对外围消费者行为影响[J]. 应用心理学, 2022, 28(4): 314-322.
[57] 牛温佳. 用户网络行为画像：大数据中的用户网络行为画像分析与内容推荐应用[M]. 北京：电子工业出版社, 2016.
[58] 彭昊. 商业银行大数据营销策略探析[J]. 现代商业, 2021(33): 133-135.
[59] 庞晓虹. 网络社群时代的危机公关管理[J]. 宁波大学学报(人文科学版), 2022, 35(5): 116-122.
[60] 彭英. 人工智能营销[M]. 北京：清华大学出版社, 2022.
[61] [美]菲利普·科特勒, 加里·阿姆斯特朗. 市场营销原理（全球版·第15版）[M]. 郭国庆, 译. 北京：清华大学出版社, 2021.
[62] 秦军昌, 王渊, 董玉成. 风险态度和隐私保护对消费者共享数据行为影响的机制研究[J]. 四川大学学报(自然科学版), 2021, 58(6): 190-198.
[63] 渠成. 智慧营销：5G时代营销升级实战[M]. 北京：清华大学出版社, 2021.
[64] 齐中祥. 舆情学[M]. 南京：江苏人民出版社, 2015.
[65] 任喜涛, 王健. 基于大数据采集分析技术的企业营销创新研究[J]. 中国市场, 2020(31): 116-120.
[66] 任昱衡, 等. 大数据营销从入门到精通[M]. 北京：清华大学出版社, 2016.
[67] 田娟, 朱定局, 杨文翰. 基于大数据平台的企业画像研究综述[J]. 计算机科学, 2018, 45(S2): 58-62.
[68] 唐雁凌. 传媒的变革与网络公关[J]. 科技进步与对策, 2002(3): 146-147.

[69] 谭浩, 尤作, 彭盛兰. 大数据驱动的用户体验设计综述[J]. 包装工程, 2020, 41(2): 7-12+56.
[70] 王绍源, 任晓明. 大数据技术的隐私伦理问题[J]. 新疆师范大学学报(哲学社会科学版), 2017, 38(4): 93-99.
[71] 王召辉. 新媒体时代做好网络舆情监测与分析的思考[J]. 新闻研究导刊, 2022, 13(3): 131-133.
[72] 王玻, 韩纯. 网络营销中大数据应用技术研究：现状与发展[J]. 广西经济, 2022, 40(1): 42-46.
[73] 王鑫龙, 张音. 用于电子商务平台精准营销的数据挖掘算法需求综述[J]. 中国市场, 2015(1): 15-16+20.
[74] 王永周, 邓燕. 基于大数据预测的消费者购买决策行为分析[J]. 商业经济研究, 2016(23): 40-42.
[75] 吴小冰. 新媒体在品牌危机传播管理中的角色与策略研究[J]. 文化产业, 2022(21): 16-18.
[76] 王力建. 新媒体和电商数据化运营：用户画像+爆款打造+营销分析+利润提升[M]. 北京：清华大学出版社, 2022.
[77] 辛永君, 李璟瑶. 传统媒体如何在流量时代做好大数据营销[J]. 全媒体探索, 2022(Z1): 97-98.
[78] 徐华. 数据挖掘：方法与应用[M]. 北京：清华大学出版社, 2014.
[79] 颜洁. 大数据技术背景下舆情收集与监测分析[J]. 网络安全技术与应用, 2022(7): 154-155.
[80] 杨扬, 刘圣, 李宜威, 贾建民. 大数据营销：综述与展望[J]. 系统工程理论与实践, 2020, 40(08): 2150-2158.
[81] 杨宇萍, 陈章旺. 大数据营销的研究热点及趋势——基于知识图谱的量化研究[J]. 商业经济研究, 2020(3): 87-89.
[82] 杨先顺, 徐宁. 德性的追寻：大数据营销传播伦理治理的新视域[J/OL]. 当代传播, 2022(Z5): 46-50[2022-11-12].
[83] 云小风. 消费者在线购物车放弃行为影响因素的实证研究[J]. 图书情报工作, 2011, 55(02): 139-142+148.
[84] 杨峻. 营销和服务数字化转型：CRM3.0时代的来临[M]. 北京：中国科学技术出版社, 2020.
[85] 叶万军, 李丽娜, 隋东旭. 网络消费者行为分析[M]. 上海：同济大学出版社, 2020.
[86] 于勇毅. 大数据营销：如何利用数据精准定位客户及重构商业模式[M]. 北京：电子工业出版社, 2017.
[87] 苑迎春. 大数据导论[M]. 北京：中国水利水电出版社, 2021.
[88] 袁勤俭, 王瑞, 等. 网络用户的金融行为研究[M]. 南京：南京大学出版社, 2021.
[89] 周光, 余明阳, 赵袁军. 互联网情境下品牌危机对企业绩效的影响[J]. 企业经济, 2022, 41(05): 71-84.
[90] 周银武. 大数据时代下基于用户体验的信息资源服务模式探析[J]. 中小企业管理与科技, 2019(9): 95-96.
[91] 张才忠. 大数据在用户体验设计中的应用[J]. 北京印刷学院学报, 2020, 28(2): 41-43.
[92] 张文斐, 陈酗灼, 洪梓铭. 移动终端应用数据分析用户体验改进技术[J]. 信息技术与信息化, 2019(7): 34-37.
[93] 曾建光, 刘翠, 杨勋, 等. 新冠疫情与人工智能的"经济奇点"——基于消费者行为大数据的证据[J]. 产业经济评论, 2021(5): 116-132.
[94] 翟金芝. 基于大数据的网络用户消费行为分析[J]. 商业经济研究, 2020(24): 46-49.
[95] 周振坤. 在线社交网络用户行为分析与应用：从个人行为到社会预测[M]. 北京：中国统计出版社, 2019.
[96] 周懿瑾. 数字化消费者行为[M]. 西安：西安交通大学出版社, 2022.
[97] 赵宏田. 用户画像：方法论与工程化解决方案: methodology and engineering solutions[M]. 北京：机械工业出版社, 2020.
[98] 张明琪, 陆禹萌. 产品运营：移动互联网时代, 如何卖好你的产品[M]. 北京：电子工业出版社,

2019.

[99] 张玉宏. 大数据导论. 通识课版[M]. 北京：清华大学出版社, 2021.

[100] 张晓. Python 大数据基础[M]. 西安：西安电子科技大学出版社, 2020.

[101] 张艳菊. 互联网时代品牌管理及创新研究[M]. 北京：中国商业出版社, 2020.

[102] 张道强, 李静, 蔡昕烨. 数据挖掘[M]. 北京：科学出版社, 2018.

[103] 张溪梦, 邢昊, 等. 用户行为分析：如何用数据驱动增长[M]. 北京：机械工业出版社, 2021.

[104] 曾振华. 大数据传播视域下的品牌管理[M]. 北京：中国社会科学出版社, 2019.

外文文献

[1] Amado A, Cortez P, Rita P, et al. Research trends on Big Data in Marketing: A text mining and topic modeling based literature analysis[J]. European Research on Management and Business Economics, 2018, 24(1): 1-7.

[2] Alsayat A. Customer decision-making analysis based on big social data using machine learning: a case study of hotels in Mecca[J]. Neural Computing and Applications, 2023, 35(6): 4701-4722.

[3] Albattah Waleed et al. Feature Selection Techniques for Big Data Analytics[J]. Electronics, 2022, 11(19): 3177-3177.

[4] AlSai Zaher Ali, Husin Mohd Heikal, SyedMohamad Sharifah Mashita, Abdullah Rosni, Zitar Raed Abu, Abualigah Laith, Gandomi Amir H. Big Data Maturity Assessment Models: A Systematic Literature Review[J]. Big Data and Cognitive Computing, 2022, 7(1): 2.

[5] AL-Khatib A. The impact of big data analytics capabilities on green supply chain performance: is green supply chain innovation the missing link?[J]. Business Process Management Journal, 2023, 29(1): 22-42.

[6] Baalaji. K and V. Khanna. D2d Big Data Analytics for user Behavior Over Cellular Networks for Improving Content Deliveries[J]. International Journal of Recent Technology and Engineering (IJRTE), 2019, 8(2): 3000-3003.

[7] Boone T, Ganeshan R, Jain A, et al. Forecasting sales in the supply chain: Consumer analytics in the big data era[J]. International Journal of Forecasting, 2019, 35(1): 170-180.

[8] Brandtner P, Darbanian F, Falatouri T, et al. Impact of COVID-19 on the customer end of retail supply chains: A big data analysis of consumer satisfaction[J]. Sustainability, 2021, 13(3): 1464.

[9] Anisetti Marco, Ardagna Claudio A., Berto Filippo. An assurance process for Big Data trustworthiness[J]. Future Generation Computer Systems, 2023, 146.

[10] Bonesso S, Gerli F, Bruni E. The emotional and social side of analytics professionals: an exploratory study of the behavioral profile of data scientists and data analysts[J]. International Journal of Manpower, 2022, 43(9): 19-41.

[11] Barkemeyer Ralf, Samara Georges, Markovic Stefan, Jamali Dima. Publishing Big Data research in Business Ethics, the Environment and Responsibility: Advice for authors[J]. Business Ethics, the Environment & Responsibility, 2022, 32(1): 1-3.

[12] Bello-Orgaz G, Jung J J, Camacho D. Social big data: Recent achievements and new challenges[J]. Information Fusion, 2016, 28: 45-59.

[13] Brown B, Chui M, Manyika J. Are you ready for the era of "big data"[J]. McKinsey Quarterly, 2011, 4(1): 24-35.

[14] Cohen M C. Big data and service operations[J]. Production and Operations Management, 2018,

27(9): 1709-1723.

[15] Cory R. Schaffhausen and Timothy M. Kowalewski. Assessing quality of unmet user needs: Effects of need statement characteristics[J]. Design Studies, 2016, 44: 1-27.

[16] Cao Guangming, Tian Na, Blankson Charles. Big Data, Marketing Analytics, and Firm Marketing Capabilities[J]. Journal of Computer Information Systems, 2022, 62(3): 442-451.

[17] Chikri Youssef Marrakchi, Alonso Jose Manuel Lopez, Garzón Nuria, GonzalezPerez Mariano. development of e-Health technologies for big data analysis in contact lens[J]. Acta Ophthalmologica, 2022, 100.

[18] Capurro R, Fiorentino R, Garzella S, et al. Big data analytics in innovation processes: which forms of dynamic capabilities should be developed and how to embrace digitization?[J]. European Journal of Innovation Management, 2021, 25(6): 273-294.

[19] Chen Z. International e-commerce development models and strategies in the context of big data[J]. Journal of Computational Methods in Sciences and Engineering(Preprint): 1-9.

[20] Chen J, Chang S, Zhang P, et al. A Critical Examination for Widespread Usage of Shipping Big Data Analytics in China[J]. Journal of Marine Science and Engineering, 2022, 10(12): 2009.

[21] Cakir A, Akın Ö, Deniz H F, et al. Enabling real time big data solutions for manufacturing at scale[J]. Journal of Big Data, 2022, 9(1): 1-24.

[22] Darwish D. Developing and Implementing Big Data Analytics in Marketing[J]. International Journal of Data Science and Analysis, 2017(6): 6.

[23] Dogru N, Subasi A. Traffic accident detection using random forest classifier[C]//2018 15th learning and technology conference(L&T). IEEE, 2018: 40-45.

[24] Diao Y. Retraction Note: Research on Software Development of Continuing Education Based on Big Data[J]. 2023, 1495.

[25] Erevelles S, Fukawa N, Swayne L. Big Data consumer analytics and the transformation of marketing[J]. Journal of business research, 2016, 69(2): 897-904.

[26] Elouataoui W, El Alaoui I, El Mendili S, et al. An Advanced Big Data Quality Framework Based on Weighted Metrics[J]. Big Data and Cognitive Computing, 2022, 6(4): 153.

[27] Fontoura M, Lempel R, Qi R, et al. Inverted index support for numeric search[J]. Internet Mathematics, 2006, 3(2): 153-185.

[28] Guth D W. Organizational crisis experience and public relations roles[J]. Public Relations Review, 1995, 21(2): 123-136.

[29] Geng, Ruili, and Jeff Tian. Improving web navigation usability by comparing actual and anticipated usage. IEEE transactions on human-machine systems, 45(2014): 84-94.

[30] Gao Q, Cheng C, Sun G. Big data application, factor allocation, and green innovation in Chinese manufacturing enterprises[J]. Technological Forecasting and Social Change, 2023, 192: 122567.

[31] Güntekin B, Duygun R, Bölükbaş B, et al. The Need for Big Data and Large Consortiums on The Use of EEG as a Potential Tool to Decide on Which Frequency We Should Use for Sensory Entrainment in Alzheimer's Disease?[J]. Alzheimer's & Dementia, 2022, 18: e059946.

[32] González García C, Álvarez-Fernández E. What Is (Not) Big Data Based on Its 7Vs Challenges: A Survey[J]. Big Data and Cognitive Computing, 2022, 6(4): 158.

[33] Guilin Li, Qinzheng Wu. Research on Monitoring Processing and Early Warning Model Based on Big Data Analysis[J]. International Journal of Frontiers in Engineering Technology, 2022, 4(10):

155.

[34] Guo J, Wang L. Learning to upgrade internet information security and protection strategy in big data era[J]. Computer Communications, 2020, 160: 150-157.

[35] Hauser W J. Marketing analytics: the evolution of marketing research in the twenty-first century[J]. Direct marketing: an international journal, 2007, 1(1): 38-54.

[36] Hatamlou A. Black hole: A new heuristic optimization approach for data clustering[J]. Information sciences, 2013, 222: 175-184.

[37] Haverila Matti, Li Eric, Twyford Jenny Carita, McLaughlin Caitlin. The quality of big data marketing analytics (BDMA), user satisfaction, value for money and reinvestment intentions of marketing professionals[J]. Journal of Systems and Information Technology, 2023, 25(1): 30-52.

[38] He J, Su W. Establishment of nonlinear network security situational awareness model based on random forest under the background of big data[J]. Nonlinear Engineering, 2023, 12(1): 20220265.

[39] H Xiaoqin, Jinfeng P. Design of Network Personalized Information Recommendation System Based on Big Data[J]. Academic Journal of Computing & Information Science, 5(14): 40-43.

[40] Hirve S A, CH P R. Improving Big Data Analytics With Interactive Augmented Reality[J]. International Journal of Information System Modeling and Design (IJISMD), 2022, 13(7): 1-11.

[41] Horak T, Strelec P, Kebisek M, et al. Data Integration from Heterogeneous Control Levels for the Purposes of Analysis within Industry 4. 0 Concept[J]. Sensors, 2022, 22(24): 9860.

[42] Hasanpour Zaryabi E, Moradi L, Kalantar B, et al. Unboxing the Black Box of Attention Mechanisms in Remote Sensing Big Data Using XAI[J]. Remote Sensing, 2022, 14(24): 6254.

[43] Horita F E A, de Albuquerque J P, Marchezini V, et al. Bridging the gap between decision-making and emerging big data sources: An application of a model-based framework to disaster management in Brazil[J]. Decision Support Systems, 2017, 97: 12-22.

[44] Iacobucci D, Petrescu M, Krishen A, et al. The state of marketing analytics in research and practice[J]. Journal of Marketing Analytics, 2019, 7(3): 152-181.

[45] J Lu. The Copyright Dilemma and Solution for "Data-Driven Creation"[J]. Academic Journal of Humanities & Social Sciences, 5(18): 112-117.

[46] Jöstingmeier M. Algorithmisches Investment. Zum Einsatz von Künstlicher Intelligenz und Big Data in Finanzorganisationen[J]. Soziale Systeme, 2022, 26(1-2): 342-369.

[47] Kaur R, Singh S, Kumar H. Rise of spam and compromised accounts in online social networks: A state-of-the-art review of different combating approaches[J]. Journal of Network and Computer Applications, 2018, 112: 53-88.

[48] Kopalle Praveen K., Lehmann Donald R.. Big Data, Marketing Analytics, and Public Policy: Implications for Health Care[J]. Journal of Public Policy & Marketing, 2021, 40(4): 453-456.

[49] Kato M, Horiguchi G, Ueda T, et al. A big data-based prediction model for prostate cancer incidence in Japanese men[J]. Scientific Reports, 2023, 13(1): 6579.

[50] K Vassakis Petrakis E, Kopanakis I, et al. Big data analytics on location-based social networks for knowledge generation in tourism-the case of Crete Island[J]. International Journal of Technology Marketing, 2023, 17(1): 99-123.

[51] Lariscy R W, Avery E J, Sweetser K D, et al. Monitoring public opinion in cyberspace: How corporate public relations is facing the challenge[J]. Public Relations Journal, 2009, 3(4): 1-17.

[52] Liao S H, Yang C A. Big data analytics of social network marketing and personalized

recommendations[J]. Social Network Analysis and Mining, 2021, 11(1): 1-19.

[53] Li X, Zhang Y, Zhang Q. Application scenario analysis of power grid marketing large data[C]//IOP Conference Series: Earth and Environmental Science. IOP Publishing, 2018, 108(5): 052035.

[54] Lv H, Shi S, Gursoy D. A look back and a leap forward: a review and synthesis of big data and artificial intelligence literature in hospitality and tourism[J]. Journal of Hospitality Marketing & Management, 2022, 31(2): 145-175.

[55] Liu Z, Zhao P, Liu Q, et al. Uncovering spatial and social gaps in rural mobility via mobile phone big data[J]. Scientific Reports, 2023, 13(1): 6469.

[56] Liu Q, Wen X, Cao Q. Multi-objective development path evolution of new energy vehicle policy driven by big data: From the perspective of economic-ecological-social[J]. Applied Energy, 2023, 341: 121065.

[57] Lirong Zhao. Integration of Big Data into Women's Ideological and Political Education: Possibility, Necessity and Realization[J]. Frontiers in Educational Research, 2022, 5(21): 80-84.

[58] Labafi S, Ebrahimzadeh S, Kavousi M M, et al. Using an Evidence-Based Approach for Policy-Making Based on Big Data Analysis and Applying Detection Techniques on Twitter[J]. Big Data and Cognitive Computing, 2022, 6(4): 160.

[59] Latha Bhaskaran K, Osei R S, Kotei E, et al. A Survey on Big Data in Pharmacology, Toxicology and Pharmaceutics[J]. Big Data and Cognitive Computing, 2022, 6(4): 161.

[60] Liu C, Xiao H L. The Impact of Ambidextrous Innovation Human Capital on the Technological Innovation Efficiency and Stage Efficiency of Big Data Enterprises[J]. Sustainability, 2022, 14(24): 16636.

[61] Liu W, Wu J, Xi Z. Privacy protection methods of location services in big data[J]. Open Computer Science, 2022, 12(1): 389-402.

[62] Lu L L. RESEARCH ON TEACHING ARCHIVE MANAGEMENTS IN CHINESE LOCAL UNIVERSITIES UNDER TEACHING EVALUATION[J]. EPH-International Journal of Educational Research, 2018, 2(2): 22-25.

[63] Liu R. Early Warning Model of College Students' Psychological Crises Based on Big Data Mining and SEM[J]. International Journal of Information Technologies and Systems Approach (IJITSA), 2023, 16(2): 1-17.

[64] Manko Barbara A.. Big data: The effect of analytics on marketing and business[J]. Journal of Information Technology Teaching Cases, 2022, 12(2): 223-229.

[65] Mohiuddin Muhammad, Su Zhan, Haverila Matti, Haverila Christian Kai. The Impact of Quality of Big Data Marketing Analytics (BDMA) on the Market and Financial Performance[J]. Journal of Global Information Management (JGIM), 2022, 30(1): 1-21.

[66] Ma Deqing, Hu Jinsong, Yao Fanjun. Big Data Empowering Low-carbon Smart Tourism Study on Low-carbon Tourism O2O Supply Chain Considering Consumer Behaviors and Corporate Altruistic Preferences[J]. Computers & Industrial Engineering, 2020(prepublish): 107061.

[67] Marcovitch I, Rancourt E. A data ethics framework for responsible responsive organizations in the digital world[J]. Statistical Journal of the IAOS (Preprint): 1-12.

[68] Mrukwa G, Polanska J. DiviK: divisive intelligent K-means for hands-free unsupervised clustering in big biological data[J]. BMC bioinformatics, 2022, 23(1): 1-24.

[69] Neubaum G, Krämer N C. Monitoring the opinion of the crowd: Psychological mechanisms

underlying public opinion perceptions on social media[J]. Media psychology, 2017, 20(3): 502-531.

[70] Nichiforov C, Martinez-Molina A, Alamaniotis M. An intelligent big data analytics method for two-dimensional non-residential building energy forecasting[J]. Intelligent Decision Technologies, 2022 (Preprint): 1-8.

[71] Nagy J, Foltin P. Increase supply chain resilience by applying early warning signals within big-data analysis[J]. Ekonomski Vjesnik, 2022, 35(2): 467-481.

[72] Nahotko M, Zych M, Januszko-Szakiel A, et al. Big data-driven investigation into the maturity of library research data services (RDS)[J]. The Journal of Academic Librarianship, 2023, 49(1): 102646.

[73] Prince Baah Peprah, Rotem Shneor. A trust-based crowdfunding campaign marketing framework: theoretical underpinnings and big-data analytics practice[J]. International Journal of Big Data Management, 2022, 2(1): 525-777.

[74] Prüser J. Data-based priors for vector error correction models[J]. International Journal of Forecasting, 2023, 39(1): 209-227.

[75] Priyashani N, Kankanamge N, Yigitcanlar T. Multisource Open Geospatial Big Data Fusion: Application of the Method to Demarcate Urban Agglomeration Footprints[J]. Land, 2023, 12(2): 407.

[76] Qian X. Regional Geological Disasters Emergency Management System Monitored by Big Data Platform[J]. Processes, 2022, 10(12): 2741.

[77] Román, Pablo E., and Juan D. Velásquez. "A neurology-inspired model of web usage." Neurocomputing, 131(2014): 300-311.

[78] Ramani R, Vimala Devi K, Ruba Soundar K. Retraction Note: MapReduce-based big data framework using modified artificial neural network classifier for diabetic chronic disease prediction[J]. Soft Computing, 2023, 27(3): 1827-1827.

[79] Shang Liyuan. Research on Using Big Data Marketing to Promote the Development of E-commerce under Information Management Mode[J]. Journal of Physics: Conference Series, 2021, 1792(1): 56-63.

[80] Sheth J. New areas of research in marketing strategy, consumer behavior, and marketing analytics: the future is bright[J]. Journal of Marketing Theory and Practice, 2021, 29(1): 3-12.

[81] Saura José Ramón and Palos Sánchez Pedro and Cerdá Suárez Luis Manuel. Understanding the Digital Marketing Environment with KPIs and Web Analytics[J]. Future Internet, 2017, 9(4): 76-76.

[82] Stoicescu C. Big Data, the perfect instrument to study today's consumer behavior[J]. Database Syst. J, 2016, 6: 28-42.

[83] Samuel Fosso Wamba, Angappa Gunasekaran, Shahriar Akter, Steven Ji-fan Ren, Rameshwar Dubey, Stephen J. Childe. Big data analytics and firm performance: Effects of dynamic capabilities[J]. Journal of Business Research, 2017, 70: 356-365.

[84] Su J, Fang C, Zhu X, et al. Lifetime evaluation and extension of wind turbines based on big data[J]. Journal of Computational Methods in Sciences and Engineering, 2022 (Preprint): 1-9.

[85] Srimulyani W, Pramana S, Bustaman U. Developing an online shop sampling frame from big data[J]. Statistical Journal of the IAOS (Preprint): 1-8.

[86] Shin B, Rask M, Tuominen P. Learning through online participation: A longitudinal analysis of participatory budgeting using Big Data indicators[J]. Information Polity, 2022 (Preprint): 1-22.

[87] Songfei Li. Teaching Mode Reform and Practice Exploration of Big Data Processing and Analysis under the Background of Industry and Education Integration[J]. International Journal of New Developments in Education, 2022, 4(15): 30-34.

[88] Toft Håvard B. , Müller Karsten, Hendrikx Jordy, Jaedicke Christian, Bühler Yves. Can big data and random forests improve avalanche runout estimation compared to simple linear regression?[J]. Cold Regions Science and Technology, 2023: 103844.

[89] Wedel M, Kannan P K. Marketing analytics for data-rich environments[J]. Journal of Marketing, 2016, 80(6): 97-121.

[90] Wen Shengwei. A study on the big data scientific research model and the key mechanism based on blockchain[J]. Open Computer Science, 2022, 12(1): 357-363.

[91] Wang Z, Wu T, Zhao X, et al. Big Data Analysis of Weather Condition and Air Quality on Cosmetics Marketing[J]. Journal of Information Technology Applications and Management, 2017, 24(3): 93-105.

[92] Wang J, Ma K, Zhang L, et al. Study on Price Bubbles of China's Agricultural Commodity against the Background of Big Data[J]. Electronics, 2022, 11(24): 4067.

[93] Wang J. Comprehensive Test and Evaluation Path of College Teachers' Professional Development Based on a Cloud Education Big Data Platform[J]. International Journal of Emerging Technologies in Learning (Online), 2023, 18(5): 79.

[94] Wang J. Nonlinear computer image scene and target information extraction based on big data technology[J]. Nonlinear Engineering, 2023, 12(1).

[95] Xiaoxiao Han. A Comparative Study of Big Data Marketing and Traditional Marketing in the Age of Internet[J]. Journal of Physics Conference Series, 2020, 1574(1): 78-82.

[96] Xu Chengqi and Zhang Juanjuan. Dynamic analysis of the coupling relationship between regional energy economy and environment based on big data[J]. Energy Reports, 2022, 8: 13293-13301.

[97] Xu N, Zhang H, Li T, et al. How Big Data Affect Urban Low-Carbon Transformation—A Quasi-Natural Experiment from China[J]. International Journal of Environmental Research and Public Health, 2022, 19(23): 16351.

[98] Xiaoqing L. Research on the Application of Financial Shared Service System in the Context of Big Data—Take AODE Group as an Example[J]. The Frontiers of Society, Science and Technology, 2023, 5(1).

[99] Xin G, Fan P. Robust, practical and comprehensive analysis of soft compression image coding algorithms for big data[J]. Scientific Reports, 2023, 13(1): 1958.

[100] Yun Jiyeong et al. Big data analysis model for predicting operational risk in overseas construction projects[J]. Journal of Asian Architecture and Building Engineering, 2022, 21(6): 2524-2531.

[101] Ye D D, Muthu B A, Kumar P M. Identifying Buying Patterns From Consumer Purchase History Using Big Data and Cloud Computing[J]. International Journal of Distributed Systems and Technologies (IJDST), 2022, 13(7): 1-19.

[102] Yang Y. Business ecosystem model innovation based on Internet of Things big data[J]. Sustainable Energy Technologies and Assessments, 2023, 57: 103188.

[103] Yang X, Lin X, Lu T J, et al. Retraction Note: Scenario Classification of Wireless Network Optimization Based on Big Data Technology[J]. Wireless Personal Communications, 2023, 128(2): 1513-1513.

[104] Yu J, Wen D, Zhao J, et al. Comprehensive comparisons of ocular biometry: A network-based big data analysis[J]. Eye and Vision, 2023, 10(1): 1-14.

[105] Zheng S, Yu Y. Manufacturer encroachment with equal pricing strategy[J]. Transportation Research Part E: Logistics and Transportation Review, 2021, 152: 102346.

[106] Zhenning Xu and Gary L. Frankwick and Edward Ramirez. Effects of big data analytics and traditional marketing analytics on new product success: A knowledge fusion perspective[J]. Journal of Business Research, 2016, 69(5): 1562-1566.

[107] Zhang Lu, Ma Deqing, Hu Jinsong. Research on the Sustainable Operation of Low-Carbon Tourism Supply Chain under Sudden Crisis Prediction[J]. Sustainability, 2021, 13(15): 8228-8228.

[108] Zhimin Z. Analysis on the Application of Big Data Technology in Editing and Publishing Informatization[J]. Media and Communication Research, 2022, 3(3): 5-10.

[109] Zhang Z, Wang H, Jacobsson T J, et al. Big data driven perovskite solar cell stability analysis[J]. Nature Communications, 2022, 13(1): 7639.

[110] Zhang J, Huang B, Chen X, et al. Multidimensional Evaluation of the Quality of Rural Life Using Big Data from the Perspective of Common Prosperity[J]. International Journal of Environmental Research and Public Health, 2022, 19(21): 14166.

附 录

附录 A 缩略语英汉对照表

附录 B 基于机器学习的客户细分

附录 C 应用机器学习算法预测和预防电信公司客户流失

附录 D 基于人工智能的个性化优惠券推荐

教师服务

感谢您选用清华大学出版社的教材！为了更好地服务教学，我们为授课教师提供本书的教学辅助资源，以及本学科重点教材信息。请您扫码获取。

》 教辅获取

本书教辅资源，授课教师扫码获取

》 样书赠送

市场营销类重点教材，教师扫码获取样书

 清华大学出版社

E-mail: tupfuwu@163.com
电话：010-83470332 / 83470142
地址：北京市海淀区双清路学研大厦 B 座 509

网址：http://www.tup.com.cn/
传真：8610-83470107
邮编：100084